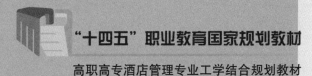

"十四五"职业教育国家规划教材

高职高专酒店管理专业工学结合规划教材

客房运行与管理教程

（第二版）

主　编　叶秀霜

副主编　沈忠红　周寒琼

ZHEJIANG UNIVERSITY PRESS
浙江大学出版社
·杭州·

图书在版编目（CIP）数据

客房运行与管理教程 / 叶秀霜主编. —2版.—杭州：
浙江大学出版社，2022.1（2024.7重印）
ISBN 978-7-308-22167-2

Ⅰ．①客… Ⅱ．①叶… Ⅲ．①饭店-客房-商业服务
-高等职业教育-教材②饭店-客房-商业管理-高等职业
教育-教材 Ⅳ．①F719.2

中国版本图书馆CIP数据核字（2021）第268212号

客房运行与管理教程（第二版）

KEFANG YUNXING YU GUANLI JIAOCHENG

叶秀霜　主编

策划编辑	徐　霞（xuxia@zju.edu.cn）
责任编辑	徐　霞
责任校对	王元新
封面设计	卢　涛　周　灵
出版发行	浙江大学出版社
	（杭州市天目山路148号　　邮政编码　310007）
	（网址：http://www.zjupress.com）
排　　版	杭州林智广告有限公司
印　　刷	杭州高腾印务有限公司
开　　本	787mm×1092mm　1/16
印　　张	17.75
字　　数	432千
版印次	2022年1月第2版　2024年7月第4次印刷
书　　号	ISBN 978-7-308-22167-2
定　　价	49.80元

内容提要

INTRODUCTION

为了适应"互联网＋教育"趋势下的课堂教学改革，倡导"一本教材"带走"一个课堂"的理念，为O2O（Online to Offline）教学提供解决手段，本书根据饭店客房部门运行管理的特点，以任务为导向，结合客房部门职业岗位的需求，将客房运行与管理的知识、技能要求分成七大模块，按"入门→服务知识与技能→管理知识与技能"的思路进行排列。其中第一模块为入门部分，通过对饭店客房含义、客房部运行特点、客房部地位作用、客房部组织机构设置、客房部员工职业素养要求等内容的介绍，使学生能尽快"入门"，起到对本课程学习的引导作用；第二、三、四模块主要阐述、传授的是客房服务基本知识、操作方法和基本技能，主要内容有饭店（包括客房、公共区域）清洁保养、洗衣房运行、客房对客服务等；第五、六、七模块主要从客房产品设计、客房产品质量管理和成本控制等方面介绍了客房管理的基本理念、基础知识与管理方法，结合高职高专的培养目标，使学生在熟练掌握服务知识与技能的基础上，能够初步掌握必要的管理知识和技能。本书通过扫描二维码的方式，将纸质教材进行数字化拓展，将大量的案例、拓展知识、实操视频等应用到理论教材中，做到理论联系实际，内容深入浅出、通俗易懂，具有较强的可操作性，可作为高职高专饭店管理及相关专业学生的教材，也可作为饭店员工的培训教材或饭店从业人员的自学读物。

再修订说明

　　《客房运行与管理教程（第二版）》于2022年12月再次进行了修订。根据教育部高等职业教育"三教"改革要求，本教材在前次修订的基础上，增加了图片、教学视频、案例、在线随机测试题、"互联网+"、收益管理、相关软件运用等必要的可听、可视、可练、可互动、可考核的教学资源，对文字、图片、音/视频等内容进行了系统的设计与整合；同时为积极响应党的二十大报告中指出的"统筹职业教育、高等教育、继续教育协同创新，推进职普融通、产教融合、科教融汇，优化职业教育类型定位"要求，本书进一步强化了校企合作力度，在保证教材可读性、趣味性的同时，加强了教学之间的互动性、考核性、可练性。

　　本书由叶秀霜担任主编，沈忠红、周寒琼任副主编，编写人员及具体分工如下：浙江旅游职业学院叶秀霜（第一、四、六模块，及第七模块项目一、二、三），浙江旅游职业学院沙绍举（第七模块项目四），浙江旅游职业学院周寒琼（第二、三模块），杭州万向职业技术学院杨艳（第五模块），开元旅业集团有限公司副总裁金杭甬参与了本次的修订工作，并由开元酒店集团有限公司提供了相应的教学资料，全书最后由叶秀霜总纂。

编者

2022年12月

修订说明

近年来全球范围暴发的疫情，在很大程度上影响了全球及我国旅游业、旅游饭店业的发展，对旅游饭店在疫情常态化影响下的经营管理提出了新的课题，也对新形势下旅游饭店人才的培养，尤其是对从业者的职业信念、职业理想、职业精神等方面的塑造及培养，提出了更高的要求。

为了全面贯彻党的教育方针，加强社会主义核心价值观教育，加强中华优秀传统文化、革命文化和社会主义先进文化教育，推进习近平新时代中国特色社会主义思想进教材、进课堂、进头脑，促进学生德技并修，落实立德树人根本任务；为了深入贯彻落实习近平总书记关于职业教育工作的重要指示，有必要对第一版教材进行及时的修订。

本书在编写体例、内容序列方面保持了与第一版教材的一致性、延续性，在具体内容的阐述上，结合国内外旅游业、住宿业等方面的最新变化进行了适当的调整、补充，特别是在教学目标中增加了思政要求，并在"思考与练习"前增加了"思政园地"单元，将马克思主义立场、观点、方法贯穿教材始终，体现党的理论创新最新成果特别是习近平新时代中国特色社会主义思想，体现中国和中华民族风格，体现人类文化知识积累和创新成果，全面落实课程思政要求，弘扬劳动光荣、技能宝贵、创造伟大的时代风尚。本书体现了"思政进课堂"的教学要求，充分反映了人才培养模式改革方向，将知识、能力与正确价值观的培养有机结合，适应了专业建设、课程建设、教学模式与方法改革创新等方面的需要，能满足项目学习、案例学习、模块化学习等不同学习方式的要求，能有效激发学生的学习兴趣和创新潜能，进一步增强了教材的思想性、适用性、科学性、先进性，是一本可听、可视、可练、可互动的数字化教材。

编者

2021年12月

近年我国旅游业得到了更快、更强、更好的发展，旅游在国民经济中的作用和地位日显重要，作为旅游业重要支柱产业之一的饭店（住宿）业也得以迅猛发展。旅游业、饭店（住宿）业的迅猛发展促进了旅游教育事业的快速发展，也带热了旅游教材的建设。旅游教材从20世纪90年代初的旅游管理专业一个系列几十个品种，发展到现今旅游管理、饭店管理、旅行社管理、景区管理、会展管理及旅游外语等若干个系列上百个品种。随着"互联网+"时代的到来，旅游教育课堂教学改革的进一步深入发展势在必行。而教材是课堂教学的主要载体，要深化课堂教学改革，就必须对教材进行不断的开发与建设。

客房部是现代饭店的核心部门之一，其运行与管理是饭店运营的重要组成部分，《客房运行与管理教程》是饭店管理系列主干教材之一。本书在编写过程中，摒弃了原来旅游大类课程教材的编写思路和习惯，根据饭店客房部门运行管理的特点，以任务为导向，坚持"为用而学""能力为本""够用适用"的原则，注重阐述饭店客房运行与管理的基础知识，又力求理论联系实际，具有较强的可操作性，体现出"工学结合"的新理念和"教、学、做合一"的新特色，在内容和形式上更突出能力本位和职业特色，按客房部门职业岗位需求，以"模块→项目→任务"的模式进行编写，按"入门→掌握基本服务知识、技能→掌握基础管理知识、技能"的思路将内容分成七大模块。特别是第三模块，由于目前越来越多的饭店对洗衣业务采用社会化服务的形式进行，因此近年的一些相关教材基本上已将这部分内容删除，但出于对学生就业能力特别是创业能力的培养，本书仍将此部分内容包含在内。各模块由"学习目标"开篇，以简练的"思考与练习"和"综合训练"结束。在

"思考与练习"，特别是"综合训练"部分鼓励学生不断创新，引导学生与行业进行有效连接。

理论知识的掌握对高职学生来说是必需的。因此课堂理论讲授法仍是最基本的教学方法之一，它所强调的是"理论知识讲授不是为了考试，而是为了指导职业技能的训练"。在具体实施过程中，应不同于传统的理论教学，专业教师在授课过程中可根据具体内容和教学实际，结合图片资料、实物样品、参观考察、操作练习等方法，使学生在掌握基础理论知识的同时，熟悉饭店客房部运行的基本流程，掌握运行规程，具备基本的服务技能与管理理念。学生在学习过程中应在专业教师的引导下，开放思维，积极与行业接轨，培养自己的创新精神。因此本书既可作为高职高专饭店管理及相关专业学生的教材，也可作为饭店员工的培训教材或饭店从业人员的自学读物。

本书由叶秀霜担任主编，沈忠红、周寒琼担任副主编，编写人员及具体分工如下：浙江旅游职业学院叶秀霜编写第一、四、六、七模块，浙江旅游职业学院周寒琼编写第二、三模块，杭州万向职业技术学院沈忠红、杨艳编写第五模块，全书最后由叶秀霜总纂。

在本书的编写过程中，我们参阅了国内外专家的有关著作、文献资料和网站，并得到了许多业内人士的支持和帮助，在此一并表示感谢。

由于水平有限，疏漏之处在所难免，敬请读者批评指正。

编者

2018年10月

CONTENTS
目录

模块一 导　论

学习目标

知识目标：

▶ 了解客房、客房部及客房部业务运行的特点

▶ 正确认识、评价客房部在饭店运营中的地位和作用

▶ 了解客房部的组织机构与岗位设置

▶ 明确客房部员工职业素养的基本要求

能力目标：

▶ 能正确区分客房的类型

▶ 具备正确的客房服务理念和意识

▶ 激发学生对饭店行业的热爱，在潜移默化中修炼慎独、诚信、吃苦耐劳、甘于奉献等品德，培育职业精神

饭店是能够以夜为时间单位向客人提供配有餐饮及相关服务的住宿设施，它必须能向客人提供住宿服务。不论它被称为宾馆、饭店、旅馆、旅社、大厦，还是被称为度假村、俱乐部、中心等，它都必须有客房。客房是供客人住宿、休息、会客和洽谈业务的场所。客人投宿于饭店，客房则成为客人暂时的"家"，客房部要通过一系列管理手段和技巧，组织员工服务好这个"家"，管理好这个"家"，使客人真切地感受到"家"的温馨。

项目一 认知客房

浙江省旅游饭店服务技能大赛

张女士通过网络预订了某饭店的一间无烟客房，饭店也通过短信进行了确认。张女士如期来到饭店，饭店的门童、行李生、总台接待员等热情礼貌、服务规范周到、接待效率高，给张女士留下了较好的第一印象。进到客房后，张女士发现房间里烟味很重，并不是自己预订的无烟客房，立即给总台打了电话。总台服务员态度很好，马上答应给张女士换房。可是一连换了几间客房，张女士都认为烟味太重，无法忍受。服务员解释说因为当天饭店有个大型会议，房间已经全部售完，实在不能给张女士换房了。无奈之下，张女士只好退房下榻到其他饭店去了。

问题：

1.你觉得张女士对饭店的要求是吹毛求疵吗？

2.假如是你遇到张女士，你会怎么做？

分析：

客房是客人在饭店逗留期间的住宿场所，是供客人消费的产品。客房作为产品虽然有一定的质量要求，但最关键的是要满足客人入住过程中的各种需求。本案例中，虽然服务员态度热情，想方设法为客人解决问题，但由于客房产品的特质（气味）未达到客人的要求，还是影响到客人的入住情绪和对饭店的评价，也影响了饭店的销售和效益。

任务一　理解客房的含义

一、客房的含义

客房是客人入住饭店时的投宿场所，是饭店以出租和提供劳务的方式获得经济收入的特殊商品。尽管饭店的其他服务设施会根据其规模、星级、客源市场等因素有所增减变化，但是，客房却是始终不可缺少的基础设施，是饭店的最基本、最主要的核心产品，是客人的"家外之家"，是饭店重要的经济来源。

二、客房产品的质量要求

客房产品与其他产品有所不同，完整的客房产品有空间大小、设备设施配置与运行规格、用品配置与补充、清洁卫生、安全和综合服务等方面的要求，而且这些方面要同时具备，缺一不可，否则客房产品就不算合格，就不能进行销售。因此，要求客房的布置要舒适、美观，设施设备要配置齐全、运行良好，日用品要量足质优、方便安全，客房环境要温馨舒适、清洁卫生，客人财物和人身安全要有保障，服务项目要全面周到，总之要为客人提供清洁、美观、舒适、安全的暂住空间。

任务二　了解客房的类型

随着市场需求的变化，饭店为吸引不同消费层次、不同消费需求的客人，客房的种类也日趋多样化。客房分类的方法很多，首先可将客房划分为基本类型和特殊类型两大类，然后再分别按构成的房间数量和床的配备情况、客房档次、房间所处位置、客房设计风格等进行细分。

一、基本类型

（一）按客房构成的房间数量和床的配备情况划分

按客房构成的房间数量和床的配备情况，饭店客房可分为单间客房和套间客房这两种基本类型。

1. 单间客房　只有一个房间和卫生间的客房就是单间客房。由于客房内床位的配置情况不同，单间客房又有以下几种。

不同星级饭店对客房的要求

（1）单人间（single room）。客房内只配备一张单人床，用品也只配备一份，可安排一位客人入住。

（2）双人间（twin room）。客房内一般配备两张单人床，也可以配备一张双人床，分别称为标准间（standard room，见图1-1）和大床间（double room，见图1-2）。为适应家庭旅游的需求，不少饭店会设置一定数量的家庭房（family room，也称亲子房，见图1-3），往往在客房内布置一张双人床和一张单人床。但随着我国现行人口政策的变化，一双加一单的配置已经不太适合二孩或三孩家庭的需要，可以在客房内配置两张双人床或一张双人床加一高低床等，以适应新的市场需求。

◎ 亲子客房图片展示

图1-1　标准间

图1-2　大床间

图1-3　家庭房

（3）三人间（triple room，见图1-4）。客房内配备三张单人床，此类房间一般在经济型饭店设立较多。

图1-4　三人间

2. 套间客房 由两个或两个以上房间、卫生间和其他设施组成的客房就是套间客房。根据套间客房房间数量的多少和组合布局，套房一般有以下几种。

（1）标准套房（standard suite）。标准套房又称普通套房（junior suite），由中间有门连通的两个单间客房组成，一间为卧室（bedroom），另一间为起居室（living room）即会客室。卧室主要满足客人睡眠、休息的需求，一般配有床、床头柜、梳妆柜、衣柜、电视柜和沙发或圈椅等。起居室则主要满足客人起居、会客、办公等方面的需求，故一般配有衣柜、行李柜、写字桌椅、小酒吧、沙发、电视机等。套房内共有两间卫生间，一间在卧室内，内配三大件卫生洁具——面盆、浴缸、恭桶，也有的另配有淋浴房；另一间在起居室，一般只设置面盆、云石台、恭桶，主要供来访客人使用。这类客房将会客区域与卧室分开，比较适合有朋友来访或几位朋友一起入住的客人，因为它有一个单独的商谈区域，也可作为一个小型会议室，会议团队的会务组特别喜爱此类房间。

（2）双层套房（duplex suite）。双层套房也称立体套间，其布置为起居室在下、卧室在上，卧室内可以配置一张双人床，也可以配置两张单人床。两者由室内楼梯连接。

（3）连接套房（connecting suite）。连接套房也称组合套间，是一种根据经营需要专门设计的套房形式，即两间相连的单间客房用隔音性能好、均安装门锁的两扇双重隔门（connecting door）连接起来。需要时，既可以作为两间独立的单间客房出租，也可作为套间出租，灵活性较大。连接套房可以由一个套房加一个标准间组成，也可以由两个标准间或两个套房组成。这类客房特别适合家庭入住或亲朋好友入住使用。

（4）多套房（duluxe suite）。多套房是指由三间或三间以上房间组成的套房。应注意的是，这里指的三间是指建筑结构上有三个开间，而不仅仅是数量上的三间。多套间中除起居室、卧室外，往往还有餐室、会议室或书房，卧室中一般配备大号双人床。多数饭店的此类套房在装饰布置、房间氛围及设备用品配备等方面，均比普通客房高出一定的档次，以呈现豪华气派，故这类套房往往也称为饭店的豪华套房，如图1-5至图1-7所示。其中档次最高的当属总统套房（presidential suite），如图1-8所示。总统套房通常由7~8间或更多的房间组成，包括男主人房、女主人房、会议室、书房、餐室、起居室、随从房等。装饰布置极为讲究，造价昂贵，通常在豪华饭店才设置此类套房，它已成为一种档次的象征，标志该饭店已具备了接待总统的条件和能力。通常总统套房的装饰布局决定了一家饭店的档次和豪华程度，因此很多饭店都把总统套房的装饰布局融入企业文化之中，以显示饭店的风格与档次。

（二）按客房档次划分

按客房设施用品配置、装饰布置、房间氛围设计等方面的档次，饭店客房可分为普通客房、高级客房、豪华客房和行政客房。

图1-5　豪华套房卧室、起居室

图1-6　豪华套房卧室

图1-7　豪华套房起居室

图1-8　总统套房餐室

1. 普通客房（junior room）　普通客房往往按饭店设定的档次进行房间氛围设计、装饰布置和客房设施用品的配置，一般单间客房较多的就是普通客房，尤其是标准间。这类客房的装饰布置与饭店档次一致，为提高客房的利用率，一般配备两张单人床，可安排两位客人同住，较适合旅游团队和会议客人的需要。

2. 高级客房（superior room）　高级客房在客房面积、装饰布置、服务项目等方面比普通房间高档。

3. 豪华客房（deluxe room）　豪华客房的客房在房间大小、设施设备配置、房间氛围及用品配备等方面比高级客房要豪华高档些。为了进一步体现客房的豪华程度，饭店往往将此类客房做成套房的形式，其中最豪华的套房要数总统套房。但不是所有的饭店都会有总统套房，一般在高星级饭店才设置。

4. 行政客房（executive room）　行政客房面积一般比标准间稍大，在客房设施设备及用品的配置上更多地考虑商务客人的使用需要，一般设有标准的办公桌和办公设备，如直通电话、电脑、传真机、网络服务、文具用品等。随着商务客人的不断增多，这类客房的需求量也在不断增大。对此，一些高星级饭店专门设立了行政楼层（executive floor），并在该楼层配备专门的服务台，为入住行政客房的客人提供入住和离店手续、打印及传真等服务，入住行政房的客人往往享有一些特别的礼遇。如享有迎宾茶及精美鲜果礼篮；免费使用市内电话及高速宽带上网服务；免费享受俱乐部游泳、健身、桑拿浴；免费阅读中文或英文报纸一份；独有的餐厅享用中西自助早餐；免费享用健康美味的中西式商务套餐；每日免费洗烫一定数量的衣物；免费享用行政酒廊指定软饮；免费享用一定时间的行政会议室；可延迟退房（视饭店入住率）；免费享用一定时间的传真机或手提电脑；免费打印一定数量的商务文件；等等。

◎ 不同类型客房

（三）按客房在饭店中所处的位置划分

1. 外景房（outside room） 房间的窗户朝向外部景观，如大海、湖泊、公园、景区景点、街道等，视野开阔，景色迷人。

2. 内景房（inside room） 客房的窗户朝向饭店内庭院。

3. 角房（corner room） 角房是指位于走廊过道尽头或拐角处的客房。角房因形状比较特殊，装饰无法循规蹈矩，可能难以获得大部分客人的喜爱。但因其打破了标准间的呆板，有时反而会受到某些客人的青睐。

二、特殊客房

现代饭店客人的多元化需求使饭店除拥有各种基本房间类型以外，还必须配置各种特殊房型。各种特殊客房的出现，是饭店客房产品适应市场需求的体现。

（一）女士客房（lady room）

所谓女士客房，主要体现在使用者的性别限制上。传统客房的设计是从大众化角度考虑的，尤其是从饭店的主要住宿者——男性的角度考虑的。随着世界范围内女性受教育程度的日益提高，现代女性可以得到比以往更多、更好的工作机会，获得更为稳定和可观的收入。日趋完善的社会保障体系和社会化服务功能，有效地缓解了女性在经济上和生活上的种种压力与后顾之忧，加上女性对婚恋状态的态度的转变及社会对女性婚恋状况的理解，女性在住店客人中的比重越来越大。以日本为例，越来越多的职业女性选择单独外出休闲度假。从2001年10月到2002年3月，共计1000名日本女性选择JTC旅行社的旅游套餐，单独到温泉旅游并单独下榻饭店，其人数较2000年同期多了一倍，其中年纪约30岁的职业女性占据了相当高的比例。日本内政部的另一项调查显示，在2002年，独自旅游的日本女性多达670万人，这个数字占15岁以上女性总旅游人数的15%，与10年前相比，增加了2.5%。因此单身职业女性和单身女性这一特殊消费群体正迅速成长为世界各国都市经济中的亮点。

女士客房设计

针对这一现象，为了突破传统的思想，专门为女性客人特别设计的客房、楼层或饭店开始出现。2001年瑞士苏黎世在世界上开出了第一家针对女性商务客人的饭店"lady first"，大获成功。虽然我国女性消费市场的细分和引导尚处于萌芽状态，但是善于捕捉商机的业界人士早已关注这一细分市场。在一些经济发达地区，如上海、广州、温州等地的高星级饭店已相继开辟了"女士楼层"，而越来越多的饭店也设计出专门的"女士客房"，通过制定并实施一系列的特色服务与管理措施，取得了良好的效果。

建设完全满足女性宾客要求的女士客房时，必须充分考虑女士的审美观、生活习惯、爱好等多方面因素，客房的室内装饰要富有浪漫情调，室内气氛更为温馨雅致，悉心考虑女性的心理特点，提供适合女士的房间内用品如浴袍、拖鞋、各类杂志以及女性用品和礼物等。

（二）无烟客房（non-smoking room）

随着社会的发展，健康养生理念已深入人心，吸烟有害健康是人人皆知的道理。

越来越多的饭店为满足宾客的需求开辟了专门的无烟客房或无烟楼层。北京天伦王朝等饭店的无烟楼层均吸引了大量回头客，这些饭店既创造了市场营销的机会，留住了一些客人，也为饭店赢得了较好的口碑。北京长城饭店客房部负责人估算，该饭店每10个外宾中，至少有7位选无烟楼层。近几年来，欧美、新加坡等地的游客大多选择无烟楼层。因此，很多饭店都进行了无烟客房的尝试。2006年9月，全球第二大饭店业巨头美国万豪国际集团宣布其在美、加两国2300家饭店和公寓楼的近40万间客房都将实现"无烟化"，除客房外，饭店大厅、餐厅、会议室、员工工作区等也都在禁烟范围之内，应客人要求，万豪国际集团计划将旗下饭店中90%的房间划定为无烟房间。

无烟客房是专供非吸烟客人入住，并为客人提供严格的无烟环境的客房。在无烟楼层的客房不仅是指房间里没有烟灰缸，楼层有明显的无烟标志，而且还包括进入该楼层的工作人员和其他客人均是非吸烟者；当吸烟的房客在进入该楼层或房间时会被礼貌地劝阻吸烟，因为非吸烟人士对烟味的敏感程度是非常高的，同时客人退房后，房间需要做系统的无烟处理，为宾客营造一片舒适、健康的空间。

客房无烟处理程序

随着社会的进步与发展，国家全面禁烟运动的进一步深化，饭店业将更加关注绿色环保理念在饭店中的运用，着力倡导、推行"无烟饭店"的理念。可以预见，未来的饭店将朝着全店禁烟的方向发展，这已成为国际趋势之所向。

（三）无障碍客房（barrier-free room）

饭店应该为残障人士提供专门的设施设备及用品，以确保他们在饭店逗留期间能畅通无阻并得到相应的服务。无障碍客房主要是为肢体以及视力有残障的宾客专门提供的客房。其设施设备用品配置是以残障人士的生活起居活动需求来规划设计的。《旅游饭店星级的划分与评定》（GB/T 14308—2010）就将有无障碍客房设置为五星级饭店的必备条件之一。

无障碍客房应布置在方便轮椅进出、距饭店主出入口交通线路最短的位置，通常设在低层饭店的一层或高层饭店客房层的最低层。无障碍客房通常为单人间或者双人间，宜采用连通房形式，以便应对残障宾客的保护与照顾需求。

饭店电梯的设置与安装应该考虑到更多的残障人士的使用方便。如宜安装横排按钮，高度不宜超过1500mm，在正对电梯进门的壁上安装大大的镜子，使用报声器等。

客房出入应无障碍，门的宽度不宜小于900mm，应采用横执把手和关门拉手，不安装闭门器；门上分别在1100mm和1500mm处安装窥视器，门链高度不超过1m；客房内应配备盲文服务指南，各类设施设备也应考虑盲文标志；橱柜挂衣杆不高于1400mm；电器开关高度为600～1200mm；电话机安装高度为800～1000mm；窗台高度为600mm，宜装电动窗帘；床的两侧应该有扶手，但不宜过长。

无障碍客房卫生间门的要求和客房一样，出入应无障碍，卫生间门宜采用推拉门；卫生间空间尺寸必须能够保证轮椅自如行动，通常轮椅旋转的最小直径是1500mm；洗脸盆的高度不得超过800mm；镜面中心点高度为1000～1200mm；恭桶应有不小于800mm空间；恭桶高度在550mm，应配置安全抓杆，抓杆距地面高度为700mm；浴缸两侧装有扶手，且扶手能承受100kg左右的拉力或压力；等等。

而针对视力有障碍的客人，客房及相应的公共设施都应有盲文标识；对于听力有障碍的客人，除在设备设施的配置上有一定的针对性外，还应能提供手语服务等。

全国第一个饭店无障碍地方标准——《饭店无障碍设施与服务规范》（DB 3301/T 0300—2019）2019年12月30日由杭州市质量技术监督局发布，于2020年1月30日开始实施。

（四）老年人客房

如今，世界人口普遍向老龄化发展，老年人市场越来越受到重视。老年人在饭店的相对停留时间较长，消费较高，因此，"银发市场"已成为饭店新的竞争点。老年人客房的设计、装饰、布置等都要充分考虑老年人的生理特点和心理需求，健康、方便、舒适应是老年人客房的考虑重点。例如，在卫生间要设置防滑把手，门把和开关位置要适宜；要设置多个召唤铃，以便老人可以不用移动太远，就可询问自己需要的服务；在卫生间和卧室多处设置紧急呼叫按钮等。法国戛纳的奥泰利亚饭店所有客人的平均年龄为83岁，这里的一切设施几乎都是为老人尤其是80岁以上的老人特别设计的。在这里，信号显示是大号字，沿墙有扶手，电梯里有座椅，床是坐卧两用的，卧室里可以挂家人肖像，卫生间是用防滑玻璃纤维修造的，并设有软垫长椅，在那里可以安全洗浴。无论何时，一按铃就有人来查看，经常举办各种适合老人的娱乐活动，而且无须预订，长住、短住无妨。但有一点必须特别声明，这里接待的不是病人，而是需要关怀、照顾的老年客人。

（五）公寓式客房

公寓式客房是将就寝、烹饪、洗浴、工作集中于一室，既有居家的格局和功能，又能为客人提供饭店专业服务的饭店客房。它非常适合出差在外的商务人士中长期居住。与传统客房相比，公寓式客房在硬件设施的配备上，会更多地考虑客人居家和工作上的双重需求，除了提供饭店传统的服务项目外，更重要的是向客人提供家庭式的居住环境和居家式的服务，真正实现"宾至如归"。

（六）主题客房

饭店产品发展到今天，已经明显感觉到"标准房"的乏味。为了满足客人的需求，饭店主题客房的设计开发已成一种趋势。由于主题客房具有独特性、文化性、针对性等特点，逐渐成为消费者的新宠。主题客房有很多种分类方法：有以某种时尚、兴趣爱好为主题进行客房设计的，如汽车客房、足球客房、邮票客房、电影客房等；有以某种特定环境为主题进行客房设计的，如梦幻客房、海底世界客房、太空客房等。

◎ 主题客房　　📖 文化主题旅游饭店基本要求与评价

（七）个性化客房

希尔顿集团在美国洛杉矶富豪区的比华利山饭店推出自己的特色概念——睡得香、健身和精神放松等类型的客房。客房中有加厚的床垫，高雅而又不透光的艺术窗帘，闹钟铃响时台灯自动开启，按客人生活习惯设置的生物钟可调灯箱。此外，客房内还增设了按摩椅、放松泉池、瑜伽教学录像等。

（八）高科技客房

进入21世纪，高科技在客房服务和管理中得到广泛的应用。比如，客房内可为客人提供网络浏览、E-mail收发、FTP文件下载、Telnet远程登录、网络游戏等多项服务，甚至为客人提供更个性化的服务。法国雅高集团在巴黎开发了"高科技客房"这一新概念客房：客房中床很宽，卫生间更大，照明也

杭州黄龙旅店

更好，采用可旋转的液晶显示电视屏幕、遥控芳香治疗系统、环绕音响系统等。杭州黄龙饭店是杭州旅游集团有限公司用10亿元打造的全球第一家智慧饭店，在"引领现代奢华体验"的核心品牌理念下，致力于打造中国本土最高端的饭店品牌，以"科技"为品牌战略手段，打造智慧型饭店，创造独特的宾客体验，让杭州黄龙饭店在国际酒店品牌林立的市场中凸显自己特有的品牌个性：一整套令人叹为观止的"智慧饭店"解决方案，使客人无论是徜徉其中，还是置身饭店外，都能获得尊崇、体贴、智能的客户体验。客房内配备了国内最先进的无线网络、智慧客房导航系统，全世界第一套电视门禁系统，全球通客房智能手机，互动服务电视系统，机场航班动态显示服务，DVD播放器/电子连接线及插孔，床头音响、床头耳机、四合一多功能一体机。杭州黄龙饭店的技术将在行业内树立新标杆，尤其是在智能化方面不但遵循了已有的国家标准，更远远超越现有的标准，真正成为行业的典范并引领下一代的发展方向。

（九）绿色客房

随着地球环境的恶化，人们更趋向于和自然和谐共处的"绿色意识"，因此，"绿色客房"更是当下和今后的饭店必须重视和力推的产品。美国著名管理大师乔治·温特在其《企业与环境》一书中指出："总经理可以不理会环境的时代已经过去了，将来公司必须善于管理生态环境才能赚

绿色旅游饭店

钱。"绿色客房是指无建筑、装修污染，无噪声，有空气过滤装置，室内环境完全符合人体健康要求的客房，并且房间内所有用品、用具及对它们的使用都符合充分利用资源、保护生态环境的要求。如客房内的设施设备要节能、环保，客房用品要可回收、可降解，要设置绿色告示和绿色环境的宣传资料等。

在饭店的发展过程中，饭店管理者越来越重视客人的需要，可以说市场上有多少客房类型的需求，饭店就有多少类型的特殊客房。这是现代饭店在经营过程中走个性化服务的一个重要手段，也是市场发展的必然规律。

项目二 ┃ 认知客房部

案例导入

> 一日，楼层服务员小郑在打扫1122房间时，此房间客人的鞋跟掉了，客人向小郑询问，附近哪里可以买到皮鞋。小郑见客人的鞋已坏，心想即使告诉客人，客人也无法出去购买，便主动帮助客人想办法。经小郑联系，工程部王师傅很快来到客

人房间，仅用了一个小螺丝便将客人的鞋修好了。客人十分高兴，本来认为很麻烦的一件事，通过服务员周到的服务便轻易地解决了，为客人节省了许多时间和精力，客人感谢之余对饭店的服务给予了充分的肯定和高度的评价。

问题：

1. 你觉得小郑的做法是多此一举吗？

2. 假如你是服务员，你会怎么做？

分析：

美国的一项调查表明，几乎所有企业都把服务和有形产品的质量视为企业开展市场营销、参与市场竞争的关键。服务与有形产品相比较，企业更应注重前者。市场竞争的残酷性使人们越来越懂得优良的服务质量是企业赢得竞争的重要砝码。颇具影响力的《西方企业的服务革命》一书作者、法国著名的企业管理专家菲利普·布洛克在该书的前言中写道："……然而今天的服务是无处不在的！而且服务质量的优劣就能决定一个企业在竞争中的成败……今天我们出售的不仅是产品，而是伴随着产品的服务综合……无论我们感兴趣的是什么，企业，其成功的唯一钥匙恰好都是优质服务。"

修鞋事情虽然很小，但它关系到如何为宾客提供优质服务的大课题。在客房部的工作中，时时处处都会遇到一些超出服务范围的、需要其他部门配合支持的工作。我们如何提供满意、惊喜的服务，如何打造饭店品牌，是我们应该共同思考的问题。服务员观察客人需求与完成服务所达成的质量效果，是创造完美服务的一个过程，这个过程决定了能否最终实现构建饭店品质的目标。小郑作为一名楼层服务员，不仅为客人提供分内的清洁保养服务，而且能细心观察、判断客人的需求，想客人所想，甚至是想客人所未想。小郑在处理这件事情上，方法灵活，以客人要求为重，通过工程部门的协作，为客人提供尽善尽美的服务，值得所有员工学习。

任务一　理解客房部的含义、特点和作用

一、客房部的含义

客房部（housekeeping department）又称房务部或管家部，是饭店不可或缺的业务部门，主要负责管理客房产品生产的相关事项，它的主要职责是为客人提供清洁、美观、舒适、安全的住宿环境；提供各种客房对客服务，满足客人的要求；负责整个饭店公共区域的清洁和保养工作，使饭店时刻处于清洁、优雅、常新的状态；为饭店其他部门提供布草洗涤、保管等服务。客房服务质量的好坏直接影响客人对饭店商品的满意度，也对饭店的声誉和经济效益产生重大影响。

二、客房部的运行特点

现代饭店客房的工作内容广泛，与过去仅能满足客人基本生活需要的客栈、旅店、招待所不可同日而语。为了适应这一改变，客房部的管理也同样与过去不同，与

饭店其他部门不同，形成了自己的特点。

（一）随机性大

客房部所涉及的工作内容繁多，工作空间广泛，另外，客房的服务对象是来自世界各地的千差万别的客人，要使他们在住店的短暂时间内保持满意难度相当大，这都导致了客房服务过程具有很大的不可控制性。在这种情况下，为了保证服务质量，管理者要充分调动员工的积极性和主动性，使员工具有很强的服务意识，随时处理客人的临时要求和突发事件。

（二）工作复杂

客房部的工作范围广，涉及内容复杂，除了要保持客房的清洁、安全外，还要对整个饭店的环境卫生、装饰绿化、设备保养、布草制服的洗涤保管及式样设计负责。客房部拥有的员工数量、设备用品种类较多，运营成本费用也较高，因此管理起来也相当复杂。可见，客房管理是一件相当复杂的事情。

（三）独立性强，不易控制

客房部管辖的人、财、物及工作岗位之多在饭店是位居首位的，而且还是一个全天候运转的部门。首先，大多数工作人员的工作环境具有相对的独立性，很多工作均为一个人完成，不利于管理人员的督察；其次，客房物资用品皆为日常生活用品，如果管理不善，极易流失。所以客房部加强对员工素质和自我管理的培训尤为重要。

（四）卫生及服务要求高

饭店客房所提供的百分之一百的规范服务并不能换来消费者百分之一百的满意，有时服务人员的规范服务也可能引起客人的不满，原因就是客房服务人员没有针对不同的客人提供个性服务。

客人入住饭店在客房逗留的时间最长，对客房的卫生质量会特别关注，尤其是一些与客人身体直接接触的设施和用品。客房的卫生质量已经成为客人选择饭店的第一因素，因此对客房的清洁卫生质量要求极高，不能出现半点马虎。

（五）工作协作性强

如果把饭店比作一台运转的大机器，那么客房部就是这台机器中的一个重要部件。机器要正常运行，要靠这个机器中各个部件的正常运转；同样，客房部这个部件又是由一些"齿轮"和"零件"（即客房服务中心、楼层客房、洗衣房、公共区域）组成的，没有这些"齿轮"和"零件"的相互协作、正常运行，客房部这个部件也不可能正常地运转。

三、客房部在饭店运行中的作用

客房部是饭店经营管理的关键部门之一，负责管理饭店所有客房事务，为客人提供舒适、清洁的住宿环境以及优良的服务。客房部不但在饭店纷繁的日常工作中担任着重要的角色，而且在饭店的经营管理中起着重要的作用。

（一）客房部是饭店组成的主体和为客人提供服务的主要部门

饭店是以建筑物为依托，通过向客人提供住宿、饮食、康体、娱乐、购物等服务产品而取得经营收入的服务性企业。无论是商务客人，还是观光旅游者，当他们经过长途跋涉来到一个陌生的地方时，首先必须有地方住，否则，商务活动、观光旅游活动都不可能进行。客房是住店客人的物质承担场所。在诸多的服务产品当中，客房是饭店的基本设施和主体部分，客房产品是饭店的核心产品。

（二）客房是带动饭店一切经济活动的枢纽

饭店的经济收入主要来源于三部分：客房收入、饮食收入和综合服务收入。就一般饭店而言，客房的营业收入是饭店收入的主要来源，而且客房收入较其他部门收入稳定。但由于饭店类型及经营策略的不同，客房营收在饭店总收入中所占的比例会有所不同。客房虽然在初建时投资大，但投入使用后耐用性较强，在每一次销售后，经过服务人员的清洁整理和补充消耗品后又可以再次销售。从利润角度来分析，客房消耗低，经营成本较小，尤其是在盈亏平衡点以上时客房的盈利空间更大，客房的利润也是饭店利润的主要来源。为此，在经营管理过程中，要不断提供高质量的服务，努力使客人成为回头客，尽可能保持较高的客房出租率，才能有效保障饭店的经济效益。

客房也是带动其他部门经营活动的枢纽。饭店作为一种现代化食宿购物场所，只有当客人住进饭店并保持较高的住房率，饭店其他各种设施才能充分发挥作用，组织机构才能运转。客人住进客房，要到前台办手续、交房费；要到饮食部用餐、宴请；要到商务中心进行商务活动，还要健身、购物、娱乐，因而客房服务带动了饭店的各种综合服务设施。在饭店的经营活动中，客房处于龙头位置，只有龙头摆动起来，整个龙身才能活。

（三）客房服务质量是饭店服务质量的重要标志

客人住店期间，除了餐饮、娱乐、购物之外，绝大多数时间逗留在房间里，客人对客房更有"家"的感觉。客房的卫生是否清洁，服务人员的仪容是否整洁，礼节礼貌修养是否到位，服务态度是否热情、周到，服务项目是否周全、方便等，将直接影响到客人的情绪，是客人衡量饭店产品的"价"与"值"是否相符的主要依据。因此，客房服务质量是衡量整个饭店服务质量、维护饭店声誉的重要标志，也是饭店等级水平的重要标志。

另外，客房部的PA组是公共区域清洁保养工作的主要承担者，饭店前厅、电梯、商场、花园等公共区域的清洁保养由客房部PA组的员工所完成。这些场所的环境质量、设施设备的完好程度及清洁保养的有效性不仅是住店客人关注的焦点，更是非住店客人对饭店产生良好印象与评价的主要依据，他们同样希望这些场所清洁、舒适、优雅，并能够得到优质的服务。

客房部工作的好坏不仅直接影响到住店客人与其他来店客人对饭店的印象，而且对于饭店内部工作环境与气氛的营造也同样至关重要。因此，客房部的服务质量成为许多客人评价一家饭店服务质量水平的重要依据。

（四）客房部的管理水平直接关系到全饭店的运行和管理

如前所述，客房部负责整个饭店环境、设施的维护和保养，为饭店全体员工保管、修补、发放制服，为餐饮、娱乐等部门洗熨、保管各类布草，所以，客房部的工作内容涉及整个饭店的角角落落，为其他部门的正常运行创造了良好的环境和物质条件。另外，从员工角度讲，客房部员工数量占饭店员工总数的比例较大，其培训管理水平对饭店员工队伍整体素质的提高和服务质量的改善有着很重要的意义。因此，客房部的管理会直接影响饭店的正常运行和管理。

由此可以看出，客房是饭店的主体部分和住店客人的物质承担场所，是饭店规模、接待能力及接待水平的重要标志。

任务二 了解客房部的组织机构与业务分工

一、客房部的组织机构设置

由于饭店规模、档次、业务范围、经营管理方式、服务模式的不同，客房部的组织机构也不尽相同。其机构设置主要从以下两个维度进行考量。

（一）客房部纵向机构的设置

纵向机构的设置主要是指客房部管理层次的设立，一般来说，大中型饭店管理层次多，小型饭店管理层次少。如大中型饭店一般有经理、主管、领班、服务员四个层次（见图1-9），而小型饭店可能只有经理、主管或领班、服务员三个层次（见图1-10）。不过目前饭店的发展趋势是组织机构的扁平化，包括客房部在内的饭店各部门将尽可能地减少管理层次，以提高沟通和管理效率，降低管理费用。

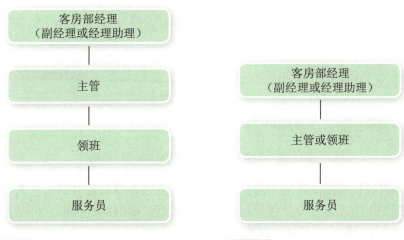

图1-9 大中型饭店客房部管理层次　　图1-10 小型饭店客房部管理层次

（二）客房部横向机构的设置

横向机构的设置主要是指客房部所承担的业务职能。一般来说不同规模、类型的饭店的客房部所负责的业务模块不尽相同。如有的设有楼层服务台，有的设有客房服务中心，也有的两者兼而有之；有的饭店客房部可能设有洗衣场、花房，而有的饭店则没有。

根据客房部所承担业务职能的不同，客房部横向机构设置如图1-11至图1-13所示。

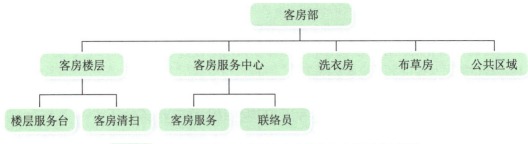

图1-11　楼层服务台、客房服务中心兼有的客房部横向机构

图1-12　设立客房服务中心的客房部横向机构

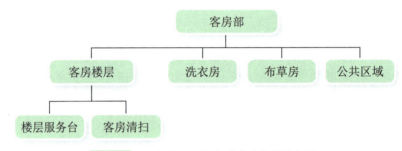

图1-13　设立楼层服务台的客房部横向机构

客房部组织机构图清晰地勾画出部门中的垂直领导关系及内部信息流通渠道。每个员工从组织中的直接领导处接受指示。在饭店里张贴组织机构图，可以让员工清楚地知道自己在整个机构中所处的位置。

二、客房部的业务分工

客房部分工复杂，人员繁多，合理的岗位设置是客房部进行有效运行的前提条件。下面以大中型饭店客房部组织机构设置为例来进行说明。

（一）经理办公室

客房部经理办公室主要负责处理客房部的日常事务，负责文件和档案管理以及与其他部门的沟通协调等事宜。有的饭店将客房部经理室与客房服务中心安排在一起，目的是节省空间、节约人力、方便管理。这样，经理室的一些日常事务就可以由服务中心的服务员来承担，从而无须再设置专职内勤或秘书岗位。

  客房运行与管理教程（第二版）

（二）客房服务中心

客房服务中心既是客房部的信息中心，又是对客服务的枢纽。其基本职能是统一调控对客服务工作；向客人提供服务信息和内部工作信息的传递调度；正确显示客房状况；保管和处理客人失物和遗留物品；管理楼层钥匙；领取和分发客房部所需物资；协助有关管理人员进行人力和物资调配；控制员工出勤；与其他部门进行联络、协调等。

（三）客房楼层

客房楼层是客房部的主体，由各种类型的客房组成，是客人休息的场所。客房楼层服务组的职能是负责客房及客房公共区域的清洁保养和对客服务工作；管理客房及客房楼层的设施、设备；负责客房日用品的替换、设备的简易维修和保养，并为住客和来访客人提供必要的服务。

（四）公共区域

公共区域管理机构的职能是负责饭店各部门办公室、餐厅（不包括厨房）、公共洗手间、衣帽间、大堂、电梯厅、各通道、楼梯、花园和门窗等公共区域的清洁保养工作，以及饭店的一些专业性、技术性较强的清洁保养工作。在有的饭店，它还负责饭店的园林绿化等工作。目前，一些大中型饭店的公共区域管理机构已成为可以对外服务的专业清洁公司，在保证完成店内清洁保养工作的前提下，开展对外经营业务，为饭店增加收入。而一些小型饭店出于技术、资金等方面的考虑，则将公共区域的某些任务外包给专门的清洁保养公司。

（五）布草房

布草房负责全饭店布草及所有工作人员制服的收发、修补、保管等。对有损坏的制服和布草进行修补，并储备足够的制服和布草供饭店运营周转使用。如果具备设备和技术条件，它还可以进行加工制作，为饭店的正常运转提供布草和员工制服等。

（六）洗衣房

洗衣房负责洗涤员工制服和对客服务的所有布草，并为住店客人提供洗衣服务。洗衣房的归属，在不同的饭店有不同的管理模式。大部分饭店将洗衣房归入客房部进行管理，但有的大饭店，洗衣房则独立成为一个部门，并且对外服务；有些小饭店则可不设洗衣房，而是将饭店的洗涤业务外包给某些饭店的洗衣房或社会上的专业公司。

任务三　明确客房部的任务及部际关系

一、客房部的任务

（一）做好饭店的清洁保养工作，为客人提供舒适的环境

清洁保养在饭店的经营管理中具有特殊的意义，它是饭店商品使用价值和服务质量的重要标志，是饭店赢得客人信赖的重要因素。因此，搞好清洁保养，提供舒适的住宿环境，是客房部的首要工作任务。客房部必须加强管理，切实组织员工做好每间客房的

装饰布置、环境美化、清洁保养、用品管理，保证客房的清洁、美观、舒适、安全。

除了为客人提供优质的客房产品，饭店还必须为客人创造一个舒适、温馨的大环境，使客人得以很好地休息。因此，客房部还要负责饭店公共区域的清洁卫生及设施设备的维护保养工作。为给客人提供安宁的环境，客房部必须制定科学合理的清洁保养规程，加强督导，在确保清洁保养质量的同时，既方便客人又尽可能减少对他们的打扰。

（二）向客人提供优质的专业服务

"饭店从根本上说，只销售一样东西，那就是服务。"服务的好坏决定着饭店的好坏，服务质量是饭店的生命线。客房商品包括空间、设施用品、卫生、安全、服务等方面的要求，而服务是客房商品的核心部分。客房是客人在饭店生活的主要场所和停留时间最长的地方，也是客人接受服务项目最多的地方。例如，房间清扫服务、小酒吧服务、会客服务、托婴服务、洗衣服务、擦鞋服务、夜床服务等，这些看起来都是不起眼的生活琐事，但认真把每一件小事做好，让每一位住店客人都感到满意，则是一件十分了不起的大事。客房部的员工就应该从这些日常生活中的小事做起，主动、热情、礼貌、耐心、周到地为客人提供专业的优质服务，使客人在住宿期间的各种合理需求得到满足，从而体现高品质的客房商品价值，提高客房商品的美誉度，提高饭店在社会上的声誉。

因此，切实做好客房对客服务，使客人的各种合理需求得到满足，是客房部工作的重要内容。当然客房的接待服务不仅仅局限在客人的入住期间，还应包括客人到店之前和客人离店之后这两个环节。

（三）加强成本费用控制，降低经营成本

客房部是一个负责客房商品生产的职能部门，在生产过程中每天会消耗掉大量的物化劳动和活劳动，产生不少的费用开支。为此，在客房管理过程中要认真研究投入和产出的关系，加强客房设备用品管理，合理确定消耗定额，切实做好设备维护保养工作，提高设备用品的使用效率，科学合理地配备、使用劳动力，减少浪费，降低成本，使饭店获得良好的经济效益。客房部的任务之一，就是要在满足客人要求的前提下，控制物品消耗，减少成本支出，取得最佳的经营效果。

（四）确保客房设施设备的正常运转

客房部在日常清扫和接待服务的过程中，必须做好客房与公共区域的设施设备的维护和保养工作，使之常用常新，处于良好的状况下；并与工程部密切合作，保持设施设备的完好率，提高它们的使用效率，为客人构筑一个舒适的住宿环境。在一些旅游热点城市或旅游旺季，客房出租率较高时更应做好这项工作，否则不仅影响客房的出租、影响经济效益，还会影响饭店的声誉。

（五）保障饭店及客人生命和财产的安全

安全是客人最基本的需求之一。客房是为客人提供休息的地方，不论何时都要保持楼层的安全，防止不法分子进入客房，保证客人生命财产安全，为客人提供一个安全的环境。客房部每一位员工都必须具有强烈的安全意识，在平时的工作过程中，都必须严格遵守服务规程和安全守则。饭店每一位员工都应该清醒地认识到，安全无小事，一个小小的疏忽，有可能引发一起重大的事故。所以，一旦发现问题要及时处

理，把安全隐患消灭在萌芽状态。

（六）负责客衣服务以及饭店员工制服、布草的洗涤保管工作

设有洗衣房的饭店，客房部每天要负责客衣的洗熨、全店员工制服的洗熨、客房及其他布草的洗熨等。这些工作虽然琐碎细小，但是责任却重大。如果因清洗技术、方法等原因影响洗涤质量，甚至造成客人衣物的损坏，就会引起客人的投诉，影响客人的满意度，进而影响饭店的声誉和经济利益；如果员工制服的清洗、熨烫未达标准，将影响到员工的职业形象和饭店的形象；如果饭店布草的清洗、更换不能达到清洁卫生的标准或不能满足客人的要求，就有可能影响到客人的消费和对饭店服务质量的评价。

（七）做好与其他部门的协调配合工作，保证客房服务需要

客房服务的质量，不仅与客房部内部管理有关，而且还受其他部门的影响，如前厅部、餐饮部、工程部、采购部、财务部、保安部等部门。这些部门的工作能否跟得上、质量是否过硬，对客房服务质量会产生很大的影响。所以，客房部要有整体利益的观念和长远的战略眼光，积极、主动地与各部门搞好配合，以保证客房管理各项工作的协调发展，为保证和提高客房部服务质量创造良好的条件。这既是客房部经营所必备的，也是饭店总体经营所必需的。

二、部际关系

饭店是由多个部门组成的一个有机整体，其运行与管理的整体性、系统性和协作性很强。饭店经营管理目标的实现，有赖于所有部门及全体员工的通力协作和共同努力。对于各个部门而言，它们都是饭店的一部分，虽然各有任务和目标，但都不是独立的。要完成其任务、实现其目标，部门之间就必须相互支持、密切配合。因此，客房部在运行管理中，必须高度重视与各部门的关系。一方面，要利用自身条件，像对待客人一样为其他部门提供优质服务；另一方面，要与其他部门保持良好的沟通，争取它们的理解、支持和协助。在处理部际关系过程中，要有全局观念和服务意识，发扬团队精神，加强沟通、相互理解、主动配合。

（一）客房部与前厅部的关系

饭店的客房部和前厅部是两个业务联系最多、关系最密切的部门。从经营角度讲，客房部是客房产品的生产部门，前厅部是客房产品的销售部门。两个部门之间应及时、准确地相互传递有关客房产品生产、销售及消费方面的信息。如前厅部应及时提供客房销售和住客资料等信息给客房部，以便客房部做好针对性的服务；客房部在客人入住期间应及时将客人的消费信息传递给前厅部，当客人离店后及时整理并将客房生产情况及时告知前厅部，以供前厅部出租，提高客房的出租率。

这两个部门之间能否密切配合，直接影响饭店客房的生产与销售。在一些规模不太大的饭店里，已不再分设客房部和前厅部，而是将这两个部门合并组成房务部，便于统一管理、减少矛盾。

（二）客房部与工程部的关系

客房部与工程部作为两个职能部门，它们的目标是相同的，两者只有保持良好的

工作关系，才能取得最佳工作效果。在为接待客人做准备工作的过程中，客房部服务员是一线的工作人员，客房设施设备有问题容易引起客人的不满和批评；但是，客房部服务员同时又是防止与杜绝此类事情发生的第一道防线。客房中的小问题主要是靠他们在清洁房间、提供服务的过程中发现的。

客房部与工程部沟通、协调的主要内容有：客房部负责客房设施设备的日常保养工作，而工程部则主要负责客房设备的维修事宜；客房部要及时向工程部提供客房设备的维修信息，并为维修人员进入客房进行工作提供一切便利；客房部向工程部提供客情预报，以便工程部对客房进行大修理。工程部维修时，客房部应做好各项配合工作，如维修后及时进行房间的清洁等。

客房部与工程部的沟通主要采取填写"维修通知单"的方式，这样做能够提高工作效率，易于落实责任，同时也便于考核。

（三）客房部与餐饮部的关系

客房部与餐饮部在业务内容及范围上有很大差异，但两个部门之间也有很多业务联系。其主要的工作有：客房部为餐饮部的经营场所提供清洁保养服务，为餐饮部洗熨、修补布草及员工制服。此外，两部门还要配合做好相互间的服务工作，如一些大型活动的接待服务、贵宾房的布置、房内送餐服务等工作。

（四）客房部与采购部的关系

客房部针对所需的设施设备和用品提出采购计划，明确采购设施用品的规格、数量、质量要求、价格范围、到货时间等，经核准后，由采购部负责具体采购事宜，到货时由两部门共同检查验收（必要时财务部也要派人参与）。采购部与客房部之间要相互提供信息，密切配合，以保证选购的物品货真价实、质价相符。

（五）客房部与财务部的关系

客房部应协助财务部做好客房有关账单的收结、固定资产的清点及员工薪金的支付工作；财务部还应配合客房部做好物料用品的盘点和资金预算工作。

（六）客房部与公关营销部的关系

现代饭店都提倡全员公关和全员推销，要求各部门、全体员工都参与公关营销活动。因此，客房部应协助公关营销部在客房内放置广告宣传卡，以促进宣传和推销饭店的各种设施和服务；公关营销部则应利用各种机会和场合，积极宣传客房的设施和服务。

（七）客房部与人力资源部的关系

客房部要针对其员工的录用和培训等向人力资源部提出明确的计划和要求，并协助人力资源部门做好员工的培训、督导、考核等工作；人力资源部应根据客房部的用人需求负责招聘、培训等。

（八）客房部与保安部的关系

安全是饭店工作的生命线，没有安全就没有饭店，它不仅影响饭店客人的生命财产安全，还直接影响到饭店的财产安全与员工的生命财产安全，所以说客房部的安全工作是非常重要的。作为客房部员工一定要有很强的安全意识，积极配合安全保卫人员做好客房安全工作，自觉接受各种形式的安全教育，包括通报本地区或全国范围内发生的一些案例，提高员工警惕性，防止坏人作案给饭店和宾客造成恶劣的影响，一旦发现可疑情况及时通报保安部。同时，客房部应积极协助保安部对饭店公共区域及客房楼层进行检查，做好防火、防盗等安全工作，并向保安部提供必要的住客资料和信息。

总而言之，要完成各项工作任务，客房部就必须与其他部门进行有效沟通、协调，而且，客房部与其他部门的员工之间也应该相互体谅，要明白部门之间是合作关系，而非竞争关系。

项目三 认知客房部员工

案例导入

"服务员！服务员！"香港客人刘先生的呼叫打破了清晨的宁静，客房服务员小韦快步走了过去，即听到刘先生连珠炮似的责骂："昨天答应得好好的，说早上8：00送两瓶矿泉水来，到现在都没有送来，这是什么服务态度？"小韦一下懵了，她不清楚到底是怎么回事。她又一想，问题可能出在昨天小蔡交班时没有交接清楚。小韦心想："是小蔡的错，干吗要我替她受这个气。"但她还是很快拿着两瓶水给刘先生送去，并再三向刘先生道歉："先生，给您带来不便，真对不起。"可刘先生怒气未消，仍一个劲儿地嘀咕着。

这件事情已使刘先生对饭店产生不满，小韦便想方设法在其他方面弥补。通过仔细观察，小韦发现了刘先生的许多生活习惯，如他喜欢穿浴衣，小韦就特意到洗衣房挑了件合适的浴衣放在刘先生的房间内；刘先生喜欢整洁，小韦就每天帮他把放在床上的衣服叠得整整齐齐。数天后，刘先生的态度逐渐有了变化，见到小韦时也变得十分友好。当刘先生结账离店时，他诚恳地对小韦说："你使我感到家庭般的温馨，原谅我那天的坏脾气，谢谢你这些天来对我的特殊照顾！"小韦回答道："照顾您是我的职责，希望我们的服务能让您满意，欢迎您再次光临我们饭店！"刘先生由衷地说："我下次来，还住你们饭店。"

问题：

1. 你觉得香港客人刘先生是小题大做吗？

2. 假如你碰到类似的问题，你会怎么做？

分析：

饭店是一个整体，任何工作上的差错都会影响到客人对饭店的印象。因此，当出现问题时，即使不是自己的责任，饭店中的任何一位服务员都应竭尽全力去弥补。只有这样，才能赢得并留住客人。

饭店一般都规定服务员之间应有交接班记录，传递有关客人特殊要求的信息，以便下一班次的服务员提供针对性服务。本案例中的小蔡在交班时没有将刘先生的特殊要求交接清楚，导致客人发火，并使小韦代为受过，这是工作上的粗心或是责任心不强造成的，本应可以避免的。

小韦在代人受过的情况下还能及时满足客人的需求，说明她具备了饭店从业人员应有的素质和能力。更为可贵的是小韦并没有只停留在这点上，而是想方设法弥补已造成的过失。她通过观察，了解到刘先生的许多需求信息，并在实际工作中为客人提供无微不至的服务，如换合适的浴衣、帮助叠衣服等，最终打动了刘先生的心。小韦的努力使饭店得到了客人的肯定，赢得了潜在的客源。

任务一　了解客房部岗位职责

各饭店客房部规模不同、管理体制不同，岗位设置也不尽相同。以下介绍客房部常见的主要岗位及岗位职责。

一、客房部经理

（一）直接上级
分管副总经理或房务总监。

（二）直接下级
客房部主管或领班。

（三）职责
（1）参加饭店级经理会议，主持客房部管理例会及本部门其他相关会议，传达布置、执行会议决定和上级指令，负责计划、组织指挥客房部工作，检查上级指令的完成情况。

（2）制定本部门岗位职责、工作流程、服务质量标准等相关制度，组织、督导部门为宾客提供优质的客房服务。

（3）提出客房陈设布置的方案及更新改造计划。

（4）对客房部物资、设备进行管理和控制。

（5）制定本部门人员编制、员工培训计划等，合理分配及调度人力，参与本部门员工工作绩效考核，决策员工调动、奖罚、录免、晋级和增薪等事宜，解决人事问题。

（6）负责VIP服务、病客接待处理、有效处理投诉等相关工作。

（7）协调部门之间的工作关系，不断改进工作，提高效率，建立客房部完整的工作体系。

（8）配合监督客房的清洁、维修、保养、设备折旧成本核算与成本控制等工作，拟定上报客房部年度财务预算、年度工作计划等事宜。

（9）履行业务管理职能，监督客房服务和公共区域卫生清洁、绿化情况，控制洗衣房的经营管理，监督客衣、布草和制服的洗涤熨烫服务。

（10）抓安全生产，严格检查并督促员工按操作规程进行规范操作，防止和杜绝各种事故的发生。

（11）不断改进和提高客房服务与管理的水平。

二、客房部副经理（或经理助理）

（一）直接上级

客房部经理。

（二）直接下级

客房部主管或领班。

（三）职责

（1）协助客房部经理制定部门工作计划和工作目标。

（2）参与客房部的决策。

（3）主持客房部的日常运转。

（4）负责员工排班，安排、审批员工休假。

（5）核算本部门的各项支出，并及时向客房部经理报告。

（6）负责员工的考勤和考核，处理员工的违纪行为，制订薪金发放方案。

（7）参与制定岗位职责、工作程序和质量标准。

（8）参与员工招聘工作，督导客房部的员工培训。

（9）巡视检查，确保员工处于正常的工作状态，确保清洁保养和服务的质量标准。

（10）负责培训客房部主管（或领班）。

（11）主持部门例会。

（12）处理客人及员工的投诉。

（13）注重学习，勇于创新，不断进取。

（14）经理不在岗时，代理行使客房部经理职责。

三、楼层主管

（一）直接上级

客房部经理（或客房部副经理）。

（二）直接下级

楼层领班。

（三）职责

（1）接受客房部经理（客房部副经理或经理助理）的指挥，主持、督导楼层领班和服务员的工作。

（2）巡视客房楼层范围，抽查客房卫生，查看VIP房和OK房。

（3）参加部门工作例会，主持领班、员工会议，听取汇报，传达、布置工作，解决工作中遇到的难题。

（4）对下属员工进行不定期的业务操作培训，不断提高员工的业务水平和操作技能。

（5）负责制定所管辖区域的年度财务预算，包括清洁用具、日常消耗品、客用品等。

（6）与前厅部、工程部、销售部及有关部门密切合作，随时注意核对房态，提供准确的客房情况。

（7）监督、指导、协调客房部的日常工作，为宾客提供优质的客房服务。

（8）参与受理客人投诉，协助部门经理解决客人和员工的投诉，处理部门下属员工违纪问题和一般性问题。

（9）定期核算各种物品的消耗量，严格控制日常用品的损耗，减少浪费。

（10）负责监督员工执行各种操作规程，经常检查消防器具，做好防火、防盗等安全工作，确保楼层安全。

（11）巡视各楼层及公共区域，检查员工的工作态度、工作表现，并进行公正的评估，奖优罚劣，确保服务的优质和设备的完好。

四、楼层领班

（一）直接上级

楼层主管。

（二）直接下级

楼层员工。

（三）职责

（1）楼层领班必须接受楼层主管的领导，并经常向楼层主管报告本班组工作情况。

（2）负责所辖员工的每日工作安排与调配，督导下属员工的工作，对下属员工工作提出具体意见，领导本班组员工积极工作，不断攻关，开创新成果。

（3）负责所辖楼层的财产管理，掌握所辖楼层的物品存贮及消耗情况，并向部门汇报。

（4）巡视所负责的楼层及房间，检查房间的清洁卫生及设备完好情况。

（5）填写领班工作日志。

（6）负责班组的考勤管理，掌握当天的出勤情况，安排好班次并做好每月员工的奖罚评定。

（7）负责员工的业务培训，组织业务学习，不断提高服务工作质量。

（8）熟练掌握操作程序与服务技能，能亲自示范和训练服务员。

（9）检查房间的维修保养事宜，安排客房的大清洁计划和周期卫生计划。

（10）随时留意客人动态，处理客人投诉，有重大事故时须向部门经理报告。

（11）负责编制月份工作小结、工作计划、物料申领计划并上报部门。

（12）掌握所辖楼层的客情，如团体批量、人数、抵离时间、标准等，特别是重点客人、长住房客人等信息须及时报服务中心备案。

（13）督促检查班组安全工作的落实情况，做好安全保卫工作。

五、楼层服务员

（一）直接上级

楼层领班。

（二）职责

（1）对领班负责，完成领班分派的工作，注意和相关岗位、相关工种的配合，做好服务工作。

（2）负责本楼层布草、杯具等的清点、保管、消毒、交接工作。

（3）负责迎送客人，为客人及时提供开水、冰块、冰水等服务，为客人准确、及时、安全地提供各项输送服务。

（4）负责所在区域的工作钥匙的保管，巡查所在楼层的安全情况，及时向领班汇报楼层发生的异常情况，确保楼层安全。

（5）完成领班指派的客房清扫、计划卫生及日常服务等工作。

（6）负责楼层工作间和走廊公共区域的清洁保养工作。

（7）负责检查离店客人的房间，发现问题按工作规程处理。

（8）负责维修房、参观房等特殊房间的监护工作，确保安全。

（9）负责客人送洗衣物的收取、送还工作，注意按服务规程进行操作，发现问题及时与客人沟通并向领班汇报。

（10）中班服务员做好住客的夜床服务，负责客房小酒吧的检查和补充工作，做好本楼层工作车布草及物品的补充工作。

（11）做好与下一班次服务人员的交接工作，完成"楼层工作事项记录""服务班工作日报表"等表单的填写。

六、夜班（夜值）服务员

（一）直接上级

夜值主管。

（二）职责

（1）对夜值主管负责，及时、准确地满足客人在夜间的服务需求。

（2）保持与前厅部、餐饮部、财务部等部门的密切联系，共同为客人做好服务工作。

（3）根据夜值主管的指示或客房服务中心的电话通知，及时完成客房的卫生清扫、服务输送和安全巡视等工作。

（4）负责检查离店客人的房间，并及时填报、补充离店房间的饮料、酒水等。

（5）完成夜间入住客人的接待工作。

（6）与夜值主管一起做好楼层安全巡视工作，在巡视过程中注意回收客人挂在门外的早餐卡和待洗的衣物。

（7）完成夜值主管分派的其他工作。

（8）完成办公室的卫生清洁工作。

七、客房清扫员

（一）直接上级

楼层领班。

（二）职责

（1）服从领导，听从指挥，接受领班对工作程序及质量的检查、指导，对不符合要求的工作必须重做。

（2）熟练掌握礼节礼貌常识及各种业务技能，热情地为客人提供服务。

（3）负责整理、清洁客房，配送各种客房用品。清洁完毕后，填写好"工作日报表"，并把工作车及清洁工具归位放好。

（4）正确使用清洁设备和用具，保持工作间、工作车及各项用品整齐、清洁。

（5）做好日常设备设施的使用及保养工作，发现问题及时上报维修，确保一切设备设施的正常运转。

（6）及时向领班报告楼层工作，及时报告住店客人的特殊情况及患病情况。

（7）检查房间内小酒吧饮品的消耗情况，准确清点、开账并及时补充，如发现客人遗留物品，立即报告领班并交服务中心。

（8）向客人介绍服务项目和客房设施的使用方法，不得拒绝回答客人提出的各种问题，对自己无法回答的问题应向领班报告，任何情况下不准与客人发生争执。

（9）客人离店后，及时查看房间设备物品是否齐全和有无损坏，发现问题，及时向领班和前台报告。

（10）负责开启房门，让有关部门的员工进房工作。

（11）完成本职工作的同时做好领导交办的其他工作。

八、客房服务中心主管（领班）

（一）直接上级

客房部经理（客房部副经理或经理助理）。

（二）直接下级

客房中心服务员。

（三）职责

（1）编制本部门员工排班表，记录考勤。

（2）检查所属员工的仪表、礼节礼貌、劳动态度及工作效率等。

（3）建立失物招领档案，保管客人的遗留物品，监督遗留物品处理程序的实施。

（4）统计核实客房酒吧酒水的消耗量，并报有关部门。

（5）填写服务中心物品需求提货单，并到库房领取。

（6）对服务中心的物品、设备进行编号建档，定期核对。

（7）检查为客人提供特殊服务的物品数量和完好率。

（8）随时掌握客房状态的变化，向前厅部、财务部提供准确的房态资料。

（9）培训员工，定期进行业务考核，督导员工为住店客人提供各项服务。

（10）联系工程部，解决客房维修事项，建立工程维修档案，向客房楼层主管和工程部提供每日需维修客房的房号。

（11）向楼层主管报告贵宾房号、到店时间及要求。

（12）严格执行客房钥匙的管理制度，监督客房钥匙收发工作。

（13）编写工作日记，记录特殊事项，交接工作，办理物品外借手续。

九、客房服务中心服务员

（一）直接上级

客房服务中心主管（领班）。

（二）职责

（1）接听电话，回答客人提问，受理住客的服务要求并安排落实，做好记录。

（2）掌握客情，为客房部人力调配、安排工作提供依据。

（3）负责本部门员工考勤记录和病假、事假条的保存，准确无误地做好各班次的交接记录，并向领班汇报交接记录内容。

（4）对外借物品进行登记并及时收回。

（5）接收、登记、保管客人的遗失物品，并做好招领工作。

（6）保持与其他部门的联系，传达有关表格和报告。

（7）每日做好24小时维修记录，及时更改和填写维修房情况和客房加床显示记录。

（8）随时掌握房态，准确无误地输入电脑，并与前台保持密切联系，遇有特殊事项，及时向领班报告。

（9）统计客房酒吧的消耗量，填写酒水补充报告单，并负责保存，按规定时间到前台收银处领取反馈单，送消耗统计表。

（10）负责工作钥匙的保管工作，严格执行钥匙的领发制度。

（11）保管各种设备、用具和用品，并编写建档，定期清点。

（12）及时将客人投诉报告领班或楼层主管，并做好记录。

十、公共区域主管

（一）直接上级

客房部经理（客房部副经理或经理助理）。

（二）直接下级

公共区域领班。

（三）职责

（1）负责全饭店公共区域的清洁保养工作。

（2）制订并落实公共区域的各项工作计划。

（3）负责公共区域员工的工作安排、培训及考核工作。

（4）巡视公共区域，督导下属员工工作，检查公共区域清洁保养质量。

（5）管理公共区域的清洁设备、工具和用品。

（6）完成公共区域的工作日志。

（7）与相关部门协调，做好有关场所及某些专项清洁工作。

十一、公共区域领班

（一）直接上级
公共区域主管。

（二）直接下级
公共区域清洁工。

（三）职责
（1）负责安排下属员工工作，做好考勤记录。
（2）带领本班组员工完成主管下达的任务。
（3）发现问题及时处理，个人不能处理的及时报告主管。
（4）管理本班组所属的服务设施设备和用品。
（5）巡视所辖区域，督导下属员工工作，检查所辖区域清洁保养及服务质量。
（6）带头执行和督促员工执行饭店的各项规章制度。
（7）控制清洁剂和清洁用品的消耗。
（8）填写领班工作日志。

十二、公共区域清洁工

（一）直接上级
公共区域领班。

（二）职责
（1）负责上级所安排的区域范围内的清洁保养工作。
（2）正确使用、保养各种清洁设备及工具。
（3）正确使用清洁剂，努力降低各种清洁用品的消耗。
（4）报告并上交在公共区域内捡获的客人遗留物品。
（5）在力所能及的范围内为客人提供相关的服务。
（6）提高警惕，注意防火、防盗、防破坏，发现可疑情况及时报告领班。
（7）完成上级布置的其他工作任务。

十三、外窗清洁员

（一）直接上级
公共区域领班。

（二）职责
（1）负责清洁饭店的外墙、外窗。
（2）从事店外营业性或操作性的清洁保养工作。
（3）完成主管安排的其他工作。

十四、园艺员

（一）直接上级

公共区域领班。

（二）职责

（1）负责养护饭店所种植的花卉草木。

（2）提供布置客房及环境的花卉、盆景等。

十五、布草房主管

（一）直接上级

客房部经理（客房部副经理或经理助理）。

（二）直接下级

布草、制服服务员，缝补工。

（三）职责

（1）制定饭店布草的配置标准。

（2）制定饭店布草的控制管理制度。

（3）制定饭店布草的收发程序。

（4）监督各部门布草的使用和保管。

（5）负责布草的盘点，统计分析布草的损耗情况并向上级报告。

（6）负责布草的报废和再利用工作。

（7）做好员工制服的管理工作。

（8）制订布草更新补充计划，并督促落实。

（9）负责布草房的安全。

（10）管理布草房的设备用品。

（11）完成上级安排的其他工作。

十六、布草、制服服务员

（一）直接上级

布草房主管。

（二）职责

（1）负责布草、制服的换洗、收发、缝补和保管等工作。

（2）负责搬运及储存布草和制服。

（3）对洗熨完毕的布草和制服进行检查，发现问题及时报告。

十七、缝补工

（一）直接上级

布草房主管。

（二）职责

（1）负责修补布草、制服、窗帘、软垫套等。

（2）负责客衣的小修小补。

（3）将报废的布草、制服改制成其他有用的物品。

十八、洗衣房主管

（一）直接上级

客房部经理（客房部副经理或经理助理）。

（二）直接下级

洗衣房员工（客衣服务员、干衣工、湿洗工、熨衣工等）。

（三）职责

（1）制订洗衣房的工作计划。

（2）制定洗衣房的工作程序和质量标准。

（3）制定洗衣房的规章制度。

（4）负责洗衣房员工的工作安排、培训和考核。

（5）负责洗衣房设备、物品的管理。

（6）控制洗衣房的成本费用。

（7）接洽对外经营及协作业务。

（8）确保洗衣房的正常运转。

（9）负责洗衣房的安全，严防事故发生。

（10）完成上级安排的其他工作。

十九、客衣服务员

（一）直接上级

洗衣房主管。

（二）职责

（1）负责住店客人洗衣的收取、点数、打码、核对、包装、送回服务。

（2）确保贵宾房及有特殊服务要求的客衣按时、按质完成。

（3）熟悉长住客的特殊要求，严格按规定的操作程序进行操作。

（4）做好环境卫生，定期清理打码设备。

任务二　明确客房部员工职业素养要求

现代饭店市场竞争激烈，客人对客房商品的要求也越来越高。为了充分满足客人的需求，提高市场占有份额，高质量的服务已成为饭店提高竞争力的前提条件。而高质量的服务则有赖于高水平的管理和高素质的员工。也就是说，没有高素质的员工队伍就无从提供客房的优质服务。由于客房部的工作特点有别于饭店其他部门，客房部是一个"静"的部门，是一个工作服务繁重的部门，是宾客的"家外之家"，那么它对员工也提出了有别于其他部门的特殊要求。

一、职业素养要求

（一）思想品行

1. 品行端正，具有良好的职业道德 因工作需要，客房部服务员特别是楼层服务员和客房清扫员，每天都要进出客房，有机会单独接触到客人的行李物品，其中也包括一些贵重物品、钱物或重要的文件资料等。如果客房服务员没有良好的职业道德，控制不了自己的贪念，利用工作之便顺手牵羊拿走客人的物品，就会给饭店的声誉造成不可估量的损失。

2. 认识到位，做到"慎独" 客房部的工作范围遍布饭店的各个区域，许多岗位和班次通常是一个人单独工作，管理人员也不可能一对一地进行跟踪督导，员工必须有很强的自觉性，不管是否当着客人的面提供服务，有没有管理人员在场都必须按照饭店的工作程序及标准去保质保量地完成工作。因此，作为客房部的员工，必须要对自己的工作有一个准确的认识，然后端正好态度，把客房服务工作当作成就自己事业的起点，认识到"吃苦是财富""辛苦是乐趣"，在此基础上敬重自己所从事的工作，认认真真地做好每一件事，努力做到"慎独"。

3. 工作沉稳踏实、吃苦耐劳 客房部的主要工作就是清洁保养，如楼层客房的清洁保养、饭店公共区域的清洁保养、客衣及布草的洗涤保管等，大多数工作不但辛苦，而且单调、乏味，日复一日，鲜有成就感；另外由于客房是客人的"家外之家"，其功能主要是满足客人最基本的生理需求——睡眠、休息，客房楼层必须维持一个安静、舒适、温馨的住宿环境。因此，客房部员工既要不怕累、不怕脏，任劳任怨、吃苦耐劳，还要性格沉稳，耐得住寂寞，甘于默默奉献而不张扬。

4. 强烈的清洁保养意识和服务意识 既然客房部的主要工作是清洁保养，那么为了做好这项工作，服务员就必须具有强烈的卫生清洁保养意识，不管是什么星级档次、何种类型的饭店，清洁卫生要求都必须放在首位。同时，为了让客人能够在客房里不被打扰地得到彻底放松和休息，客房服务员必须具备敏锐的服务意识，把客人当作自己的亲人或朋友，从细微之处体察客人的需求，用心来为他们服务。客房服务员不仅要能够恰当地提供面对面的服务，更要能在多数时候提供优质、细心、个性的"暗"的服务，让客人有"宾至如归"甚至是"宾至胜归"的感觉。

（二）业务知识

饭店服务知识是客房服务员为了更好地提供相关服务而必须知道的各种和服务有关的信息总和。服务人员只有在了解和掌握了丰富的饭店服务知识的基础上，才能顺利地为客人提供各项优质服务。

1. 熟知有关本饭店及饭店服务的基本知识 为了增加服务的熟练程度，减少服务差错，提高服务效率，客房服务员首先应对本店的基本情况有详细的了解，如本饭店所处的地理位置、交通情况、周边配套设施，本饭店的规模、类型、经营宗旨、企业文化，本饭店设立的服务项目及各项目的服务规程、质量标准，本饭店相应的服务设施、操作要求、服务规范，等等。其次要掌握一些有关饭店经营管理、客房部运行方面的基本知识。

2. 了解并掌握与本岗位工作相关的服务知识　饭店客房内有很多设施设备，如家具、电器、安全设施、卫生洁具等，这些设施设备的维修通常由饭店的工程人员负责，但对其日常保养则由客房部负责，客房服务员要每天做好对这些设施设备的清洁保养、检查等工作。因此，客房部服务员必须具有基本的设施设备的维保常识。同时掌握一些心理学知识、卫生防疫知识、急救常识、安全防范知识，不断了解饭店所在地区的政治、经济、文化发展情况，掌握不同国家和地区的民风民俗，掌握客房日常外语会话和沟通技巧等，能在对客服务中和客人进行有效沟通，为有效开展多元、个性的客房服务带来极大的便利和好处。

（三）业务能力

客房服务员除了应具备必要的饭店服务知识和相关的各种知识外，还必须具备相应的各种能力，如语言能力、交际能力、观察能力、记忆能力和应变能力等。

1. 得体的语言能力　语言不仅是客房服务员和客人之间进行信息沟通、建立良好关系、完成服务任务的重要工具，也是充分反映饭店企业文化、员工服务意识、精神面貌、工作技能技巧等信息的载体和桥梁。客房服务员应在服务工作中做到准确、有效、规范、得体地使用各种服务用语，如注意理清语言的逻辑关系，恰当选择语气、语调、语速，根据服务对象的实际情况采用适当的语言、沟通方式，充分关注到对方的表情、肢体语言等，并在沟通过程中给予适当的回应。

2. 良好的交际能力　良好的人际交往能力所产生的魅力是非常强大的，在客人和服务人员开始接触时相互之间就能形成融洽的宾主关系，从而为客房服务工作奠定良好的基础。比如，服务人员在与客人接触时，首先要把他当作"熟悉的陌生人"。虽然与客人是第一次交往，也要把他当作相处已久的老朋友来看待，尽可能避免过于被动拘谨的应对或机械的古板服务，从优美的仪表仪容、真诚的微笑、体贴入微的关怀等方面给客人留下美好的第一印象。当然美好的第一印象要持之以恒，产生良好的晕轮效应，巩固宾主之间良好的人际关系，促进服务工作的顺利完成，提高宾客的满意度。

3. 敏锐的观察能力　观察力的实质在于善于换位思考，即服务人员在工作中能想客人所想、急客人所急，甚至能想客人所未想、急客人所未急，在客人开口之前将服务及时、准确地送上。比如在工作中能根据客人的年龄、身份、职业、表情、眼神、语言等判断客人的服务需求，也可以从中捕捉到客人的心理状态和满意程度，便于后续服务的跟进与提升。

4. 优秀的记忆能力　优秀的记忆能力可以使员工快速准确地记住有关饭店服务和其他方面的信息资讯以及客人所提出的服务需求，及时、有效地为客人提供服务；同时也可以快速准确地记住客人的姓名、职业、消费习惯、个人爱好、个性需求等客史资料，并在服务中适当表现出来，客人就能充分体会到受尊重和被重视的愉悦，从而对饭店产生一定的认同，使其更加享受服务的过程。因此，优秀的记忆能力在一定程度上有助于提高服务工作的准确性和时效性。

5. 灵活的应变能力　对服务人员而言，灵活机智的应变能力主要表现在对突发事件的处理上。由于客房服务岗位的特殊性，客房服务员经常需要独立应对和处理一些突发事件。因此，在服务工作中，应变能力就显得尤为重要。比如，当事件发生时，服务人员应迅速了解问题产生的原因以及客人的动机，用克制和礼貌的态度应对客人并善意地加以疏导，同时尽快采取措施解决矛盾和问题，尽量使客人满意。

（四）心理身体

1. 仪容仪表端庄大方　客房部员工的仪容仪表不仅代表了员工个人的形象，也代表着饭店的整体形象，更是体现了对服务对象的友好和尊重。仪容仪表端庄大方，是每个员工应该具备的基本素质，也是与客人友好交往的通行证。

2. 身体素质好，动手能力强　客房部许多岗位的工作，没有强壮的体质和很强的动手能力是无法胜任的。例如，一位专职卫生清扫员，根据饭店的星级档次，每天的清扫定额通常为10～15间，而且清扫员每天除了清扫额定数量的客房以外，不少饭店还规定其要负责楼层公共环境卫生和计划卫生等工作，遇到住店高峰时，还需要加班加点。因此强壮的身体和很强的动手能力就变得非常重要。

3. 良好的心理素质　饭店运营中客房服务员会碰到性格不一、需求迥异的消费者。不论是何种类型的客人，在服务过程中，作为服务一方的员工永远要把"对"的让给客人，不能与客人辩对错、争输赢，即使是自己受了冤枉或委屈。因此，作为饭店员工不仅要有一定的心理学知识，以便在工作中很好地揣摩客人的需求、提供恰当的服务，还必须具备良好的心理素质，学会自我心理调适，减轻工作带来的负能量和心理压力。

二、客房部员工基本礼仪规范

客房是饭店的核心产品，是客人的临时之家，是客人在饭店逗留时间最长的地方，也是客人主要的休息场所。客房服务员在服务中必须讲究礼仪，为客人提供一个温馨、舒适、幽静、安全的居住场所。客房服务员的基本礼仪包括职业形象、举止、服务用语等内容。

（一）职业形象

员工在塑造职业形象时首先要注重自身的仪容仪表，使自己的仪容仪表符合饭店工作的要求。

1. 仪容　仪容就是容貌、面容的总称。俗话说："爱美之心人皆有之。"梳妆打扮是人们生活当中所养成的一种习惯。对饭店服务人员来说，仪容的修饰更为重要、更为讲究，服务人员美丽、自然、亲切的仪容能使客人从内心愿意接受其服务。客房服务员的仪容有以下的具体要求：

（1）服务员应保持面容整洁，男服务员要经常修面，不留小胡子、大鬓角；女服务员要化淡妆，不可浓妆艳抹。

（2）头发要整齐，适时理发，发型自然、美观、大方，头发不宜擦重味的头油。女服务员不梳披肩发，前发不遮眼，后发不过肩；男服务员头发前不遮眼，后不过领，侧不遮耳。

（3）常修指甲，不留长指甲，不涂深色指甲油，常洗澡，勤洗手，勤更衣。

（4）保持口腔卫生，不吃有异味的食品。

（5）要面带笑容，亲切和蔼，端庄稳重，不卑不亢。

2. **仪表**   所谓仪表，就是人的外表，包括人的样貌、服饰等。每个服务员的仪表不仅反映出个人的社会生活环境、文化水平及各方面的修养，而且也反映出一个饭店的管理水平，整洁、大方、美观的员工仪表可给刚刚下榻饭店的来宾留下一个良好的第一印象。

服务员在工作过程中应按饭店的规定进行着装，且在进入工作岗位前更换好。员工在穿着制服时都应注意以下内容：穿着西服，一般要内衬白（浅色）衬衫、系领带，不论是西服还是其他制服都应整洁完好，不能有开线、掉扣、破损，如有破损要及时补好或及时更换；配有内衣的应把内衣下围塞进裤内，以免工作时露出后背；女服务员穿着裙子，不要把裙腰系得太靠上，应在胯与腰之间，以免裙子过短；按规定扣好上衣扣、裤扣，工作服上衣兜、裤兜禁止装杂物；服务员上班时一律穿黑色皮鞋或黑色布鞋，皮鞋要保持光亮，布鞋要干净、无破损，不准赤脚穿鞋，不准穿球鞋、凉鞋；服务员上岗期间不准佩戴各种饰物，如项链、手链、戒指、大耳环等；服务员在上岗前，要认真检查自己的仪表，并接受领班及领导的检查，不符合要求者不准上岗。

3. **仪态**   仪态是指人在交往活动中的举止所表现出的姿态。饭店服务人员在工作中正确的姿态，应是端庄稳重、落落大方，表情自然诚恳、蔼然可亲，表现出一个人的气质、风度和教养，体现出一个人的礼貌修养。

（1）坐姿。坐姿要端庄，这是体态美的重要内容。平坐在椅子上的要领是：人体重心垂直向下，腰部挺起，脊柱向上自然伸直，收腹挺胸，双肩放松，躯干与颈、腿、脚正对前向，手自然放在双膝上，双膝并拢，目平视，面带笑容。坐时不要把椅子坐满，但也不可坐在边沿上。坐在椅子上同左或右客人谈话时不要只扭头，可以侧坐，上体与头同时转向一侧，头部可以对着前方。就座时切不可有以下几种姿态：坐在椅子上前仰后合，摇腿跷脚；脚跨在椅子或沙发扶手上或架在茶几上；女子就座不可跷二郎腿、双膝分开。

（2）站姿。优美而典雅的站态，是发展不同质感动态美的起点和基础。俗话说："站要有站相。"站立时要直立站好，从正面看，身体重心线应在两腿中间向上穿过脊柱及头部，重心放在两个前脚掌。站立的要领是：挺胸、收腹、眼睛平视、面带笑容嘴微闭、双肩放松，双手自然下垂或在体前交叉，右手放在左手上，以保持向客人提供最佳的服务状态。女子站立时，脚掌呈"V"字形，双膝靠紧，两个脚后跟紧靠；男子站立时，双脚与肩同宽；站立时要防止重心偏左或偏右；站立时双手不可叉在腰间，也不可抱在胸前；站立时身体不能东倒西歪；站累时，脚可以向后撤半步，但上体仍须保持正直，不可把脚向前或向后伸得过多，甚至叉开很大。

（3）行态。行态即为行走的姿态，行走的要点是：身体重心稍向前、挺胸、收腹、上体正直、眼平视、面带微笑，行走线迹成直线，走路要轻而稳，两臂自然地前后摆动，肩部放松。切忌行走时摇头晃肩，服务人员在公共场合不抢道穿行，不可三五成群并行，不可搭肩搂背，不可大声说笑，不可哼小调。

4. **个人卫生要求**

（1）精神卫生。精神卫生是每一个服务员做好本职工作的先决条件之一。它直接反映出一个人政治素质及职业道德的高低。首先应加强政治思想教育，提高思想觉悟。

在工作生活中能自觉抵制资产阶级腐朽思想的影响和侵蚀，树立全心全意为人民服务的思想，正确处理服务与被服务的关系。其次要树立高尚的职业道德思想，乐于助人，诚信无欺。在工作中一切为客人着想，不损害消费者的利益。不利用工作之便做损害国家、集体利益的事，廉洁奉公；同志之间互相尊重，团结协助，共同搞好本职工作。

（2）饮食卫生。作为一名饭店工作人员，不但在生活中要有一个良好的饮食习惯，保护好身体健康，而且在工作中也应禁饮一些刺激性较强的酒水，禁止食用带异味的食物。如上岗前（或在岗期间）禁止饮酒，禁止吸烟，禁止吃生葱、生蒜等易传味的食品。

（3）身体卫生。只有身体好，才能学习好、工作好，这是最起码的道理。我们在日常工作生活中要做到以下几点：生活要有规律，早睡早起，锻炼身体；饭前便后要洗手，工作前、工作后要洗手，要及时剪指甲，要勤洗澡、理发、换工作服；咳嗽和打喷嚏时应用手帕挡住鼻腔和口腔；讲究口腔卫生，经常刷牙漱口；禁止随地吐痰；对各种疾病要做到预防为主，凡有感冒发烧或患有流行性疾病、传染病等，应到医院及时治疗，重者应停止工作，以免影响工作，影响他人的身体健康；定期检查身体。

（二）举止

服务人员在工作中正确的举止如下：

（1）讲话时，要面向客人，垂手恭立，距离适当，笑容可掬，眼光停留在客人眼、鼻、口三角区，不要左顾右盼、心不在焉，不要倚靠他物，说话时不能指手画脚，不能有伸懒腰、挖耳屎眼屎、抠鼻、剔牙、打饱嗝、修指甲等不礼貌的举止。

招手礼培训

（2）同客人讲话时，如要咳嗽或打喷嚏，应用手帕捂住口鼻，面转向一侧，避免口水四溅、发出大声。

（3）同客人讲完话，服务完毕时，应向客人道别，进退有序，后退一步，再转身离开，以示对客人的尊重。

（4）遇客微笑致意，如需超越客人行走时，应向客人道歉。

（5）不讥笑客人，特别是残疾或有身体缺陷的客人，不得议论更不能模仿其动作。

服务工作中的常见礼仪

（6）注意见面、问候、称呼、应答、告别等各种礼节的正确运用。

（三）服务用语

语言是人们交流思想的工具。在服务工作中，语言是每个服务人员完成各项工作任务的重要手段，是提高服务水平、搞好文明服务的先决条件。

中国是一个文明古国、礼仪之邦，素以语言文明、礼貌待客著称于世。国内外宾客入住饭店，与来宾接触最多、时间最长的是客房服务人员。因此，他们的语言沟通就极为重要，不能由于语言沟通问题被客人误解，造成不良影响。

在日常服务工作中，运用优美的语言，涉及服务知识、生活知识、文化水平、个人修养等诸方面。客房部员工必须能正确使用服务用语：要力求语言完整，合乎语法；服务用语要简练清楚，注意场合，切忌喋喋不休；在同客人讲话时，还应注意语言、表情和行为的一致性；说话要口齿清楚，音量适度；保持口腔清洁；已经许诺客人的托办事项，要尽力办好，不得无故拖延，做到"言必行，行必果"；遇到无把握的事情不得随意答应或拒绝，要及时向上级请示汇报。

思政园地

1.通过饭店实地考察、与往届优秀毕业生或饭店优秀员工座谈等形式，激发学生对酒店行业的热爱、对服务工作的敬畏自豪和对专业的学习兴趣。

2.在2021年浙江省旅游饭店技能大赛现场，杭州雷迪森铂丽大饭店客房部张伟在客房服务中式铺床比试环节，铺床仅用时2分30秒，总成绩（中式铺床＋客衣服务＋理论＋英语）第一，又一次夺得了该项目的冠军。这是他第三次代表杭州市参加浙江省的比赛了，能够在5年中连续三届拿到6块金牌（杭州市和浙江省），充分说明了这位老将的坚持和坚韧不拔、勇立潮头的工匠精神。

工匠精神的诠释

思考：榜样的力量是无穷的，从中你学习到了哪些可贵的品质？对你的职业理想、职业自信有何帮助？

思考与练习

1. 用PPT展示不同类型的客房，并对每一种客房的特点进行简要描述。

2. 正确理解客房的基本含义。

3. 了解客房部的运行特点、在饭店运营中的地位与作用。

4. 对客房部的工作任务进行梳理。

5. 了解客房部组织结构设置的方法，能根据饭店规模画出一般的客房部组织机构图。

6. 客房部是饭店的核心部门，为饭店生产客房这一核心产品，因此，饭店其他部门都必须主动协助客房部，保证客房部的正常运行。对吗？为什么？

综合训练

1. 结合当前住宿业的宏微观环境，分析客房部员工应具备的基本职业素养，并"照镜子"剖析自己，发现自己的不足，提出改进和努力的方向与措施。

2. 学生分组考察本市的某一饭店，对该饭店的组织结构、产品特点及经营特点进行比较、分析，指出其优点和不足之处，并写成调查报告。

课堂测试

学习目标

知识目标：

▶ 明确客房清洁保养工作的特性及其在饭店中的重要意义

▶ 树立正确的清洁保养意识和理念

▶ 熟悉饭店常用清洁剂和清洁器具的性能和用途

▶ 熟悉饭店清洁保养的内容、程序和要求

能力目标：

▶ 能根据清洁保养的对象和要求选用合适的清洁剂和清洁器具

▶ 掌握不同客房、不同区域、不同材料的清洁保养方法和操作技巧

▶ 初步具有进行工作计划与安排的能力

▶ 能根据实际情况处理在饭店清洁保养中出现的具体问题，做好清洁保养质量的控制

▶ 树立吃苦耐劳、敬业爱岗的职业精神，养成精益求精、一丝不苟的工匠精神

　　客房是饭店提供的主要产品，是宾客休息、睡眠的私密场所，也是客人在饭店中逗留时间最长的地方，因此宾客对客房的卫生清洁状况要求最高。美国康奈尔大学饭店管理学院的学生曾花了一年多的时间，调查了3万多名的顾客，其中60%的客人把清洁、整齐作为饭店服务的"第一需求"。他们认为，如果在一间不整洁的客房居住，会给他们的身心健康带来损害。由此可见，人们外出旅行住宿的时候，最关注的就是房间的卫生程度。客房部清洁保养工作的好坏不仅是构成饭店服务质量的重要内容之一，而且直接影响到宾客对饭店服务质量的评价、宾客满意程度及饭店的经济效益。因此，客房部必须采取切实有效的措施控制清洁保养的工作质量。

项目一 清洁保养要求及质量标准

案例导入

一根头发丝

　　晚上9点左右，某酒店1105房间入住了一位香港来的李先生。李先生进房后很快洗了个澡，然后掀开开好的夜床准备休息，却突然发现床单上有一根长长的头发丝，接着又发现床单有些皱。于是李先生马上打电话到大堂副理处投诉说："我房

间里的床单皱巴巴，而且上面还有一根头发丝。你们服务员肯定偷懒没有换过床单。我要求你们立即当着我的面重新更换床单和被套。还有，你们给我提供的是一间'次品房'，你们必须给我房价打折。"大堂副理迅速赶到房间，发现该客人的陈述属实，便对他说："先生，真对不起，我马上让服务员给您重新做床，房价再给您打8折，您看可以吗？"客人虽然不大高兴，但还是接受了大堂副理的处理意见。

问题：

1. 客人要求房价打折，你认为合理吗？为什么？

2. 假如你入住饭店时，碰到类似的情况，你会怎么做？

分析：

客房是客人在饭店逗留时间最长的地方，也是其真正拥有的空间，因而他们对于客房的要求往往也比较高。市场调查表明，客人选择饭店需要考虑各种因素，这些因素虽然对不同类型、不同层次的客人来讲不尽相同或各有侧重，但是对客房清洁卫生的要求甚高却是相同的。一个清洁的客房环境能够使宾客心情舒畅、情绪稳定，带来消费的安全感。客人对清洁卫生的关注表现在各个方面，其中最为关注的是与自己身体直接接触的设备和用品，如客房的布草、杯酒具、卫生间洁具等。试想，如果你是一位客人，入住客房后，看到床单上有毛发，甚至有污渍，床单皱巴巴的，杯壁上有口红渍，你能够安心使用吗？因此，饭店在服务过程中，应特别注意这类设备、用品的清洁卫生。

本案例中的客人显然是一位经常入住饭店而且十分关注饭店清洁卫生状况的客人。因此，当他发现床单上有头发而且有些皱时，就自然怀疑服务员偷懒，没有更换床单。他觉得自己利益得不到保证，就要向饭店投诉。对客人来说，床单上无论如何都不应该有头发丝，如有就说明是没有达到清洁卫生标准的"次品房"。

服务员不要小看一根头发，它事关服务质量，事关饭店形象。客人对客房卫生的投诉往往是从一根头发开始的，因此饭店员工必须重视清洁卫生质量；饭店应严格执行清洁卫生标准，加强客房清洁卫生质量的检查，强化员工职业意识和卫生标准的培训，防止因类似的投诉而被迫给客人房价打折，带来酒店声誉的影响和经济上的损失。

任务一　认识清洁保养工作

清洁保养是客房部的基本职能，是饭店管理的基础工作。清洁保养水准在很大程度上反映出饭店服务质量的优劣和客房管理水平的高低。

一、清洁保养的概念

清洁保养是饭店的一项日常工作。饭店里一般习惯将一切"清洁"及"保养"建筑物、设备与用品的工作统称为"清洁工作"，而将所有清洁用的化学药剂统称为"清洁剂"。实际上，"清洁"和"保养"是两回事，它包含清洁和保养两方面。

（一）清洁

清洁即指清洁卫生。所谓清洁，是指清除各种脏迹，使被清洁的对象达到饭店所要求的标准。所谓卫生，是指杀菌消毒，使环境及物品符合生化要求。

（二）保养

保养是指维护保养，其目的是保证设施设备处于正常完好的状态，延长其使用寿命，减少维修及更新改造的资金投入。目前，有些饭店的管理人员对保养工作的重要性尚缺乏足够的认识，主要表现在：对清洁设备、清洁剂的投入不足；人员培训不到位、缺乏专业知识与技能；保养无计划性，要求不高，从而导致饭店设施设备未能完全实现其使用价值，达到预期的使用寿命。

假如日常清洁保养工作做得及时、到位，就可以将清洁的频率大大延长。如国内一些饭店，大理石地面平时每三个月便要做一次起蜡、落蜡工作。但在欧美等卫生要求极高的国家，他们在落蜡之后，平时非常注重蜡面的维护保养，所以蜡面能时刻保持美观光亮，且使用周期长。因此，在平时的清洁保养工作中，我们应该多做"保养"而少做"清洁"，因为清洁过程中势必使用清洁剂，而任何品种、浓度的清洁剂都会或多或少地损坏被清洁对象。

二、脏污的形态

清洁保养工作之所以必要，是因为脏污的存在。了解各类脏污的存在形态，有助于我们准确地选择清洁器材与用品，量身定制设施用品等的清洁保养计划或方案。饭店脏污的存在形态主要有下列几类。

污渍的
清洁原则和
常见方法

（一）尘土

这可以认为是脏污的初级阶段，尘土可漂浮于空气之中，并逐渐停留在暴露于空气之中的所有物体表面，也有人称之为灰尘。

尘土一般含有灰土、毛发、绒头、皮屑、沙砾和细菌等。它不仅可使空气浑浊、物体表面显得灰暗和粗糙，而且能发出霉味、招引虫害等。

尘土的控制一般只需通风及用吸尘器、拖把和抹布清洁即可。

（二）污垢

尘土附着于物体表面之后，遇水分或油脂即可成为黏着的污垢。这时的清洁工作就比较麻烦了，一般要用抹布、拖把、百洁布、刷子、专用清洁机器加上水或清洁剂才有效果。

（三）渍迹

这常常是由于蛋白质、酸、碱、染料等被吸附而造成的污染。过度受热或污垢滞留时间过长而渗透于物体表面组织中也能成为渍迹。

清除渍迹一般要使用专门的清洁剂，并且需要小心处理，以免破坏被污染物。渍迹刚产生时，去除比较容易，假如残留时间过长，往往会成为陈旧性、顽固性渍迹，从而导致渍迹很难去除。因此，管理者首先应具有专业的去渍知识和方法，并培训员工使其能正确掌握去渍的方法和技巧。

（四）锈蚀

这是金属与水分、食物、化学液剂或有害气体相遇发生化学反应而引起的污染。酸剂通常是最有效的清洁剂，它常与摩擦剂一起使用。锈蚀的斑迹如果未能及时清除，它还会继续扩大锈蚀范围和加深锈蚀程度，甚至令金属物件被完全破坏。

三、清洁保养的意义

有效的清洁保养工作会使饭店显得舒适、高雅、富有魅力，是一家饭店良性运行的标志。它满足了客人对饭店最基本和最迫切的要求，因而能使客人觉得"物有所值"，并对饭店产生好感；它能保证客房产品的质量，创造整洁卫生的环境，使员工心情愉快、精神振奋，从而使工作面貌焕然一新；它还能维护设施设备的良性运行，有效延长饭店建筑、设备、用品的使用寿命，减少饭店对客房维修改造的资金和时间投入。

客房的清洁保养工作主要包括日常清洁保养和计划卫生等工作。

任务二　明确清洁保养要求与质量标准

一、清洁保养的要求

饭店的清洁卫生程度是客人入住饭店最关心的问题之一，同时也是客人选择饭店的标准之一。清洁保养工作是客房部的一项重要任务，主要包括两个方面，即客房的清洁保养和饭店公共区域的清洁保养。清洁保养工作的好坏直接影响着饭店的声誉、企业的形象及饭店的经济效益。无论饭店星级档次高低，对清洁保养和设备维修保养的要求都是比较高的。

（一）清洁保养的总体要求

总体而言，饭店清洁保养应达到以下几个方面的要求：

（1）凡是客人看到的，都必须是整洁美观的。

（2）凡是客人接触使用的，都必须是清洁卫生的。

（3）凡是提供给客人使用的，都必须是安全有效的。

（二）饭店清洁保养的具体要求

饭店清洁保养的具体要求，一般要求做到以下的"十无"：天花板和墙角无蜘蛛网；墙纸干净无污迹破损；地毯（地面）干净无杂物；楼面整洁无虫害；灯具明亮无积尘；布草洁净无破损；杯酒具消毒无痕迹；铜器、银器等金属制品光亮无锈渍；家具设备整洁无残缺；卫生间清洁无异味。

二、清洁保养的质量标准

要达到以上的清洁保养要求，就必须制定明确的质量标准，采取有效措施，控制工作进程和结果，提高清洁保养工作的效率和效果。

饭店清洁保养的质量标准是指饭店清洁保养工作所要达到的最终效果，其总体要求是体现饭店的档次和服务的规格，满足客人的需求。

（一）清洁保养质量标准类别

清洁保养根据其内容及质量要求，通常可以分为以下两大类。

1. 感官标准　感官标准是指客人、员工和管理者凭借视觉、触觉或嗅觉等能够感受到的标准。但因个体感受不同，感官标准只是表面形象，而且具有较大的随意性和差异性。感官标准在很大程度上取决于员工的工作责任心和自觉性、管理者的专业性，以及客人的感官享受要求。

感官标准质量要求的制定首先要主动、积极地了解客人要求，以其为出发点，总结出规律性的东西，并以书面文件的形式加以固定，能用图表、照片等形式加以明确说明的，最好能配有图表、照片等，以方便员工理解和掌握。

2. 生化标准　生化标准是指是由专业卫生防疫人员通过专业仪器采样、检测的标准，包含的内容有洗涤消毒标准、空气卫生质量标准、微小气候质量标准、采光照明质量标准及环境噪声允许值标准等。与感官标准相比，饭店清洁卫生质量更深层次的衡量标准是生化标准。

（二）清洁保养质量标准

1. 客房清洁保养质量标准

（1）卧室清洁保养质量标准

①天花板、墙面。天花板无裂缝、漏水、霉点，无灰尘、水迹、蛛网；墙角无蛛网、灰尘；墙面无油漆脱落和墙纸起翘现象，墙饰、壁画应保持整齐美观，饰品及画框不能有破损、污渍、灰尘。

②房门。房门开关应顺利、无阻碍、无声音，门框应完好，把手无松动，门后磁吸正常有效，有火警示意图，防盗链完好，门锁后挂有整洁的"请打扫房间""请勿打扰"等指示牌。

③窗户、窗帘。窗户清洁、无松动，玻璃无破裂；窗帘清洁无污渍、悬挂美观，遮光布无漏光，窗帘钩不松脱，窗帘绳操作自如。

④家具。房内各类家具如桌子、椅子、沙发、衣橱、床、床头柜等，应做到整洁、完好，无灰尘、渍迹，柜门、抽屉开关灵活自如，方便客人使用。

⑤电器。房内各类电器如灯具、电视机、电话、空调、电脑等，应做到整洁、完好，无灰尘、渍迹，使用方便、安全、有效。

⑥客房用品。房内各类用品应数量充足、整洁完好，按规定位置摆放，方便客人使用。布草不能有破损、毛发、污迹和异味，要求每日或每客一换，按规定洗涤并消毒。备用品如毛毯、备用被子等定期更换、定期洗涤，无异味、无污迹、无毛发。茶杯、口杯、酒杯等用品每次使用后更换，按规定每天进行洗涤消毒，并擦拭干净，茶水具单位面积细菌数、病毒数不得超标；杯具做到明亮，无水渍、指印；口杯、酒杯用防尘袋装好并用杯垫垫好放在规定位置。

⑦床铺。床铺每天整理，床单定位准确，包角包边平整，枕套四角饱满，棉被、床罩铺放平整；整个床铺始终保持清洁、整齐、美观，做到无异味、无污迹，客人用后及时恢复原样。

⑧金属、玻璃制品。房内各类金属、玻璃制品应做到表面光亮、洁净、无灰尘、水渍、污迹和手印等。

⑨地毯。房内地毯完好无破损起翘、卷边鼓起，无杂碎物、灰尘、污渍、印迹。

⑩饮用水。要求水质透明、无色、无异味、无异物，不含病原微生物与寄生虫卵，每毫升水中细菌总数不超过110个，大肠菌群不超过5个，经加氯消毒完全接触30分钟后，游离余氯每升不超过0.2毫克。

⑪空气与微小气候。要求客房冬季温度不低于16℃，夏季不高于28℃，相对湿度30%~65%，风速0.1~0.2米/秒，一氧化碳含量每立方米不超过5.5毫克，二氧化碳含量不超过0.12%，可吸收颗粒每立方米不超过0.2毫克，细菌总数每立方米不超过2200个，新风量每人不低于18立方米/小时，整个客房内空气比较新鲜，无异味。

（2）卫生间清洁保养质量标准

①天花板、墙面。天花板无移动松脱，龙骨架清洁，无裂缝、漏水、霉点，无灰尘、水迹、蛛网；墙面平整光洁，无磨花、腐蚀，无脱落、破损、污渍、灰尘。

②门。卫生间门开关应顺利无阻碍、无声音，门框、把手完好无松动、无变形，无灰尘、污渍等。

③卫生洁具。各类洁具保持光洁，冷热水管操作正常，下水系统正常，洁具整体光泽清新，无毛发、水珠、异味。

④电器。各类电器（如灯具、吹风机、抽风机、空调等）应做到整洁、完好、运转正常，无灰尘、渍迹，使用方便、安全、有效。

⑤卫生用品。各类卫生用品应数量充足、整洁完好，按规定位置摆放，方便客人使用。各类毛巾应及时清洗、消毒，做到无破损、毛边、污渍、异味。

⑥金属、玻璃制品。卫生间内的金属、玻璃制品应做到表面光亮、洁净，无灰尘、水渍、污迹和手印等。

⑦地面。卫生间地面平坦无破损，必须采用防滑措施，地面应每天擦洗，不能有废纸、烟头及其他杂物，地漏无毛发、异味，不能有积水，更不能有卫生死角，应经常采用有效的防虫害措施，不能发生虫害。

⑧空气与微小气候。卫生间温度、湿度、风速、一氧化碳和二氧化碳含量、可吸入颗粒物和新风量等的卫生标准和客房相同；卫生间细菌总数每立方米不超过4200个，水质符合国家规定的饮用水卫生标准；要求室内清洁、明亮、整齐、美观，空气新鲜、无异味，环境舒适。

2. 饭店公共区域清洁保养质量标准

（1）前厅大堂清洁保养质量标准。天花板无破损、裂痕、脱落、积尘、水迹、蛛网。墙面平整，无破损、开裂、污渍、灰尘。地面无破损、变色、变形、异味，无明显污渍及脚印。沙发稳固、完好、洁净，无变形、破损、污渍，坐垫平整，茶几上无客人遗留的废弃物。金属器皿光亮，无手印、积尘、生锈。烟筒、烟缸完好无损，烟筒内废纸等垃圾不超过筒量1/2，烟缸内不得有两个以上烟头存在。盆景、花槽无枯枝败叶，修剪效果好，无烟头、纸屑，盆架无灰尘。电话机（电话簿）完好、有效、齐全，无破损、污渍。地毯完好，无破损、纸屑、痰迹、杂物，无局部明显污渍，无明显沙砾。大堂装饰无破损、积尘。踢脚线无破损、污渍、灰尘。总台和各种设备有效，无破损、污迹、灰尘。大堂休息处整齐、布局合理，干净无杂物。公共阅览处完整有效，无破损，整齐干净。客用品完好无损，无污迹、灰尘。电脑终端（含打印机）快捷准确，无污迹、灰尘。

（2）餐厅和酒吧清洁保养质量标准。天花板无破损、裂痕、污迹、蛛网、灰尘。灯具完好有效，无灰尘。餐厅或酒吧标志规范完整，无褪色、变形、污迹、灰尘。门无破损、变形、划痕，玻璃明亮，无灰尘。窗户及窗帘无破损、脱落、变形、划痕。家具稳固完好，无变形、破损、烫痕、脱落。家具、餐椅无污迹、灰尘。铜及电镀制品光亮，无污迹。艺术品、装饰品品位高雅，无破损、灰尘。楼梯完整，无破损、污迹、灰尘。各类花木无枯枝败叶，修剪效果好，无灰尘、异味、虫害。地毯无卷边、变形、污渍，清理干净。石材地面保持光亮，无破损、污渍；木地板定期打蜡保养，光亮洁净；地砖地面定期清洗，保持光亮。吧台、柜台表面光洁，无污迹。空调回风口及通风设备有效，无破损、污迹、灰尘；室内空气清新，无异味。客用品完好，无破损、污迹、灰尘。菜单、宣传品规范、美观、清晰，无污迹、灰尘。

（3）电梯、楼梯、存衣处、走廊等公共场所清洁保养质量标准。电梯平稳、有效、无障碍；电梯门无破损、变形、划痕，玻璃光亮，无手印、灰尘；电梯内无废纸、烟头等垃圾。天花板无破损、裂痕、脱落、污迹、蛛网、灰尘。墙面平整无破损、污迹、灰尘。灯具完好有效，无污迹、积灰。家具、用具稳固良好，无变形、破损、烫痕、脱落、污迹、灰尘。走廊通道上的其他物品，如指示牌、指示灯、楼道门、消防设施等保持完好有效，无故障、破损，各种物品上无污渍、印迹、灰尘。

（4）公共卫生间清洁保养质量标准。可参照客房卫生间的清洁保养质量标准。

（5）工作间、卫生间、洗消间清洁保养质量标准。这些区域的天花板、墙面、地面要做到平整，无脱落、裂缝、灰尘、蛛网、水印，也无积水、堵塞、滴漏等现象；物品摆放整齐、规范，工具良好、有效、安全、无破损。

（6）空气与微小气候。要求饭店公共区域冬季温度不低于16℃，夏季不高于28℃，相对湿度30%～65%，风速0.1～0.2米/秒，一氧化碳含量每立方米不超过10毫克，二氧化碳含量不超过0.12%，可吸收颗粒每立方米不超过0.15毫克，氧气含量应不低于21%，细菌总数每立方米不超过2200个，新风量每人不低于18立方米/小时，空气新鲜，无异味。

一般来说，当室内环境条件为25℃，相对湿度50%左右，气流速度0.15米/秒时，人体会处在最正常、最理想的热平衡状态，也就是说，人体感觉最舒适、反应最良好。因此，夏天饭店室内温度一般为22～26℃，相对湿度为50%，适宜风速为0.1～0.15米/秒，走廊温度不高于29℃，室内外温差以5～10℃为宜；冬天饭店室内温度一般为16～22℃，相对湿度为40%，适宜风速不得大于0.25米/秒，走廊温度不低于14℃；其他季节室内适宜温度为23～25℃，相对湿度为45%，适宜风速为0.15～0.2米/秒。这里要注意的是，国务院办公厅早在2007年就发布《关于严格执行公共建筑空调温度控制标准的通知》，明确要求公共建筑夏季室内空调温度设置不得低于26℃，冬季室内空调温度设置不得高于20℃。如因疫情防控等需要，应加强场所通风。首选自然通风，外窗保持适度开度，同时保证排气扇正常运转，确保室内空气流通。原则上不使用空调。确需使用时，饭店负责人应在充分了解饭店的空调通风系统类型和供风范围后，按规定要求开启空调。使用空调时，空调通风系统还应满足GB 50365的要求。

另外，从节能降耗角度来看，空调在制冷时调高2℃，虽然人体感觉不会很明显，但对饭店来说，平均可以节省近10%的电能。因此饭店管理者应注意控制好室内空调温度的设置。

（7）楼层公共区域清洁保养质量标准。楼层走廊环境卫生、设施用品卫生及员工后台区域如工作间、消毒间、洗手间等场所要求每天彻底清扫，其标准与要求可参考客房的清洁保养质量标准。

项目二 清洁剂和清洁设备

清洁剂：是"清洁"还是"破坏"

某饭店即将开业，服务员正在进行最后的扫尾工作，清除基建留下的垃圾和尘垢。为此，饭店采购了几桶专用的强酸性清洁剂——"力猛威"，用以清除水泥、石灰等顽垢。

公共区域主管小陶将"力猛威"分装后，发给服务员并叮嘱他们小心使用。

小陶安排好服务员后，来到客房部办公室与王经理商量公共区域人员的排班事宜。忽然客房服务员小吴匆匆忙忙冲进办公室，对小陶说："快，快，主管，你快去看看。"小陶对小吴说："不要着急，慢慢说，怎么回事？"小吴说："清洁剂有问题，你去看看就知道了。"小陶跟着小吴来到一间客房里，发现窗户的铝合金明显变色发白，顿时明白了是怎么回事，他立刻命令小吴："快拿清水冲洗。"

原来"力猛威"是强酸性清洁剂，用来清除碱性的水泥、石灰顽垢效果极好，但其腐蚀性也比较强，而且桶装的"力猛威"是浓缩剂，所以必须稀释后使用。而小吴误以为可以直接使用，致使在清除水泥的同时，铝合金窗框亦遭到腐蚀。当小陶回头找抹布时，却发现意大利进口的大理石上已经留下一个杯底的印痕。一看到这种情况，小陶立即吩咐小吴："快，快去通知其他人，这种清洁剂要稀释后才能使用。千万不要将装清洁剂的杯子放在大理石台面上。"说完与小吴一起分头通知其他人。

问题：

1. 本案例中主要存在哪些问题？

2. 如果你是饭店PA管理人员，你会怎么做？

分析：

使用合适的清洁剂进行清洁保养工作，可以省时、省力，但清洁剂与被清洁物品都有较复杂的化学成分和性能，使用不当不仅达不到预期效果，相反损坏被清洁物品。因此，饭店服务员应具有一定的清洁剂知识，并且能够严格按使用说明进行正确使用。

本案例中的小陶在分发清洁剂时疏忽了这一点，没有将清洁剂稀释后再分发给服务员，而服务员对清洁剂知识的缺乏也是造成这一事故的原因。服务员不了解"力猛威"这种强酸性清洁剂具有强腐蚀性，必须稀释后使用；也不了解大理石的主要成分是碳酸钙，属于碱性面层材料，遇酸性物质容易进行酸碱中和，因而"力猛威"绝对不能放在大理石上。由于对清洁剂知识的缺乏，使得清洁工作起了反作用，损坏了被清洁物品的表面。所以专业化的清洁保养工作需要服务员掌握相应的清洁剂知识，而客房部管理人员则必须重视对员工的专业知识和操作技能培训。

安全有效的清洁剂、精良适用的设备工具、训练有素的员工是出色的清洁保养工作不可或缺的三大要素。优质适用的清洁剂和现代化的清洁保养器具能使员工劳动强度降低，工作效率加快，服务质量提高，因此其作用不可低估。

任务一　选用合适的清洁剂

饭店的清洁保养工作离不开大量的各种类型的清洁剂。正确地选择和使用清洁剂，不仅能省时省力、提高工作效率、保证工作质量，而且对延长被清洁物品使用寿命很有益处。但清洁剂和被清洁物品都有较复杂的化学成分和性能，若清洁剂使用不当不仅达不到预期效果，相反会损伤被清洁物品，因此，选择合适的清洁剂对饭店来说是非常重要的。

一、饭店常用清洁剂

可供饭店选择和使用的清洁剂可谓五花八门，种类繁多。清洁剂可以分为酸性类、中性类、碱性类、研磨类，近年还出现了生物配方类等。下面简单介绍一下饭店常用清洁剂的种类及其用途。

（一）酸性清洁剂

因为酸具有一定的杀菌除臭功能，所以主要用于卫生间卫生洁具的清洁。酸能中和尿碱、水泥等顽固斑垢，因此一些强酸性清洁剂可用于计划卫生。目前市场上的酸性清洁剂品种很多，功能也略有差异，在用量、用法上都需特别留意，一般可参照说明书使用。

酸通常具有腐蚀性，有些物体禁止使用酸性清洁剂，如地毯、石材、木器和金属器皿等。在使用前要特别留意说明书，最好先小面积试用，清洁效果得到确认后再推广使用。饭店常用的酸性清洁剂有：

1. **盐酸**　盐酸主要用于清除基建时留下的污垢，如水泥、石灰等斑垢，效果明显。但是使用时会严重腐蚀物体表面，留下难以修复的痕迹。

2. 硫酸钠　硫酸钠能与尿碱发生中和反应，可用于卫生间恭桶的清洁，但不能常用且必须少量，以防腐蚀物体表面，所以一般只用于计划卫生。

3. 草酸　草酸的用途与盐酸、硫酸钠相同，只是清洁效果更强于硫酸钠，使用时要特别注意。

客房部可少量配备以上三种酸性清洁剂，主要用于清除顽固污垢或计划卫生，但需妥善管理和使用。使用前必须稀释清洁剂，不可将浓缩液直接倒在瓷器或石质表面，服务员要做好防护工作，否则会严重损伤被清洁物和使用者的皮肤。

4. 恭桶清洁剂　恭桶清洁剂呈酸性，但含有合成抗酸剂，以增加安全系数，有特殊的洗涤、除臭和杀菌功效，主要用于清洁客房卫生间和公共卫生间的恭桶、便池。使用前应严格按说明书稀释，并注意必须倒在恭桶和便池的清水中，不能直接倒在被清洁物的表面，刷洗后须用清水冲净。

5. 消毒剂　消毒剂主要呈酸性，既可作为卫生间的消毒剂，又可用于消毒杯具，但消毒后一定要用清水漂净，如84消毒液、施康消毒液、过氧乙酸消毒液等。

（二）中性清洁剂

中性清洁剂由于配方温和，对物品的腐蚀和损伤很少，还可起到清洗和保护被清洁物品的作用，因此在日常清洁保养中被广泛运用。中性清洁剂的缺点是无法或很难去除长期积聚的陈旧性、顽固性污垢。

为增强除污效果、提高清洁功效，生产厂家往往在中性清洁剂中增加一些其他化合物。其中最常用、最大量的即为表面活性剂。表面活性剂是一种能有效减少溶剂表面张力，使得污垢与被清洁物品结合力降低的一种物质。它的含量多少和质量高低形成了各种去污效果不同的清洁剂。除表面活性剂外，清洁剂中还含有其他化合物，如漂白剂、泡沫稳定性剂、香精等。目前饭店广泛使用的中性清洁剂主要有：

1. 多功能清洁剂　多功能清洁剂略呈碱性，含有表面活性剂。除不能用于地毯清洁外，其余地方均可使用。由于其性质温和，很少损伤物体表面并可起到防止家具发霉的功效，因此适宜于日常清洁卫生，但对特殊污垢作用不大。

2. 地毯清洁剂　这是一种专门用于洗涤地毯的中性清洁剂，依据其内含泡沫稳定剂的多少，可分为高泡和低泡两种。高泡地毯清洁剂用于干洗地毯，低泡地毯清洁剂一般用于湿洗地毯。如在低泡地毯清洁剂中加入温水稀释，去污效果更好。

（三）碱性清洁剂

碱性清洁剂对于清除油脂类污垢和酸性污垢有较好效果，注意在使用前应稀释，使用后用清水漂净，否则时间长了会损坏被清洁物品的表面。在碱性清洁剂中也可增加一些其他化合物，如漂白剂、泡沫稳定性剂、香精等。饭店常用的碱性清洁剂主要有：

1. 玻璃清洁剂　玻璃清洁剂有桶装和高压喷罐装两种。前者类似于多功能清洁剂，主要功能是去除污斑，使用时不可用抹布蘸清洁剂直接擦拭，以免造成玻璃表面发花。正确的使用方法是装在喷壶内对准脏迹喷射，然后用干抹布及时擦拭玻璃表面即可光亮如新。后者内含挥发性溶剂、芳香剂等，可用于去除油垢，用后留有芳香味，同时在玻璃表面留下透明保护膜，方便以后的清洁工作，省时省力，但价格较高。

2. **家具蜡**　在日常清洁保养中，服务员只是用抹布对家具进行除尘，但家具表面的油污等不能除去；如果使用多功能清洁剂，虽可去除表面油污，但长期使用又会使家具表面失去光泽。因此应定期使用家具蜡进行清洁保养。

家具蜡有乳液、喷雾型、膏状等几种，具有清洁和上光双重功效，既可去除家具表面的动物性和植物性油污，又可形成一层透明保护膜，防静电、防霉。其使用方法是：倒适量家具蜡在干抹布或家具表面上，擦拭一遍，这一遍是清洁；15分钟后再用同样方法擦拭一遍，这一遍是上光。这样对家具就进行了一次彻底的清洁保养工作，效果较好。

3. **起蜡水**　对落过蜡的大理石和花岗岩等石质地面，当蜡面磨损到一定程度时，就需重新起蜡上蜡。起蜡水碱性强，可将陈蜡及脏垢浮起而达到去蜡功效。起蜡水稀释比例一定要严格按照产品说明书，使用时必须反复漂清地面后才能再次上蜡。

（四）上光剂

1. **擦铜水（省铜剂）**　擦铜水的工作原理是除掉铜制品表面的铜锈，达到清洁、光亮铜制品的目的。应注意的是，它只能用于纯铜制品，不能用于镀铜制品，否则会将镀层氧化掉。

2. **金属上光剂**　金属上光剂含轻微腐蚀剂、脂肪酸、溶剂和水，主要用于纯金属制品，如水龙头、门锁把手、楼梯扶手等，可起到除锈、除污、上光的功效。

3. **地面蜡**　地面蜡有封蜡和面蜡之分。封蜡主要用于第一层底蜡，内含填充物，可填塞地面表层的细孔，防止污垢、油脂、细菌等的侵入，保证地面不受污染。面蜡主要是打磨上光，增加地面光洁度和反光强度，使地面更为美观。

地面蜡有水基和油基两种，水基蜡一般用于大理石等石质地面；油基蜡常用于木板地面，使用时注意两者不能混淆。

（五）溶剂类

溶剂为挥发性液体，主要用于去除怕水的被清洁物品上的污渍。

1. **地毯除渍剂**　地毯除渍剂主要用于清除地毯上的果汁、油脂等特殊污渍，尤其适宜怕水的羊毛地毯。地毯除渍剂有很多种，有清除果汁色斑的，有清除油脂类脏斑的，还有专门用于清除口香糖胶渍的等。地毯上如有污渍应及时清除，否则去渍效果不明显。

2. **静电水（牵尘剂）**　静电水（牵尘剂）主要用于浸泡或喷洒在尘推头上，以增强其吸附灰尘的能力。用于对免水拖地面如大理石、木地板等进行日常清洁保养和维护，增强地面清洁保养的效果。

3. **空气清洁剂**　空气清洁剂一般为高压罐装，含有杀菌的化学成分和香料，具有杀菌、去除异味、芳香空气的作用。其品种很多，产品质量相差也很大，辨别质量优劣的最简单方法就是看留香时间的长短。选择香型时要考虑客人的习惯。

4. **杀虫剂**　杀虫剂一般指喷罐装高效杀虫剂，如"必扑""雷达"等。使用时，只需将杀虫剂均匀喷洒在虫类经过或藏匿的地方，或直接喷向目标，然后将房间密闭片刻，即可杀死蚊、蝇和蟑螂等爬虫和飞虫。喷洒时，切勿喷向食物。通常喷洒一次有一定的有效期，期满后再次喷射，即能彻底消灭各种虫类。但对老鼠则应购买专门的灭鼠药，或请专业公司进行灭杀。现在大多数饭店一般都会和专业杀虫公司签约，由其定期上门杀虫。

5. 酒精或专用消毒剂 酒精或专用消毒剂主要用于电话机、遥控器、剪刀、指甲钳等的消毒。

二、清洁剂的使用和管理

为了有效地使用清洁剂，充分发挥其效能，减少浪费，提高清洁保养工作的安全性，应对饭店常用清洁剂进行严格的管理和控制。

（一）清洁剂的选择

1. 考虑被清洁物的需求 选择清洁剂时首先考虑饭店各类不同被清洁物品的化学性质、材质特点及不同的清洁工艺要求，要选择合适匹配的清洁剂。

2. 要考虑清洁剂自身的特点 选择清洁剂必须了解所选择的清洁剂的化学性能、合适的使用对象和场所、环保要求、外观等，同时还要考虑清洁剂是否与被清洁保养对象匹配。好的清洁剂应包装精致、香型怡人、色泽清澈，一般在室温条件下保存，两年内色泽、香型不变，没有沉淀。同时，饭店也应随时了解市场上新型清洁剂的开发和使用效果，及时加以更新。

3. 考虑饭店的实际情况 饭店应根据自身的资金和材质情况选择合适的清洁剂。

（二）清洁剂的使用与管理

1. 严格按使用说明使用 一般清洁剂皆为浓缩液，使用前必须严格按照使用说明书进行稀释。如果浓度过高，既浪费清洁剂，又会对被清洁物带来一定损害；如果浓度过低，则达不到清洁效果，不能符合饭店清洁保养要求。

2. 避免使用粉状清洁剂 粉状清洁剂含有大量的摩擦剂，长期使用会造成卫生洁具釉质和金属器具表面的磨损；同时粉状清洁剂在溶解过程中容易沉淀，往往难以达到最佳的清洁效果。

3. 新购清洁剂必须先行试用 清洁剂在首次使用前，应先在小范围内、不明显处进行试用，效果良好的再进行大范围使用。

4. 注意安全问题 在使用高压罐装清洁剂、挥发性清洁剂以及强酸和强碱清洁剂时，应特别注意安全问题。前两者属易燃易爆物品，后两者则容易腐蚀人体肌肤。因此在日常工作中，服务员应掌握正确的使用方法，并配备相应的防护工具，如佩戴护目镜、胶皮手套等。万一清洁剂溅入眼睛或皮肤过敏，应立即用大量清水冲洗，如仍有不适，立即就医诊治。同时严禁在工作场所和仓储区域吸烟。

5. 养成及时清洁的习惯 任何清洁剂一次使用过多或者过浓都会对被清洁物品产生不同程度的副作用，甚至损伤。因此不要到了迫不得已时再用大量清洁剂进行清洁工作，这种方法既费时又费力，效果也不理想。不能指望一款清洁剂对所有陈年脏垢都非常有效，强腐蚀性清洁剂虽然能够明显去除污渍，但同时也会给物品带来更大的损伤。

任务二　配备适用的清洁器具

饭店建筑物的不断标新立异，装修使用材料的不断多样化，无疑会给饭店的清洁保养工作带来新的挑战。饭店清洁器具既是文明操作的标志，也是清洁保养质量和效率的保证。饭店所使用的清洁器具种类很多，根据其价值和使用年限的不同，一般可分成清洁工具和清洁设备两大类。

一、清洁器具的分类

（一）清洁工具

依据我国的财务管理制度，饭店一般将价值低于800元、使用年限少于1年的清洁器具划归为工具类；而将价值高于800元、使用年限大于1年的清洁器具划归为设备类。虽然随着工业的进步和大功率机器的出现，饭店以往许多古老的清洁方式已经有了很大的改变，但一些清洁工具仍在清洁保养过程中发挥其独特的作用。

1. 扫帚　扫帚的作用就是扫走大颗粒的脏物，主要用于清扫饭店室外或后台区域的地面。扫帚应选择可更换式刷头，最好有U形接头，各个角度都可使用，在清扫护墙板的时候尤为好用。

2. 畚箕　畚箕用于装起集中的垃圾。如果是在室外使用的大型畚箕，最好有轮子和盖子，方便移动，避免杂物丢落，减轻员工工作强度。有的附有长的手把和盖子，以防止垃圾洒掉。如在饭店前台公共区域清扫时，最好使用提合式畚箕，该款畚箕较为美观和方便。畚箕用后要及时清出垃圾，并定时刷洗。

3. 拖把　在清洁工作中除了使用各式各样已经定型的机械外，拖把仍然被普遍地使用。饭店中所用的拖把有圆头型和扁平型两种，主要用于清洁平滑地面，其尺寸可大可小，主要取决于使用的场所和部位。拖把头最好可拆卸，以便换洗，最好能机洗。拖把头使用过后要洗净晾干，挂放起来，以防霉、防滋生细菌。拖把在有损坏迹象时就要更新。拖把亦称水拖把，与之相配套的工具有挤水器（拧拖布器）、地拖桶和地拖车。

（1）挤水器。其作用是拧干拖布，通常有滚轴式、下压式和边压式三种，其中以下压式较好。滚轴式容易损伤棉质拖布的纤维，所以较少使用。

（2）地拖桶。地拖桶一般由金属、不锈钢或塑料组成，可分为两个部分：一部分用于存放清洁剂，另一部分存放冲洗拖把用水。

（3）地拖车。地拖车由清洁桶、挤水器和车架组合而成（见图2-1），有单桶式和双桶式两种。通常挤水器可架在清洁桶桶沿上，清洁桶则安装在带有轮子的车上，也可将轮子直接安装于桶底。清洁桶内壁往往有定量刻度标志，以便配制清洁剂溶液时使用。

4. 尘推　尘推亦称万向地推（见图2-2），主要用于光滑、干燥地面的清洁保养工作。尘推由尘推头、尘推架两个部分组成。尘推头有棉类和纸类两种。棉类尘推头价格稍贵，但可以洗涤且较耐用；纸类尘推头价格稍低，使用方便，但不耐用。一个尘推可以配备多个尘推头备用，尘推头应根据所使用地面的情况选用相应的规格。尘推配合静电水一起使用，可以较好地吸附灰尘。

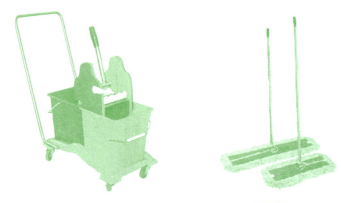

图2-1　地拖车　　　　图2-2　尘推

5. **抹布**　抹布是清洁家具设备及其他物品表面卫生的主要用具。根据清洁用途的不同，应选择不同尺寸、质地和颜色的布料。比如，客房除尘和卫生间清洁的抹布应分开；清洁不同卫生洁具的抹布也应严格加以区别；擦拭玻璃、镜面不能用毛巾类的抹布，以平纹抹布为好；擦拭电视机屏幕应选择柔软的干布（如绒布）等。这样既可防止抹布的交叉使用，又便于操作和提高清洁质量（见图2-3）。

图2-3　某饭店客房清扫抹布分类标准

抹布使用的注意事项

6. 玻璃清洁器　玻璃清洁器主要由长杆、T形手柄、橡皮刮、刷子和其他配件构成（见图2-4），用于清洁大面积玻璃和镜面。

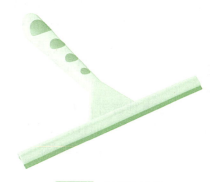

图2-4　玻璃清洁器

7. 油灰刀　油灰刀常用于去除黏附在地面或者其他地方的口香糖胶、油漆、泥灰等难以去除的污垢。

8. 工作篮（清洁篮）　现在有一些饭店为了避免因使用工作车而给楼面客人带来干扰或不便，采用工作篮代替房务工作车，要求员工将房间清洁用具和客用品放在手提工作篮中进房服务。但这种方法会加重员工劳动强度，对员工提出了更高要求。

二、清洁设备

（一）一般清洁设备

不需要马达电机推动只需手工操作即可的清洁设备称为一般清洁设备。饭店常用的一般清洁设备主要是房务工作车（见图2-5）。

图2-5　房务工作车

房务工作车是客房服务员清扫客房时用来运载物品的工具车，它可以减轻员工劳动强度，提高工作效率。而且，当房务工作车停在客房门口时，还可以成为"正在清扫房间"的标志。

房务工作车应装有缓冲器或其他弹性防撞装置，以防止工作车进出时碰伤墙纸、门面，留下痕迹。推工作车时应注意万向轮在前、定向轮在后，在推拉时要掌握行进方向和力度。工作车上的物品应按饭店规定摆放，不能随意堆放杂物；平时应经常擦拭工作车，保持清洁；同时定期对车轮轴上油，进行润滑和消声处理。

（二）机器清洁设备

需要马达电机推动、不可手工操作的清洁设备称为机器清洁设备。饭店常用的机器清洁设备主要有以下几种：

1. 吸尘器 吸尘器不但可以吸去其他清洁工具难以清除的灰尘，如缝隙、凹凸不平处、墙角及形状各异的各种摆设上的灰尘，而且不会使灰尘扩散和飞扬，清洁程度和效果都比较理想。所以吸尘器是饭店日常清洁保养过程中不可缺少的清洁设备。

酒店常用吸尘器主要有直立式吸尘器（见图2-6）、吸力式吸尘器（见图2-7）、干湿混合（吸水）吸尘器（见图2-8）和背式吸尘器（见图2-9）。在使用吸尘器的时候，要注意按照要求正确及时进行清洁保养，每天倒尘。

吸尘器的种类和使用

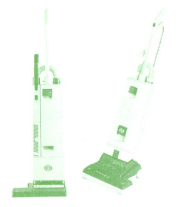

图2-6　直立式吸尘器

图2-7　吸力式吸尘器

图2-8　干湿混合（吸水）吸尘器

图2-9　背式吸尘器

2. 洗地毯机 洗地毯机的种类很多，最常用的有：

（1）喷汽抽吸式洗地毯机（见图2-10）。这种洗地毯机在操作时喷液、擦地与吸水三者同步进行，洗涤力特别强，去污效果也好。但操作起来较笨重，而且对地毯的破坏性较大，所以不宜多用。

（2）干泡洗地毯机（见图2-11）。干泡洗地毯机有滚刷式和转刷式两种，操作比较简单，清洗不太脏的地毯和纯羊毛地毯效果较好，对地毯损伤较小。

洗地毯机使用注意事项

图2-10　喷汽抽吸式洗地毯机

图2-11　干泡洗地毯机

（3）吸水机。吸水机的外形有筒形和车厢形两种，由塑料或不锈钢材料制成，分为固定型和活动型两种。机身下有四个转轮，操作时灵活方便。吸水机除吸水功能外，还可与洗地毯机配套使用，用洗地毯机洗刷地毯后，其表面较干净，但地毯根部仍藏有污水和残渣，如不清理干净，对日后使用的地毯容易造成脏污和失去弹性。吸水机一般装有两个真空泵，吸力特别强大，能彻底抽除地毯根部任何顽固的残渣，达到彻底清洁地毯的效果。

（4）吹（鼓）风机（见图2-12）。为缩短地毯及其他地面的干燥时间，可使用吹（鼓）风机加快特定区域内的空气流通，达到使地面快速干燥的目的，以提高清洁效率。

（5）打蜡抛光机（见图2-13）。打蜡抛光机主要用于饭店大理石、花岗岩以及木质地面的打蜡、喷磨和抛光工作。根据其转速的不同，大致可分为四种：低速机、中速机、高速机和超高速机。通常，洗地时要求转速较低，底刷（刷盘）较硬；打蜡抛光时，要求转速高，底刷（刷盘）细软。因此，前两种较适合于擦洗地板用，后两种多用于打蜡及喷磨工作。为节约资金及存储空间，也有些饭店购买多功能的打蜡机，但这种机器对保养维护的要求较高。

图2-12 吹（鼓）风机

图2-13 打蜡抛光机

（6）高压水枪（见图2-14）。高压水枪有冷水、热水两种，一般用于清洗硬质地面和比较油腻的脏地板，使用时要注意经常检查管子和肥皂喷嘴。由于高压水枪的工作压力很高，所以应尽量选择有防爆安全系统的。

图2-14 高压水枪

（7）喷雾器。一般来说，饭店很少使用喷雾器，只有在发生传染病或异味很大必须消毒时才会用到。

二、清洁设备的选购

（一）清洁设备的选择

饭店在选择清洁设备时应考虑下列因素。

1. 饭店方面的因素

（1）饭店的建筑装饰风格、材质种类。选择清洁设备时必须充分考虑饭店的建筑装饰风格以及使用的材质种类与特点。

（2）饭店的档次与清洁保养的要求。不同档次的饭店在设施设备的配置与材质的使用上会有较大的区别，因此在选择清洁设备时必须考虑饭店的档次及清洁保养的要求，要和饭店档次匹配，满足饭店品质与运营成本控制的需要。

（3）饭店的财力。饭店财力是影响清洁设备选择的一个非常重要的因素。一般来说，饭店资金雄厚，设备可选择高档些，配备也可以比较齐全。

2. 设备方面的因素

（1）噪声。这对饭店来说非常重要。饭店应该为宾客创造一个舒适、温馨的环境，噪声过高会破坏饭店幽雅宁静的氛围，影响客人在饭店的休息与生活。

（2）安全性。设备的设计是否充分考虑到安全问题，设备的绝缘性如何，有没有自动保护装置，这些安全问题都应事先详细询问供应商。

（3）多功能性。一般情况下，设备的功能越多，实用性越高。设备的多功能性通常可以通过配件实现，如吸尘器配上必要附件，可以对沙发等软家具进行吸尘。

（4）灵便性。好的设备在设计上应方便操作，操作者使用时不需要太多的力气，如设备的轮子宜方便移动、手柄的高低能够调节等。

（5）自重和可携带性。部分低层建筑没有电梯，园林式的饭店建筑比较分散，对于这种饭店，设备的自重和可携带性就显得尤为重要。

（6）耐用性。除了要考虑设备外壳和其他部分的设计外，还要考虑轴承、齿轮、皮带等部分的牢固程度，马达的质量、耐热程度及电线质量也都是需要注意的问题。

（7）电源。注意电机对电压的要求。国内的电压是220伏，而国外通常为110伏。不过大多数进口设备都已将电机改为220伏。

（8）功率和型号。选择恰当的功率和型号，可以方便清洁工作，避免浪费。

3. 供应商方面的因素　选择清洁设备时还要对供应商进行筛选，要充分了解供应商的声誉、售后服务能力、零配件的供货情况、产品尺寸的标准性等。

（二）客房设备的购置

一旦确定了清洁客房设备的种类、数量、规格等要求，客房部就要形成具体的设备购置计划，并经饭店有关部门批准后交送采购部，由其负责具体的采购工作。采购过程中一要注意对供应商的选择；二要综合考虑设备的性价比；三要注意所有设备采购进店必须由客房部相关人员检查验收，客房部管理者必须把好验收关。

三、清洁设备的使用

正确使用清洁设备可以提高工作效率，延长机器寿命，同时还能避免相关的伤害事故。在使用中应注意以下事项：

（1）加强培训。要使员工知道在什么情况下需要使用清洁设备，如何使用，如何清洁，在哪里清洁，在需要时找谁帮忙，设备附件在哪里。

（2）重视检查。应重视机器设备的检查，尤其要注意设备使用前的检查，避免设备带病工作。使用时，如发现声音不正常或者有异味，应立即停机检查。

（3）严格按程序操作。按程序操作是工作正常进行的前提，违反操作程序往往会导致问题的出现。例如，针座及刷盘应先手工安装到机器上，而不能将机器放在上面试图开机后自动装上；机器的电线应拖在操作者后面，而不要放在前面，那样容易被机器刷盘卷起，损坏刷盘和电线等。

（4）安全操作。插座应与插头相配，大的清洁设备要有地线；一些饭店在设计插座时没有充分估计到电负载问题，导致使用时出现跳闸现象；如果使用接线板或接线盘，其电线须与清洁设备上的一样粗，最好略粗些；操作电器设备时双手要保持干燥；设备、电线在使用时注意摆放位置，避免绊倒他人。

（5）保持设备清洁。要特别注意电线的清洁，随时擦去水迹，以免在家具和地面上留下污迹；尽量不要使水或清洁剂溅到机器上，以免马达短路或机器锈蚀；避免机器接触到具有腐蚀性的清洁剂，如果发生上述情况，应立即清除。

项目三 楼层客房清洁保养

案例导入

一天下午，楼层服务员小徐到1802房打扫卫生。这是间住客房，他按规范程序敲门，无人回应，便用钥匙开门。进屋一看，原来客人出去后没有拔房卡。小徐迅速开始打扫房间，此时写字台上的一台电脑处于开启状态，他也没有在意。但他打扫完后离开房间，习惯性地将房卡拔下。晚上客人回来后，大发脾气，投诉到大堂副理处。经了解，原来客人在离开房间时，因为要用电脑在互联网上接收重要资料，所以有意将房卡插在取电盒上。最后饭店为了弥补客人的损失，想尽办法，最终才得以解决。服务员小徐由于工作中的失误，受到严肃处理。

问题：

1. 造成客人发脾气的原因是什么？

2. 你认为客人是否小题大做？

分析：

服务员在清扫住客房时，按饭店规定不得随意翻动客人的私人物品，这样做是对的。但当发现客人的手提电脑在桌上并处于开启状态时，服务员这时就应注意考虑多种可能性，是否客人有意为之，并保证其处于工作状态。

第一，该案例说明服务员在清扫房间时没有认真观察客人的电脑处于什么状态，当然也就不了解客人的电脑为什么处于开启状态。服务员在打扫完房间后顺手将房卡拔下，造成客人的重要信息无法接收。

第二，部门经理、楼层主管、领班应加强对员工的客房清洁保养技巧的培训，尤其是住客房清扫，稍有不慎，就容易失误，造成客人投诉。

第三，从管理角度来看，由于客房工作的相对独立性，需要管理者给予相应的授权，这样员工在处理部门标准化操作和客人个性化需求之间的差异时，能够充分发挥其主观能动性，为客人提供满意的服务。

任务一　楼层客房日常清洁保养

楼层客房日常清洁保养主要包括客房的日常清洁保养和计划卫生等工作。

一、客房清洁保养准备工作

为了保证清扫质量，提高工作效率，客房服务员必须认真做好客房清扫整理前的准备工作。准备工作具体包括：

（一）更衣

与饭店其他部门员工一样，客房服务员到达饭店后，首先必须到员工更衣室更衣：换上工作服，按规定穿着，佩戴好工牌，整理好个人仪表仪容，将私人物品存放在自己的更衣柜内（注意个人贵重物品随身携带）。

（二）签到、签领客房钥匙和"客房清扫日报表"

为掌握员工出勤状况，服务员在上班前必须签到。签到包括到饭店安全部打卡和到客房中心签字报到两种方式。

与此同时，向客房中心或楼层服务台签领客房钥匙和"客房清扫日报表"。不管采取哪种方式，都必须在分发、领取和交回钥匙方面实行严格的管理，以强化员工对客房钥匙的责任感。因为钥匙如果不慎遗失，可能会造成酒店的重大损失，也会损害住客的权益。另外，在岗前培训和日常培训中，也应该和员工强调客房清扫中的安全问题，强化员工的安全意识和工作责任感。

（三）了解工作任务及房态

通常情况下，客房楼层领班会开个简短的班前会。在班前会上，领班会检查员工仪表仪容和工作状态，布置当天工作任务，强调工作中应该注意的特殊事项，或者需要特殊关注的客人，或者进行简单的业务培训和应知应会检查等。

另外，由于客房部工作范围广，人员分散，饭店随时可能会有新的指示与通知而不易传达，所以在办公室及工作地点一般都设有公告栏。服务员每天上班前都必须事先阅读工作指示和公告内容，了解当日和近段时间的工作安排和服务重点。

客房状态

楼层服务员在开始工作前，应首先了解当天的工作任务和负责清扫区域所有房间的状态，确定客房清扫的顺序，避免打扰客人休息或工作，并及时满足客人的清扫需要。

（四）确定客房清扫顺序

服务员在了解自己所要打扫的房间状态后，应根据饭店经营状况、客人具体要求、总台或客房中心的特别交代，决定当天的房间清扫顺序。客房清扫的一般顺序如下：①挂有"请即打扫"的房间或者客人口头提出要求立即打扫的房间；②总台或客房中心、领班等指示打扫的房间；③VIP房间；④走客房；⑤普通住客房；⑥空房；⑦维修房。

确定客房清扫顺序的目的，一方面是为了加速客房周转，提高饭店客房出租率；另一方面是可以及时满足宾客的特殊需求，提高宾客满意度。因此在旺季，可先安排打扫空房和走客房，使客房能尽快重新出租，在淡季则可以先安排打扫住客房。长住房因客人起居有一定规律，则应与客人协商，每天定时打扫。VIP房则根据等级不同，可以安排专人跟房清扫，也可以视客人需要随时提供服务。当日预退房如果客人没有提出特殊清扫要求，一般等客人退房后再进行打扫。DND房（请勿打扰房）则根据饭店规定时间和操作流程提供服务。

（五）准备房务工作车

房务工作车（见图2-15）的准备工作，一般可以在前一天下班前做好，也可以由夜班服务员负责，等第二天进房清扫前，服务员再做一次检查，看用品是否补充齐全即可，这样做既省事又不浪费时间。

房务工作车的准备

图2-15　房务工作车

（六）准备吸尘器

吸尘器是客房清洁不可缺少的主要清洁工具之一。吸尘器使用前应先进行下列检查：①检查各部件是否严密，如有漏风应及时修好；②检查有无漏电现象，注意不要湿手操作，以防触电；③检查集尘袋内灰尘是否已倒清，以免降低吸力；④检查其他附件是否齐全、配套。

当上述准备工作完成后，服务员将房务工作车、吸尘器推放到自己负责清扫的区域，停放在楼层走廊靠墙的一侧，然后按清扫规程进行客房清洁保养工作。

（七）工作日志交接

在交接班时应仔细阅读工作日志，了解上一班次未办妥或本班次需要注意的事项，负责及时跟进或检查反馈完成情况。上级交代的事项应记录在交接日志上备查。工作时间内发生的清扫服务事项应做详细记录，以便下一个班次的同事了解掌握情况。

二、客房清扫的基本方法

为了使清扫工作能够有条不紊地进行，避免过多的体力消耗和意外事故的发生，客房服务员应根据房间的不同状态，严格按照清扫的程序和方法进行清扫，使之达到饭店规定的质量标准。客房清扫的基本方法主要有以下几条。

（一）从上到下

例如用抹布擦拭灰尘时应采取从上到下的方法，先擦高处的物品，再擦低处的物品。这样既可避免重复劳动，又提高了工作效率。

（二）从里到外

进行地毯吸尘和卫生间地面擦拭时应采取从里到外的方法进行。

（三）环形清理

在擦拭和检查房间设备用品时，从房门开始，应从左到右或从右到左，即按顺时针或逆时针的路线进行。这样既不会遗漏应该清洁的地方，也不会重复已经清扫过的地方，既省时省力又提高了清洁卫生的质量。

（四）干湿分用

擦拭不同的家具设备及物品的抹布，必须严格区别使用。例如，房间的灯具、电器、镜子、五金以及床头板等与墙纸发生接触的部位只能使用干抹布抹尘，以避免发生事故和污染墙纸。

（五）抹布折叠使用

擦拭家具设备、物品时，不论是干抹布还是湿抹布，都应折叠使用。这样可以提高抹布的使用率，有利于提高清扫速度，保证客房清洁卫生质量。

（六）注意墙角

墙角是蜘蛛网和尘土容易积存之处，也是客人比较重视的地方，需要留意清扫。

三、进房程序

客房一旦出租，就应视为属于客人的私人居所，饭店必须严格尊重客人对房间的使用权。因此，饭店员工即使需要进房服务，也必须遵循一定的程序。

（一）观察门外情况

进房前留意客房门把手上有无挂着"请勿打扰"牌，或房门侧面的墙上是否亮着"请勿打扰"指示灯。如有则不能敲门，而应轻轻地将工作车推走，先行打扫其他的客房。

（二）敲门

用中指指节敲门，每次两下或三下，不要用手拍门或用钥匙敲门。敲门时应有节奏、轻重适度，并通报"客房服务员"或"housekeeping"。

（三）等候

敲门后应给予客人一定的反应时间。服务员此时站在门前适当位置，眼望门镜，以方便房内客人观察。敲门后切勿立即开门，或连续敲门，也不能通过门镜向房内窥视。

（四）第二次敲门、等候

第一次敲门等候时，若房内无动静，在间隔3～5秒钟后，服务员应第二次敲门通报，并再次等候。

此时，若房内客人有回应，服务员应再通报，并征求客人意见是否可以进房。如客人不同意此时清扫客房，服务员应向客人道歉并轻轻离开此房；或视情况征询客人何时可以清扫，并把客人要求清扫客房的时间记录在"客房清扫日报表"上，以免遗忘；如客人允许，则在房门口等候客人开门。

（五）开门

若房内仍无客人应答，服务员可以开门进房。开门时，应先将房门打开1/3左右，在房门上用手指再轻敲两下，同时再次通报。推门时不能速度太快、用力过猛，以免防盗链或防盗扣损坏门框（许多客人休息时有使用防盗设施的习惯），或撞伤客人。

若发现客人仍在睡觉，应马上退出，轻轻带上房门；若客人已醒但未起床，应马上向客人道歉、离开，并关上房门；若客人已经起床，则应礼貌地询问客人是否可以清理客房，并按照客人的意愿进行操作。

（六）进房

如客人不在房内或征得客人的清扫许可后，服务员应将房门完全敞开，用门吸吸住，进行客房清扫或服务，直到完成整个作业。

四、不同类型客房的日间清洁规程

客房日间清洁又称"做房"。它包括三方面的工作内容：清扫整理客房、更换添补物品、检查保养设施设备。

客房状况不同，对清扫的要求和程度也有所不同。一般来说，对于暂时没人居住，但随时可供出租的空房，服务员只需要进行简单清扫；对于那些客人暂时离店的长住房和外宿房，需要进行一般性清扫；而对于住客房、走客房以及贵宾房则需要进行彻底清扫。所以客房服务员应根据房态的不同，严格按照本饭店规定的清扫程序和卫生标准要求进行清扫，使之达到饭店规定的质量标准。

（一）走客房的清扫程序

1. 进入客房

（1）开门。按照进房程序进入客房，绝大多数饭店要求在清扫过程中，房门要一直敞开，直到清扫完毕。开门打扫房间的目的：一是表示该客房正在清扫；二是有利于房间的通风换气；三是防止意外事故的发生。

走客房清扫

（2）放好工作车。目前不少饭店规定不论什么状态的房间，在清扫时都将房务工作车停在打开的客房门口，并调整好工作车位置，将工作车封闭的一面向外，开口一面朝向客房，既方便了服务员拿取物品，又能防止他人顺手牵羊把客用品拿走，并且它还可以成为醒目的房间"正在清扫"的标志。当然，如果房间有住客的话，此种方法可能会影响住客的进出，应事先和客人说明或征得客人的同意。

（3）插房卡、关灯、关空调。开门并将工作车摆放好后，将房卡插入取电盒，接上电源，关闭空调，熄灭多余的灯，如只保留清洁用灯，以节约能源消耗，同时检查空调、灯具等电器是否运作正常。

（4）拉窗帘、开窗户。走到窗户前，拉开窗帘、打开窗户。目的是使室内光线充足，调节室内空气。拉开窗帘时应注意检查窗帘是否脱钩、有无损坏，窗户开关是否灵活、严密。若高层客房窗户不能打开，应打开空调的新风系统，加大通风量，保证室内空气的清新。

部分热带地区的饭店和度假村为了保证饭店节能降耗，会在窗户或落地玻璃门处安装感应装置。一旦窗户或落地门打开，空调自动关闭。

2. 检查房内情况 主要检查房内是否有宾客的遗留物品、有无设备被宾客损坏、有无物品被宾客带走，如有，应及时报告领班或房务中心。

现在很多高档饭店为了加快宾客结账离店速度，减少客人等候时间，提高宾客的满意度，已经取消了退房查房规定。因此在清扫走客房时，员工应更加重视对房间的检查。

3. 撤走脏物品

（1）整理器皿。如果客人在房内用过餐，应先将客人用过的餐具或餐车撤到指定地点；然后撤换脏的茶具、水杯、酒具等，倒空电热水壶。为了保证客房茶酒具等的清洁卫生质量，加快客房清扫速度，所有茶具、水杯、酒具等最好不要在客房内清洗，应将它们放在工作车上的指定位置，送回工作间集中清洗消毒。

（2）清理垃圾和杂物。将房内垃圾、果皮、大块纸团等集中收拾到垃圾桶中，把烟灰缸里的烟蒂、烟灰倒入垃圾桶内，再洗净、擦干烟灰缸，不要把烟灰缸里的脏物倒进恭桶内，避免恭桶堵塞。倒烟灰缸时要特别注意检查烟头是否熄灭，及时消除火灾隐患。现在有不少省（区、市）如上海、浙江等地相继出台施行了《生活垃圾管理条例》，为促进源头减量，要求酒店等经营单位不得主动向消费者提供客房一次性日用品，并加强对垃圾等废弃物的分类回收处理。因此，酒店员工在客房清扫时要注意对客房垃圾进行分类处理。

清理垃圾时应注意对客房垃圾进行分类处理。凡是具有再利用价值的物品，应及时回收并加以合理利用，这样做既可以减少物品消耗，又可避免简单地将其作为垃圾处理，造成环境污染。如香皂、牙刷、牙膏等，还可以回收用于清洁保养工作；废旧书纸、杂志等可以废品回收。

（3）撤走用过的床单和枕套，把脏布草放进工作车的布草袋内。撤床单时，要抖动几次，确认里面没有裹带客人衣物或其他物品；若发现床单、褥垫等有破损及受污染情况，应立即报告领班，并将其单独放置，通知洗衣房进行专门处理；注意不要把脏布草扔在家具、地毯或楼层走道上，以免造成布草的"二次污染"；收去脏布草的同时带回相应数量的干净布草，放在房间规定的位置。

4. 卫生间清扫 卫生间是宾客最容易挑剔的地方，卫生要求最高，所以卫生间的清洁工作应引起格外重视。卫生间清扫程序如下：

（1）进入卫生间。带上清洁篮或清洁工具盒，敲门进入卫生间，先开灯、开换气扇，再将清洁篮或清洁工具盒放置在洗脸台下方的地面上。有的饭店则要求带一块毛毡铺在卫生间门口，防止将卫生间的水带到卧室地面上，也防止清洁剂渗漏腐蚀卫生间地面。

（2）恭桶上清洁剂。先将恭桶冲水一次，检查恭桶是否有堵塞或漏水现象，如有，应及时报修。当然，为节约饭店水能源，恭桶是否需要先放水冲一次并没有定论，要视饭店操作规程而定。然后在恭桶内倒入适量的清洁剂，注意清洁剂不能直接倒在恭桶壁上。

（3）撤布草、收拾垃圾。撤走客人用过的布草，放入工作车上的布草袋内；同时撤出垃圾，放进工作车上的大垃圾袋中，换上干净垃圾袋，并清洁垃圾桶内外。根据饭店要求，视情况回收皂头、牙刷、牙膏等废弃物品。

（4）清洗抹布、烟灰缸、皂碟。清洁卫生间之前先将湿抹布清洗干净，放在一边待用；后将烟灰缸、皂碟清洗擦干后放回原处。

（5）清洁洗脸盆。用柔软的清洁工具如专用的刷子或海绵，倒上或喷上清洁剂，擦拭洗脸盆，放水冲净，用湿抹布擦干；注意清洗面盆三孔和下水活塞。水龙头、毛巾架等不锈钢件用干抹布擦亮；镜面上可喷少许玻璃清洁剂，然后用干抹布擦亮（或用玻璃刮清洁）。最后从里到外擦净整个洗脸台台面、台面四周面砖、镜前灯、物品盘，以及台面下面的柜子、抽屉、搁物架或外露的水管，要求干净、无水渍、无肥皂渍、无毛发、无手印等。

（6）清洁浴缸和淋浴房。清洁浴缸时，先将浴缸塞关闭，放少量热水和清洁剂，用浴缸刷子或海绵块从浴缸内侧开始擦洗，洗刷后放走污水，用清水冲洗浴缸以及浴缸活塞；用抹布擦干浴缸、浴帘，尤其要注意清洁浴缸的外侧。清洁淋浴房时，先将清洁剂均匀喷洒到淋浴房玻璃和面砖上，用专用玻璃刷和百洁布清洁玻璃和面砖，然后用干净的干抹布将面砖擦干，用玻璃刮将玻璃刮干，不留水迹污渍。浴缸和淋浴房内若放置有橡胶防滑垫，则应视脏污程度用相应浓度清洁剂刷洗，然后用清水洗净，用抹布擦干。注意清洁下水处的活塞，不留毛发。

（7）清洁恭桶。用长柄刷擦洗恭桶内壁，要注意对恭桶的出水孔和入水孔的洗刷，用专用抹布擦净恭桶内外、坐圈、盖板，尤其应注意恭桶底部及背面，并擦净恭桶水箱，最后放水冲净。

（8）擦卫生间家具和五金件。用湿布擦净卫生间家具内外和门框，再用干抹布擦净、擦亮电话副机及金属器件，必要时使用不锈钢清洁剂或者电镀油清洁五金件。

（9）补充卫生间用品和布草。按规定的种类、数量、位置摆放好卫生间布草和香皂、牙具、浴帽、洗发液、沐浴液、梳子、面巾纸、卫生卷纸和女士卫生袋等客用品。毛巾摆放时应注意光面朝外朝向客人；客用品应将有店名店徽的一面朝上朝向客人。具体摆放位置以不同饭店的规定为准。

（10）洗刷地面。用专用抹布抹净地面边，要从里到外，边抹地边退向卫生间门口，注意恭桶四周、面台下面以及门后，以保证地面无毛发、无水迹。

（11）检查、离开。最后全面检查一下卫生间有无不妥之处，然后关灯，关换气扇，将卫生间门虚掩。

这里需要特别强调的是：严禁使用客用毛巾擦拭清洁；面盆台面、浴缸淋浴房、恭桶、地面的清洁抹布必须分开使用。

5. 铺床（也称做床） 铺床，即按饭店规定的操作流程，换上干净的床单、被套、枕套。铺床的方法由于各饭店要求和习惯不同，因而各有差异。传统的西式铺床是从欧美饭店业流传过来的，其寝具和铺床方式都不适合东方人的睡眠习惯。时至今日，国内饭店基本都采用中式铺床，以体现中国饭店的特色，迎合客人的个性化需要。

（1）中式铺床

中式铺床具体程序如下：

①拉床。屈膝下蹲，将床拉离床头板50厘米左右，以方便操作。

②放平床垫。将床垫、衬垫摆平放正，检查床垫四角的松紧带有无脱落，注意衬垫的卫生状况，如有污迹应立即撤换。

③套枕头。用双手手指张开枕套，用力抖开，一手张开枕套，另一手将枕芯装入，将枕芯两角推入枕套角部，将开口部分整理好，四角对齐、饱满。

中式铺床比赛规则和评分标准

④铺床单。站在床尾，两手分开，用拇指和食指捏住床单，将床单正面朝上朝前方甩开，待其降落时，利用空气浮力调整好位置，使床单中折线居于床的正中位置，均匀地留出床单四边，使之能包住床垫，然后把床头、床尾四角四边按饭店规定统一包成均匀紧密的直角或斜角（45°角）。

⑤套被套（以被套开口在床尾为例）。首先甩开被套：站在床尾位置，两手分开，将被套正面朝上，开口朝床尾，向前方甩开，两边下垂均匀。然后套被子：将被芯压入被套打开，要求被芯与被套四角四边对齐重合，被芯在被套内舒展不卷边，被头饱满，被面平整，如有被套系带则打好绳结，带子被芯不外露。最后整理床面：被子平铺与床头齐平，被套中心线居中，被子四角四边平整，两侧下垂部分均等，被子床尾部自然下垂或两端折成90°角。

⑥放枕头。将装好的两只枕头叠放在床头的正中，要求枕套的中线、被套的中线、床单的中线三线合一，枕芯不外露，枕套开口应背离床头柜（双人床的枕套口应相对）。

⑦将床复位。不少饭店规定走客房应在吸尘之后再将床复位。用小腿力量将床推回原处，床应和床头板对齐。再检查一遍床是否铺得整齐美观，必要时整理床裙。

（2）西式铺床

西式铺床虽然在国内已经极其少见，但在国际上还有部分饭店或者住宿业会采用这类做法。程序一般如下：

①拉床。

②放平床垫。

③套枕头。

④铺第一张床单（垫单）。

上述四个步骤与中式铺床相同。

⑤铺第二张床单（盖单）。用同样的手法将床单铺在垫单上，第二张床单要求正面朝下甩开，中折线应与第一张床单重合，床单上端（床头部分）下垂床垫5～10厘米。铺垫单、盖单时都应注意床单上有无污渍、毛发、破损，如有，应及时更换或去除。

⑥铺毛毯。将毛毯甩开铺在盖单上，床两侧下垂部分应相等，毛毯中线与床单中线重合，床头部位毛毯与床垫齐平，毛毯的商标位于床尾并朝上。

⑦包边、包角。将盖单的床头下垂部分反折盖住毛毯，再将盖单连同毛毯一起反折25厘米，两侧下垂部分掖入床垫后，再将床尾下垂部分掖入床垫，将床尾两角统一

包成直角或斜角（按饭店规定）。

⑧放枕头。与中式铺床的操作方法相同。

⑨铺上床罩。将床罩放在床尾，双手持床罩头部将其打开，床罩两侧下垂部分均等，床罩尾部自然下垂；移至床头，用床罩把枕头罩好，剩余部分塞入枕头之间，将床罩理平，拉挺。

⑩将床复位。与中式铺床的操作方法相同。

6. 房间整理

（1）抹尘

按环形线路依次把房间家具、设施设备表面抹干净。抹尘时注意抹布干湿分开、折叠使用，擦拭到位，特别是一些卫生死角，如窗台、窗框等。抹尘时应同时检查房内设施使用是否正常，房间用品是否齐全充足、摆放是否规范，如设备设施有故障应立即报修，并记下所缺用品项目和数量，以便准确补充。

抹尘具体操作内容如下：

①房门。应从上到下，用湿抹布将门、门框抹净，并用干抹布擦房号牌及门锁；检查门锁、合页是否灵活、完好；"请勿打扰"牌、防火疏散图是否完好，有无破损或污迹。

②衣柜。用湿抹布擦拭衣柜时应从上到下、从里到外抹净；检查衣架种类、数量是否齐全，并按规定挂好；检查鞋篮是否清洁完好，篮内物品如拖鞋、擦鞋纸（布）、洗衣袋和洗衣单等是否齐全完好。

③小酒吧。用专用抹布擦净小酒吧区域内外各处；检查冰箱运转是否正常，接水盒是否溢满，温度是否适宜；检查烈性酒和软饮料的品种数量有无短缺，食品饮料有无过保质期；酒水单、酒杯、调酒棒、杯垫是否完好，有无破损；茶杯、水杯、热水瓶是否需替换；电热水壶应每天换水，并擦净表面浮尘和水迹。

④行李架。用湿抹布擦行李架内外、表面和挡板，并摆放好位置，与写字台间隔5～10厘米，与墙面间隔5～10厘米。

⑤电视机。用湿抹布擦净电视机外壳和底座的灰尘，必要时用专用干抹布（如绒布）擦净电视机屏幕，并调节位置，使之与写字台正面边沿相距10厘米；同时打开电视机检查有无图像，频道选用是否正确，音量、色彩是否适度；检查电视节目单是否完好，摆放是否符合要求；最后用湿抹布将电视机柜里外、上下各处擦拭干净。

⑥写字台、化妆台。用干抹布擦拭镜灯、镜框、台灯，如果台灯电线露在写字台外，要将其收好，灯罩接缝朝墙；用干抹布擦拭化妆台镜，擦拭完毕后，站在镜子侧面检查，看镜面有无毛发、手印和灰尘等；用湿抹布擦净写字台台面，检查文件夹内有无短缺和破损的物品；用湿抹布擦拭写字台抽屉；擦净椅子（注意椅子脚及桌脚的擦拭）。

⑦窗台。用湿抹布擦拭窗台内外、窗轨，及时关好窗户，拉上纱薄帘。

⑧沙发、茶几。沙发、扶手椅的软面可用干抹布掸去灰尘，用湿抹布擦拭扶手椅的木档；用湿抹布擦拭茶几。

⑨床头柜、床头板。用干抹布擦拭灯罩、灯泡、灯架和床头板，注意床头灯的位

置，灯罩接缝朝后；用干抹布擦去电话机及话筒上的灰尘与污垢，同时检查电话是否正常，电话线按规定绕放；用湿抹布擦净床头柜表面；检查"请勿在床上吸烟"牌、便笺纸、铅笔、电视遥控器等物品是否齐全，有无污迹或破损，用品摆放整齐有序；用干抹布擦拭床头柜控制板或各种开关，并进行开关检查，如有故障，应立即报修，并做好记录。

⑩空调开关。用干抹布擦去空调开关上的灰尘，将空调温度、风速调节至饭店规定的刻度，并检查空调运行是否正常。

（2）补充房间客用品

房间客用品的补充要根据饭店规定的品种、数量及摆放要求进行定量定位。补充时应注意不要有遗漏，物品摆放要整齐，商标要正面朝向客人。

（3）空气处理

如果房间有明显异味，则需要进行除味处理，如延长通风时间，喷洒除臭剂或空气清新剂等。在使用时要注意不要直接喷到家具表面，并注意空气清新剂的用量，避免使用容易让客人产生过敏的香型。

7. 吸尘　遵循从上到下的原则，客房清洁最后一项工作就是吸尘。吸尘时先把吸尘器电线理顺，把吸尘器拿进房间后插上电源再开机；从窗前区开始，从里到外吸尘（有阳台的房间从阳台开始吸尘）；吸地毯要按顺纹方向推把；吸边角位时，可将吸嘴卸下，直接用吸管吸尘；有家具的地方应先移动家具，吸尘后再及时复位；吸卫生间地面时，要注意转换电动刷功能，使其适宜硬地面，地面有水的地方不能吸，防止因漏电而发生意外；吸尘时要注意把藏在缝隙内的毛发吸走；门口地砖处需要用清洁剂和百洁布刷洗，然后用抹布擦干并吸尘。

8. 自我检查　站在门口环视房间，观察家具物品是否摆放整齐，是否遗漏、短缺物品，清洁工具是否有遗留在房内。如有不妥之处，及时处理。

9. 关闭房门，填写客房清扫报告表　取出插在取电盒上的钥匙，轻轻关上房门。然后在客房清扫报告表（见表2-1）上填写进出房间时间、撤换补充物品数量、维修项目和备注等栏目。

◎ 客房物品摆放

表2-1　客房清扫报告表

楼层_____　　　　　姓名_____　　　　　日期_____

房号	客房状况	时间	入住人数	大床单	小床单	枕套	面巾	大浴巾	小浴巾	脚巾	洗衣袋	拖鞋	牙具	香皂	浴帽	浴液	卫生纸	擦手纸	火柴	茶叶	备注

续表

房号	客房状况	时间	入住人数	大床单	小床单	枕套	面巾	大浴巾	小浴巾	脚巾	洗衣袋	拖鞋	牙具	香皂	浴帽	浴液	卫生纸	擦手纸	火柴	茶叶	备注
小计																					

加床_____，婴儿床_____，熨斗（板）_____，加毛毯_____，
电吹风_____，电暖炉_____，万能插座_____，计划卫生_____。

（二）住客房的清扫程序

1. 清扫程序　走客房清扫一般是在撤床后先清理卫生间，然后再回房间做床、清理，这样可以让席梦思有一定时间透气，达到保养的目的；而住客房清扫一般要求先清理房间，再清理卫生间，这是因为住客可能回来，甚至带来访客，所以应先将房间整理好，使房间外观整洁，给客人以舒适感，这时服务员再清理卫生间，也不会有互相干扰之嫌。具体程序一般为：

住客房清扫

（1）进入客房。开门→放好工作车→插房卡、关灯、关空调→拉窗帘、开窗户。

（2）检查房内情况。

（3）撤走脏物品。整理器皿→清理垃圾和杂物。

（4）整理床铺。

（5）房间整理。抹尘→补充房间客用品→空气处理。

（6）卫生间清扫。

（7）吸尘。

（8）自我检查。

（9）关闭房门，填写客房清扫报告表。

2. 清扫过程中的注意事项

（1）客人在房内时

①应礼貌问好，询问客人现在是否方便清扫房间。

②要求操作轻，动作敏捷，程序熟练，如客人有提问应礼貌应答，但不能与客人长谈。

③若遇到有来访客人，应询问是否继续进行清扫工作。

④清扫完毕，向客人致歉，并询问是否有其他吩咐，然后面朝客人和客人礼貌道别，转身退出房间，最后面向客人轻轻地关上房门。

（2）客人不在房间时

①客人的文件、书报等不要随意移动位置，不随意折叠，更不准翻看。

②不要触摸客人的手机、手提电脑、钱包、手表、照相机等贵重物品。

③整理住客房的一个基本原则是：除客人放在垃圾桶内的垃圾外，即使是扔在地上的废旧物品，也只能替客人做简单整理，千万不要自行处理。例如，女士的化妆品即使用完了，也不得将空瓶或包装盒扔掉。

④查看客人是否有待洗衣物，并仔细核对洗衣单，确认无误后，交送洗衣房。

⑤抹衣柜、行李架时，注意不要将客人的衣物弄乱、弄脏，也不要挪动客人的行李，一般只要擦去大面积的灰尘即可。客人放在椅子上或床上的衣服，外衣可以将其挂入衣柜内，客人的内衣、睡衣则不得轻易翻动或挪动，尤其是女士的衣物。

⑥若发现房内有大量现金或贵重物品，服务员应及时通知领班，由大堂副理在保安人员及客房领班陪同下，将房门反锁，等客人回来后，由大堂副理开启房门，并请客人清点现金物品，提醒客人使用保险箱。

⑦对于客人所设计的空调温度、家具摆设等，应尊重客人需求，不必重新调整到饭店规定的温度或位置。

（3）客人中途回房时

在清扫过程中，遇到客人中途回房时，应主动向客人打招呼问好，并请客人出示客房钥匙或房卡，确认是该房住客后，再向客人征求意见是否继续打扫房间。若未获允许应立即离开，待客人外出后继续进行清扫，离开时还应礼貌地向客人致歉；若客人同意，应迅速把房间清扫好，退出房间时要面向客人轻轻地关上房门。

（4）房间电话铃响时

为了尊重客人对房间的使用权，避免不必要的麻烦，在清洁房间过程中，即使房内电话铃响也不应该接听，饭店总机可以为客人提供留言服务。

（5）损坏或遗失客人的物品时

在清扫住客房卫生时应该特别小心谨慎，客人的物品尽量不要移动，必要时应轻拿轻放，清扫完毕要放回原位。如万一不小心损坏或遗失客人的物品，应如实向主管反映，并主动向客人道歉，根据具体情况，由客房部出面给予赔偿。

（6）更换布草、茶具等用品时

①为减少洗涤量，降低对环境的污染，住客房清扫房间卫生时，一般不要求每天换床上布草或毛巾，饭店可以用环保卡的方式提醒客人重复使用，如客人同意，则只要将床或毛巾整理复原即可；若是长住客一般定期更换床上布草；如果客人有需要，则应立即更换。

②客人用过的茶杯、茶碟、水杯等饮具每天都要更换，更换茶具时应尽可能使用托盘。但茶杯、水杯内如有茶水、饮料等，最好不要随意倒掉。

③客房内的电热水壶，平时应擦拭干净，不留水渍、水痕。另外应定期进行除垢清洁，防止产生水垢，影响客人饮用。如有凉水壶，每日换水后要盖好杯扣，水壶要定期清洗，保持玻璃透明，水质清新，符合饮用水卫生标准。

④客房摆放的水果盘、水果刀、糖盘等，应每日更换，保持清洁。在补充水果和

茶包、咖啡等时，应注意观察客人喜好，适量添加。

（7）有加床时

如房内有加床，整理完毕后，应添一份客用品，不可遗漏。

（三）空房的清扫程序

客房服务员每天都要对空房进行简单的清洁保养，以保持空房良好的清洁状况，保证随时可以接待客人入住。具体程序如下：

（1）进房后首先检查房内所有电器设备，保证其运转良好。

（2）每天用干抹布擦拭家具上的浮尘，并检查家具的牢固程度。

（3）每天对卫生间内的水龙头试放水，以免时间过久水质浑浊。

（4）定期对空房进行通风和吸尘。

（5）检查房间有无异常情况，例如卫生间毛巾是否因干燥失去柔软度，如有需要立即更换。

（四）"请勿打扰"房的清扫程序

当住客房间挂出"请勿打扰"牌或亮出"请勿打扰"灯时，服务员应先在客房清扫报告上做好记录，不要去打扰客人。到中午12：00时，若仍挂着"请勿打扰"牌或亮着"请勿打扰"灯，就要了解一下客人是否确实仍在房内，以防客人实际已外出而忘记将此牌收回或消除指示灯。若到14：00后，服务员仍未见客人外出，应及时报告领班，并打电话到房间，礼貌询问是否需要服务。具体时间和服务流程每家饭店可能略有不同，应以所在饭店标准为准。

（五）维修房的清扫程序

（1）服务员接到报修通知后，应立即到达指定客房。

（2）先检查维修的设施设备是否已完好。如果故障仍未排除，应马上报告领班或房务中心进行登记，并再次报修。

（3）按正常清扫程序进行整理。

（4）整理完毕，应立即报告领班，以便检查后及时出租。

（六）贵宾房的清扫程序

（1）接到贵宾预订或入住通知前，应在日常清洁基础上，对客房和房内设施设备进行全面彻底的清洁和检查保养。

（2）铺床时应选用新的或较新的床单、枕套、枕芯、被褥等，并使用床裙，以显示接待规格高于其他普通客房。

◎ VIP客房布置

（3）按照贵宾等级和贵宾接待通知单的要求布置贵宾房，准备鲜花、果盘、糕点、欢迎信、总经理名片等礼仪致意物品。

（4）按照饭店规定的品种、数量补充全新的卫生用品。

（七）小整服务程序

小整服务的内容大致与夜床服务相似，主要是在客人午休后或者在客房接待亲朋、举行小型聚会等活动后，为客人提供简单整理，包括重新整理床铺、家具用品清洁归位、补充消耗过的各类客用品，使房间恢复原状。有的饭店还规定对有午睡习惯的客人，在其去餐厅用中餐时应迅速给客人开床（窗帘一般不要求全部拉上），以便客人午休。

小整服务一般为贵宾（VIP客人）主动提供，也可应客人要求提供。是否需要提供小整服务，以及小整服务的次数、标准等，各饭店应根据自己的经营方针、客源市场、房价高低、客人身份等做出相应的调整与规定。

五、客房的晚间整理（夜床服务）规程

　　夜晚服务又称"做夜床"或"晚间服务"，一般工作时间在18：00—21：00，包括做夜床、房间整理、卫生间整理三项内容。夜床服务是一种高雅、亲切的对客服务项目，主要作用是：方便客人休息；将房间整理干净使客人感到舒适；表示对客人的欢迎和礼遇规格。是否需要、为什么样的客人提供，以及如何提供夜床服务应视饭店的档次、客源市场和客人需求而定。一般操作流程如下：

夜床服务

（一）进房

1. 进房

（1）按进房程序进入客房。

（2）如客人在房内，礼貌地向客人道晚上好，征得客人同意后方可进房操作。如果客人不需要开夜床，服务员应在夜床工作表上做好登记。

（3）如发现房门挂着"请勿打扰"牌或房门反锁，服务员可以从门下塞入夜床服务卡（见表2-2），服务卡正面朝向客人，示意客人：如需夜床服务，请致电客房中心。

表2-2　夜床服务卡

尊敬的　　　客人：	
因为您　　□挂"请勿打扰"牌	
□房门反锁	
如果您需要我们开夜床，或任何其他服务，请拨"8"。谢谢！	
房　号：	服务员：
时　间：	日　期：

2. 开灯　打开所有照明设备和电器开关，并检查是否正常，如有异常应及时报修。

3. 拉窗帘　拉上厚窗帘，注意窗帘的接口处是否闭合、窗帘挂钩是否完好。

（二）房间整理

1. 处理杯酒具及垃圾　更换客人已用过的茶杯、水杯、酒杯，但茶杯、水杯内如有茶水、饮料等，不要随意倒掉；烟灰缸如已用过应清洗擦干，并放回原处；倒清垃圾桶内的垃圾。

2. 检查小冰箱　检查小冰箱饮料消费情况并入账，同时检查冰箱的运行状况。

3. 简单抹尘　简单擦拭家具并检查设施设备，如空调、音响、电视、灯光等。

4. 补充用品　检查房内物品是否备齐，如有短缺应及时补充，并按规定的种类、

模块二　饭店清洁保养

数量、位置放好。

5. 地毯处理　一般晚上进房整理时不需吸尘，以免打扰到客人。若房间地毯明显有污渍，则需及时吸尘除渍，若有大块垃圾应及时捡拾。

（三）开夜床

1. 开夜床方法

（1）中式铺床将床旗（床尾巾）折叠后放到指定位置；西式铺床则是将床罩拉下，折叠整齐，放在规定的位置。

（2）将靠近床头柜一侧的被子（西式铺床则将毛毯连同盖单一起）向外翻，按饭店规定折成一定的角度，如45°角或30°角，以方便客人就寝。

（3）拍松枕头并将其摆正，如有睡衣应叠好置于枕头上或床尾。

2. 夜床相应工作

（1）按饭店规定在床头或枕头上摆放鲜花、晚安卡、早餐牌及致意品等。

（2）在开床一侧地面上铺好垫脚巾，把拖鞋打开，放在垫脚巾上。

开夜床时，若标准间只住一位客人，一般开邻近卫生间这一张床；如果客人有明显喜好倾向床，尽量开客人喜好的这一张床；如果在某张床上放了较多东西，就开没放东西的这一张床。开床的方向都在床头柜方向。双人床入住两位客人时，两侧分别开床；只住一位客人时只能在靠主床头柜一侧开床。

（四）整理卫生间

1. 进入卫生间　进入卫生间的操作规程与日间清扫规程相同。

2. 清理卫生间　如客人已经使用过卫生间，可以按住客房的日间清扫规程进行清理并补充客用品和布草。客人使用过的牙具、浴帽等消耗品，除非客人扔掉，一般应该保留。客用品如肥皂、卷纸等用剩不多的情况下，按饭店规定额外补充一份。客人没有放到布草篮里的面巾应折叠好挂回原处，以便客人重复使用。

3. 放浴帘、地巾、浴袍等　如有浴帘，将浴帘下拉出2/3，并将下摆放入浴缸内，避免客人淋浴时将水溅到地面，带来安全隐患；将地巾平铺在浴缸或淋浴房外正前方，饭店商标或标志朝上朝客人；按饭店规定将浴袍从衣柜里拿出挂到卫生间门背后。

4. 擦净地面　擦净地面的操作规程与日间清扫规程相同。

5. 检查、关灯，离开卫生间　全面检查一下卫生间有无不妥之处，如无不妥则关灯，关换气扇，将卫生间门虚掩后离开。

（五）房间检查、离开

1. 检查　仔细检查房内有无不妥或者遗漏之处，如有，应在离房前补充好。

2. 离开客房　检查无误后，除了留灯（一般留床头灯和走廊灯）外，将房内其余的灯全部关上并关上房门。如果客人在房内，应向客人致歉并道晚安后，面向客人轻轻地将房门关上。

3. 在夜床报表上做好工作记录　由于夜床服务是一个非常好的观察和记录客人喜好的机会，为了能给客人提供更加个性化的、体贴舒适的客房服务，客房管理者应该要求开夜床的员工在夜床服务时，不仅仅被动地做完清洁卫生，而更应该通过自己的观察，积极主动了解客人的爱好和需求，并将一些特殊的爱好与需求信息及时地记录下来，交房务中心或饭店规定部门统一保管，并在客人下次入住前通知各岗点员工。

当然，要使夜床服务成为饭店服务的亮点之一，还需要管理者的创新意识，不断地丰富和完善夜床服务的内容，设计出令客人惊喜的效果。

开完夜床后，应将未尽事宜或客人习惯，记录于楼层工作日志或客史档案上。若有重大事项，必须及时告知值班主管或当班办事员，切勿自行处理，以免造成服务失误，并要做好工作车及工作间的清理工作。

六、客房清扫中应及时报告的情况

为保证客人的身心安全和部门人员财产安全，客房服务员在清扫时，必须警惕并及时报告任何不寻常的或可疑的情况，包括一些非法行为及安全隐患。应及时报告的情况如下：

（1）发现住客房内有麻醉剂、针筒、管制器具等违禁物品。

（2）外来人员出入住客房的人数过多或频率过高。

（3）发现客人患有严重疾病。

（4）在走廊或其他地方发现可疑的人或物品。

（5）发现客人将宠物带入房间。

（6）发现客人在房间内使用电器或烧香拜佛。

（7）发现客房内的设备家具有缺损或故障。

案例分享

（8）在工作时无意中损坏了客人的行李物品。

（9）发现客人退房后留下的遗留物品。

（10）发现客房实际房态和工作表上的不符。

（11）发现住客人数身份与已知的不符。

（12）客人没有行李或行李很少的房间，或者客人外宿。

（13）发现客房里有虫害。

（14）客人对客房清洁保养情况和客房服务的评价，无论表扬或批评。

客房服务员在岗位工作时，一定要强化安全教育和安全责任感，这不仅是对酒店的财物和入住者的人身安全负责，也是对自己的职业安全负责。酒店平时要加强对员工关于法律法规方面的培训教育，在尊重住店客人隐私的同时，加强员工的知法、懂法、守法意识。

任务二　楼层客房周期性清洁保养

楼层客房周期性清洁保养，也称计划卫生，是指在客房日常清洁卫生的基础上，拟订一个周期性清洁计划，采用定期循环的方式，将客房日常清扫中不易清洁或不需每日清洁的部位进行彻底的清洁和维护保养，以保证客房的洁净舒适和家具设备的完好状态。

一、客房计划卫生的项目与周期

（一）客房计划卫生项目

哪些项目列为计划卫生项目以及计划卫生项目的多少，直接影响客房的清洁保养质量。计划卫生与日常清洁保养有所区别，计划卫生项目是定期的或周期性的清洁保养工作，而日常清洁保养项目必须每天完成，否则就难以达到饭店客房的基本清洁卫生质量要求。因此，计划卫生项目不宜过多，也不能与日常清洁保养项目有过多的交叉。

1. **房间部分**　房间的计划卫生项目一般包括：清洁冷热水壶、冰壶；墙纸去渍、除尘与修补；掸蛛网；清洁空调回风、出风口；地毯边角、床底等处吸尘；家具后侧除尘；清洗阳台、抹阳台门；翻床垫；洗涤毛毯、窗帘与床罩；地毯去渍及清洗；抽洗沙发及座椅；冰箱除霜；吸灯罩浮尘；清洁、消毒电话机；刷洗床头板；清洁垃圾桶；擦房号牌及房内铜制品或金属器皿；家具打蜡等。

2. **卫生间部分**　卫生间的计划卫生项目一般有：清洗出风口、换气扇；清洗灯箱；清洗恭桶水箱；刷洗浴缸和淋浴房下水口及活塞、浴帘；刷洗面盆下水口及活塞；刷洗卫生间四壁；刷洗卫生间地面；擦洗卫生间不锈钢制品；大理石墙面、地面上蜡等。

3. **楼层公共区域**　饭店楼层公共区域周期清洁保养工作可根据不同设备、面层材料的要求，参照客房的做法。

（二）客房计划卫生周期

客房部管理人员须根据饭店设备设施的配备、清洁保养的要求和客房出租率等情况，确定客房计划卫生的周期。在日常卫生清洁过程中，为了科学合理、有条不紊地将计划卫生安排和落实下去，最好的办法就是将计划卫生项目按清洁周期的长短进行分类，然后根据周期长短进行合理安排。

根据饭店的规模、档次、经营情况，客房清洁保养计划周期一般有短期、中期和长期三种，也可以分为一周、一月、一季度、半年或一年不等。

1. **短期计划卫生项目**　短期计划卫生项目，是指循环周期为一个月以内的计划卫生项目，多数是一些日常不易清洁到的死角卫生。例如，床底、房门边框、地脚线、地漏、窗槽、恭桶水箱、排风扇、新风口、房间电线清洁，以及冰箱除尘、电视机机壳散热孔除尘等。

2. **中期计划卫生项目**　中期计划卫生项目，是指以一个月以上半年以内为一个清洁周期的计划卫生项目。例如，座椅的坐垫、靠背与扶手的清洗，软墙面的清洁，家具打蜡保养，席梦思床垫翻转，金属器具除锈保养，新风口除尘，地毯干洗，窗帘轨道除尘，墙面和天花板除尘等。

3. **长期计划卫生项目**　长期计划卫生项目，通常是指循环周期在半年到一年的计划卫生项目。例如，厚薄窗帘、毛毯、床裙的清洗，以及地毯的洗涤等。

二、客房计划卫生的安排

计划卫生的项目及时间安排，各饭店要根据自身客房的设施设备情况和淡旺季进行合理的调配。同时，工程部也应借此机会，对某些设备和家具进行彻底的维修保养。计划卫生安排方式主要有以下三种：

（一）单项计划卫生

由于人力安排以及客房出租率等因素的影响，客房清扫服务员日常清扫客房时只能有所侧重。因此，服务员在完成规定的客房日常清洁任务之后，领班通常会安排适当的单项计划卫生项目，以弥补平时工作的不足。

（二）房间周期大清洁

这是一项通过专人、专职负责的对客房卫生进行周期性、全面、彻底清洁的清洁计划。因为仅凭单项的计划卫生较难维持客房的格调，因此应安排专人对客房卫生进行周期性的清洁，以确保客房始终处于整洁如新的状态，使客房的卫生质量始终达到和保持较高水平。

具体做法是：一般以一个季度为一个工作周期，保证在一个周期内至少对全部客房完成一次周期性大清洁。

（三）年度性大清理

年度大清理的对象不仅包括家具设备，还包括床上用品、窗帘、沙发等。这种大清理一个楼层通常要一周时间才能清理完毕，因此只能在淡季进行。清理前，客房部需和前厅部、工程部取得联系，以便前厅部对某一楼层实行封房，维修人员也可利用这个时期对设备等进行定期的检查和维修保养。

三、客房计划卫生的实施与质量控制

（一）客房计划卫生的实施

计划卫生涉及范围广，并具有一定危险性，实施时要注意以下几个问题：

1. 准备好清洁设备和清洁剂　在做计划卫生工作前，应根据具体工作内容准备好清洁设备，如洗地毯机、水桶、玻璃刮、鸡毛掸等，同时准备好各种清洁剂，如地毯清洁剂、除渍剂、家具蜡、酒精等。

2. 采用分区包干的方法　通常楼层服务员都相对固定地负责某一楼层或某一区域的客房及公共区域的清洁保养工作，因此该区域的计划卫生也应由该服务员负责包干。

3. 注意安全　在客房计划卫生中，有不少是需要高空作业的，如清理通风口、玻璃窗以及天花板等。因此在清洁高处物体时，应使用脚手架或高架车，尽量不要使用普通凳子，并系好安全带，加强安全措施，防止事故发生。许多饭店还聘请专业清洁公司对这些高空作业项目进行清洁保养，以保证安全。

（二）客房计划卫生的质量控制

1. 科学合理确定计划卫生清洁保养周期　各计划卫生项目由于其被污染的程度不同，清洁间隔的时间要求也就不尽相同。客房部应根据自身实际情况，合理安排计划卫生项目及其周期，如制定每周计划卫生、每月计划卫生项目等，并严格贯彻实施。

2. 安排好计划卫生工作　将客房清洁保养计划执行表（见表2-3）贴在楼层工作间的告示栏内或门背后，楼层领班还可每天在服务员清扫报告表上注明当天要做的计划卫生项目，以便安排与督促服务员在完成一天的日常清理工作后，完成当天的计划卫生任务。服务员在每完成一项计划卫生工作，接受领班检查后，在表格内填上完成的日期并签名。

3. 做好检查记录工作 领班根据本楼层客房清洁计划执行表进行监督、检查。客房中心或客房部办公室可根据计划卫生项目的完成情况，绘制出部门计划卫生一览表，显示各楼层计划卫生完成情况，以引起各楼层人员和管理人员的重视。

表2-3 客房清洁保养计划执行表

楼层：

日期	项目	工具	1—7日	8—15日	16—23日	24—31日
每周	电热水壶清洁	白醋、抹布				
	冰箱全面清洁	清洁剂、抹布				
	电视机清洁	牙刷、抹布				
	电话机消毒	清洁剂、抹布				
	灯具清洁	牙刷、抹布				
	床下地毯吸尘	吸尘器、牙刷、抹布				
	镜子清洁	清洁剂、窗刮器、抹布				
	卫生间地面清洁	清洁剂、地面刷、抹布				
	清洁垃圾桶	清洁剂、刷子、抹布				

日期	项目	工具	1月	2月	3月	4月	5月	6月	7月	8月	9月	10月	11月	12月
半月	通风口清洁	牙刷、抹布												
	插座、电线清洁	清洁剂、抹布												
	地漏清洁	牙刷、清洁剂、抹布												

日期	项目	工具	1月	2月	3月	4月	5月	6月	7月	8月	9月	10月	11月	12月
半月	卫生间四壁清洁	清洁剂、浴缸刷、抹布												
	台盆、浴缸塞清洁	牙刷、清洁剂、抹布												
	防滑垫清洁	清洁剂、牙刷、抹布												

日期	项目	工具	1月	2月	3月	4月	5月	6月	7月	8月	9月	10月	11月	12月
每月	木家具清洁打蜡	家具蜡、抹布												
	大理石打蜡	家具蜡、抹布												
	玻璃窗清洁	清洁剂、窗刮器、抹布												
	恭桶水箱清洁	牙刷、恭桶刷、抹布												
	墙纸清洁	清洁剂、牙刷、抹布												
	各类金属件保养	不锈钢光亮剂、抹布												

日期	项目	第一季度	第二季度	第三季度	第四季度
季度	床垫翻转				
	薄纱窗清洗				

日期	项目	全年
年度	软垫清洗	
	棉被清洗	
	枕芯清洗	
	靠垫清洗	
	床靠背清洗	
	厚窗帘清洗	
	沙发清洗	

模块二 饭店清洁保养

任务三　客房消毒工作

消毒和除虫害是饭店清洁保养工作的一项重要内容，是预防各种疾病流行以及确保客人健康的有效措施。在客房的清洁保养工作中，每位员工必须明确客房日常消毒要求，掌握消毒的基本方法。同时，每位员工也必须进行相应的卫生消毒、个人防护等疫情防控知识的培训，熟记并掌握相关知识和措施。

客房床单消毒

一、客房日常消毒要求

（一）房间

客房房间要求每天进行通风换气和日光照射；定期用紫外线或其他化学消毒剂杀菌和灭虫害；遇到特殊情况（如住客患传染病或死亡），应及时进行消毒。

（二）卫生间

卫生间的设备用具极易沾染细菌，因此卫生间必须做到每天彻底清扫、定期消毒、保持清洁。每换一位住客，卫生洁具必须进行严格消毒；定期在地面喷洒杀虫剂，特别要注意对地漏及下水管道等处的喷洒。

（三）杯具

客房内用过的杯具须每日一换，送楼层消毒间进行严格的洗涤消毒；楼层应配备消毒设备和用具。

（四）其他客房用品

客房使用的布草应严格按规定进行更换、洗涤、消毒；其他客房用品要求完好、无污渍、无污染，密封包装。必要时，客房内重复使用的公共用品、用具需"一客一用一消毒"。

（五）客房工作人员

客房工作人员应严格实行上下班更换工作服制度；清扫房间时，双手应尽量少触摸物品，特别是茶水杯具等经过严格消毒的物品；清理卫生间时，应戴好胶皮手套；每天上班前与下班后用肥皂清洁双手，并用消毒剂对双手进行消毒；定期检查身体，防止疾病传染。

二、客房消毒的基本方法

（一）通风与日照法

1. 室外日光消毒　利用阳光的紫外线作用，可以杀死一些病菌，如定期翻晒床罩、毛毯、枕芯、床垫与被褥等，既可起到消毒作用，又可使其松软舒适。

2. 室内采光　室内采光是指让阳光通过门窗照射到地面，以杀死病菌。例如，冬季有3小时日照、夏季有2小时日照，即可杀死空气中的大部分致病微生物。

3. 通风　通风既可以改善空气环境，又可以防止细菌、螨虫等滋生。因此，在清扫客房时应打开窗户和房门，使房内空气对流，达到通风的效果。如遇疫情等公共卫生事件，每日房间应定时通风至少3次，每次不少于30分钟。

（二）擦拭消毒法

服务员清扫完客房后，可定期用化学消毒溶液擦拭客房家具设备。例如，用浓度为10%的碳酸水溶液或2%的来苏水溶液擦拭房间家具设备，消毒完毕后，紧闭门窗约2小时，然后开窗通风，即可达到消毒目的。也可以使用有效氯含量为250mg/L的含氯消毒液擦拭家具等物品表面，作用30分钟后，用清水擦洗去除残留即可。

卫生间洁具可采用有效氯含量为2000mg/L的含氯消毒液擦拭消毒，作用30分钟后用清水擦拭干净。门把手、水龙头等手经常接触的部位，可用有效氯含量为500mg/L的含氯消毒液或其他可用于表面消毒的消毒剂擦拭消毒，作用30分钟后用清水擦拭干净。

注意擦拭用的抹布要专区专用，严禁混用。

（三）喷洒消毒法

为防止对人体肌肤的损伤，有时可采用喷洒的方式进行消毒。例如，用浓度为1%～5%的漂白粉澄清液对房间的各个死角进行消毒，或用空气清新剂、消毒剂进行喷洒。

三、杯具消毒的常用方法

（一）高温消毒法

1. 煮沸消毒法　将洗涤干净的杯具放在100℃的沸水中，煮15～30分钟即可。此法适用于瓷器，但不适合玻璃器皿。

2. 蒸汽消毒法　将洗涤干净的杯具放到蒸汽箱中，通常蒸15分钟即可达到消毒的目的。瓷器和玻璃器皿都适用于此种消毒法。

（二）干热消毒法

客房楼层常用的消毒柜多属此类。操作程序是将洗涤干净的杯具放入消毒柜，将温度调到120℃、时间设为30分钟即可。

（三）浸泡消毒法

浸泡消毒法一般适用于杯具的消毒。使用该方法进行消毒，务必把化学消毒剂溶解，同时严格按比例调制好，才能发挥效用。浸泡消毒的操作方法是：将杯具用洗涤剂洗刷干净后，放入消毒溶液中浸泡一定时间（不同消毒液要求的浸泡时间有所不同），再用清水冲洗干净并擦干即可。擦拭时，必须使用干净并经过消毒的杯布。

常规做法是：将杯具用清洁剂清洗，用清水冲洗干净。将84消毒液和水按照1∶200的比例在消毒池内配好。将洗净的杯具浸泡在消毒池内，浸泡20分钟以上。杯具取出后放入消毒柜内。打开消毒柜电源（自动消毒），消毒至少45分钟后，把杯具取出，放入保洁柜内备用。

在消毒记录单上做好登记，记录好消毒时间和消毒员姓名等信息（见表2-4）。

表2-4　消毒记录单

消毒对象	消毒剂	浓度	消毒方式	作用时间	消毒日期	消毒员签名

消毒方式：喷洒；擦拭；浸泡；气溶胶喷雾；其他。

当出现传染病、疑似病例或无症状感染者等情况时，应按照国家与当地卫生部门的消毒和防控方案等规范标准的要求执行消毒措施。

项目四　饭店公共区域清洁保养

案例导入

　　饭店公共卫生间清洁员是再平凡不过的岗位，但是北京昆仑饭店公共卫生间的汤少明老师傅的服务却得到了中外宾客的一致赞扬。不论中外宾客，都觉得在昆仑饭店上卫生间真是一种享受。

　　进门，汤师傅对不同的客人能用中、英、日文进行亲切微笑问候。客人方便后，汤师傅会在适当时间及时将水龙头打开，并根据中、美、欧、日等不同国家(地区)客人喜好凉热的不同习惯，将水温调好请客人洗手，随后递上小毛巾供客人擦手。有时客人肩上有头皮屑时，汤师傅会帮忙轻轻掸去，让客人保持得体形象。有的客人在卫生间醉酒呕吐后，汤师傅马上帮助搀扶防其摔倒，帮助擦拭衣服，清除污物。当客人离开卫生间时，汤师傅会为客人适时拉门并送上愉快的祝福。有些客人到昆仑饭店会客办事时专门要到大堂公共卫生间方便一下，就是为了享受一下汤师傅不同于一般人的服务。汤师傅十五年如一日，在平凡的岗位上做出了不平凡的事迹，获得了"全国旅游行业先进工作者""北京市劳动模范"等一系列光荣称号。

　　在女卫生间服务的刘文珍师傅也经常收到客人的表扬信。有的客人扣子掉了或者衣服开线了，刘师傅会热情地帮助钉上，以避免客人的尴尬。女客人有时突感身体不适，又没有带卫生用品，刘师傅会马上雪中送炭，帮助解决燃眉之急。冬天有的客人手套丢了，刘师傅会将自己的借给客人使用。

　　在汤师傅的带动下，公共卫生间的服务成了昆仑饭店优秀服务品牌之一。在公共卫生间的各位师傅还经常在卫生间捡到高额现金、名贵手表、新款手机、手包等，他们都想方设法还给客人。有的客人不小心将钱包、钥匙等物品掉在恭桶里，他们会立即用手将客人的物品捞上来，洗刷干净交给客人。为此，以汤师傅为代表的昆仑饭店公共卫生间的对客服务赢得了各种荣誉，收到了宾客无数封感谢信。

问题：

1. 本案例说明了什么问题？

2. 你愿意成为一名饭店公共区域的清洁员吗？为什么？

分析：

公共卫生间的服务对象非常广泛，客流量大，随机性强。而公共卫生间又是客人最挑剔的地方，如果有异味或者不够整洁，会给客人留下不良印象。同时，不仅要把卫生做好，服务也应有特色，这样才能让客人称道。昆仑饭店的公共区域卫生间是闻名京城的服务品牌，服务员们不但为宾客做好基本的清洁卫生工作，而且提供了超值服务，为宾客解决了许多令人尴尬的问题，他们的服务态度和服务精神值得发扬光大。

公共卫生间服务员是一个不起眼的岗位，有些人甚至还看不起这个岗位，不愿意在这个岗位工作，但这又是一个非常重要的岗位，是体现饭店管理水平的岗位。在公共卫生间服务的员工见到客人要微笑问好，主动服务，要能够不怕脏、不怕累，细心观察，热心服务，要能够为宾客解决相关的困难和问题，体现出个性化的特色服务和超值服务。

公共区域作为饭店的重要组成部分，客人往往会依据其对饭店公共区域的感受来评判饭店的服务质量和管理水平。因此，公共区域的清洁保养水准反映了一个饭店管理的专业化程度，直接影响着整个饭店的对外形象。同时，由于公共区域涉及的设施设备众多、投资大、技术性强，其清洁保养工作直接影响到饭店的正常运行和设施设备的使用寿命。所以，做好公共区域的清洁保养工作，对树立饭店良好形象、提高公众美誉度、降低运行成本开支等具有重要意义。

任务一　认识公共区域清洁保养工作

一、公共区域的概念

饭店公共区域（public area，PA），是指除客房和厨房以外的饭店范围内的公众共有共享的任何区域。

通常，人们习惯上把饭店的公共区域分为室内和室外两个部分。室外公共区域又称为饭店外围，包括外墙、花园、前后门广场及停车场等。

可敬的 PA

室内公共区域又分为前台和后台两个部分，前台区域是专供宾客活动的场所，如前厅大堂、餐厅和酒吧、娱乐区域、客用电梯、客用卫生间、会议室等；后台区域即为饭店员工划出的工作和生活区域，如行政办公区域、员工更衣室、员工浴室、员工餐厅、培训教室、员工活动室、员工倒班宿舍等。饭店客房部一般都设有公共卫生组，专门负责公共区域的清洁保养及绿化养护工作。

二、公共区域的业务特点

作为统管整个饭店公共区域清洁保养任务的公共卫生组，其管辖范围广、社会影响面大、对客服务质量要求高等业务特点，决定了公共区域管理工作的艰巨性和挑战性。

（一）众人瞩目，要求高，影响大

公共区域是属于公众共有共享的空间，也是饭店客流量最大的地方。任何人只要到饭店来，就必然会经过公共区域，可以说公共区域是饭店的门面。很多人对饭店的第一印象就是通过饭店的公共区域获得的，这种印象会直接影响他们对饭店的评价和今后的选择。例如，有些人原计划到饭店住宿或用餐，但如果进入饭店后看到大厅不够整洁、设备损坏、用品摆放凌乱，就有可能联想到客房和餐厅的情境。在这种情况下，除非迫不得已，这些人一般不会选择继续在此住宿、用餐或进行其他消费。所以，饭店必须高度重视公共区域的清洁保养工作，并以此为饭店增光添彩，增强饭店对社会公众的吸引力。

（二）范围广，情况复杂多变，任务繁重

饭店公共区域涉及范围广、岗位分散，室内室外、前台后台，除了客房和厨房外，都在公共区域管辖范围内。而且公共区域宾客活动频繁，环境不断变化，这些都给清扫工作带来诸多不便。因此，公共区域的清洁保养工作任务繁重，工作难度大，工作时间不固定，而且有些工作难以预见和计划，如活动安排和天气变化都可能带来额外的任务，造成清洁保养质量不易控制。

（三）专业性强，技术含量高

饭店公共区域的清洁保养工作，尤其是其中的一些专门性工作，与其他清扫活动相比，专业性较强、技术含量较高，工作中所使用的专业设备、工具、用品繁多，员工必须掌握比较全面的专业知识、熟练的操作技能和丰富的工作经验，才能胜任此项工作。而由于各种原因，很多公共区域服务员年龄偏大、文化程度偏低，缺乏专业技术能力，员工流动性大，给清洁保养工作带来很大困难。

因此要求公共区域服务员在日常工作中必须有强烈的责任心，工作积极主动，再加上管理人员适时的巡视督导，才能做好清洁保养工作。

三、公共区域清洁保养质量标准

优质的公共区域清洁保养水平，不仅可以营造出饭店整洁、高雅、舒适、怡人的服务环境，而且可以为宾客创造一个高品质的工作和生活场所，更体现了一个饭店较高的管理专业化水平。作为统管整个饭店公共区域清洁保养任务的公共卫生组，其管辖范围广、区域分散、工作内容烦琐、宾客活动频繁、社会影响大、员工普遍素质较低、人员流动性大等众多特点，决定了公共区域管理工作的艰巨性和挑战性。所以，饭店公共区域清洁保养工作的好坏直接反映了一个饭店服务质量的优劣和管理水平的高低，直接影响着饭店的形象、氛围以及经济效益。

公共区域清洁保养并无统一的衡量标准，主要根据各个饭店的星级档次、设施设备配置条件、各区域不同的活动特点等具体状况，列出相关部位，如大堂、餐厅、酒

吧、公共卫生间等所有项目各自的清洁保养标准，以便员工操作和各级管理人员对照检查。

任务二　熟悉公共区域清洁保养规程

一、公共区域清洁保养的准备工作

（一）安排好清洁保养时间

公共区域的日常清洁可在营业时或客人活动的间隙进行，而彻底的清洁保养则应在营业结束后或基本无客人活动时进行。

（二）领取工作钥匙和有关的工作报表

清扫前，服务员应先到客房中心或客房部办公室签名领取相关公共区域（如餐厅、酒吧、商场、康乐场所、行政办公室等）处的工作钥匙和有关的工作报表，同时应听取领班对当天工作任务的安排和要求。

（三）准备好清洁剂和清洁器具

1. 准备好清洁剂　根据被清洁对象的化学特性及要求，准备好各类清洁剂，并按规定进行稀释，盛放在一定的容器内。

2. 准备好清洁器具　清扫公共区域卫生前，应先根据不同的清洁区域和清扫任务，准备好相应的清洁设备和各种清洁工具。例如，清洁高处卫生，应准备好梯子、高架车等清洁工具或设备，使用前先检查是否完好、有无损坏；清洁地面卫生，应准备好吸尘器、洗地毯机、打蜡机、拖把、尘拖等；清洁其他场所的卫生，应根据情况准备好玻璃清洁剂、抹布、胶皮手套、扫帚、簸箕等。

清洁器具应保持干净、完好、无故障，若发现机器设备有漏电等异常现象，不得使用并应及时报修。

（四）做好清洁区域场地的准备工作

清扫公共区域前，应根据清洁任务的不同要求，对场地做好准备工作。例如，地毯吸尘前，应先把家具挪开，等吸完尘再复位，以确保吸尘效果；清洗地面前，应先把家具搬开，等清洗完毕，地面干燥后（地面应吸完尘），再把家具复位；清洗地毯前，应先除去地毯上的污渍；清洗硬质地面前，应先吸尘；硬质地面打蜡前，应在场地上放好告示牌，告知客人注意行走安全等。

二、公共区域清洁保养规程

（一）大厅的清洁保养

大厅几乎没有休息的时候，需要服务员日夜不停地清洁保养。大量的过往客人和短暂停留会不断带来尘土、足迹、烟灰烟蒂、纸屑杂物等，同时又会给每一位新来的客人留下至关重要的第一印象。

1. 大厅日常清洁保养　服务员应准备好当班的各种清洁设备、清洁剂和需补充的客用品，检查清洁设备是否正常工作。通常大厅服务员必须做以下三件事：倒烟灰、整理座位和除尘。如大厅内有水池，还应及时清除池中的垃圾杂物。服务员应及时且不易为人察觉地不断重复上述工作。有些在营业高峰期间不便做的工作，通常安排在客人活动较少的夜晚或清晨进行，如吸尘、补蜡抛光、打磨、清洁立式烟灰筒、彻底清洁家具、墙面去渍、设备维修等。

2. 大厅周期性清洁保养　与楼层客房一样，为确保清洁保养质量，饭店大厅也应将日常清洁保养和周期性清洁保养有机结合起来。

（1）周期为一周的清洁保养。饭店大厅每周一次的清洁保养工作主要有：清洁电话间和电话亭；木质家具补蜡抛光；清洁窗台，百叶窗吸尘；用装有长吸管的吸尘器对天花板通风口进行除尘；用装有清洁缝隙设备的吸尘器对踢脚线进行吸尘；大厅地面清洁并打磨抛光；擦拭应急灯等设备；清理各处卫生死角；擦拭大门玻璃和门框；擦拭绿色植物叶面上的灰尘；等等。

（2）周期为一月的清洁保养。饭店大厅每月一次的清洁保养工作主要有：对软面家具和窗帘进行吸尘，如灰尘堆积快，则根据需要调整次数；对灯座和各种铜质标牌、路标、指示牌进行打蜡抛光；干洗休息区的地毯；窗户每月轮洗一次，平时若有脏迹及时清洁；对门、柱及门锁进行除尘；对公共区域墙面进行清洗；走廊灯、吊灯、顶灯进行清洁；金属、石料的清洁打蜡。

（3）周期为一季的清洁保养。饭店大厅每季度一次（或视需要）的清洁保养工作主要有：软面家具的彻底清洗；窗帘、帷幕灯的清洗；湿洗地毯及其他。

以上清洁卫生的间隔周期、项目内容应根据各饭店人员配备、客流频率、环境卫生等因素而定，并非固定不变。

3. 大厅清洁保养注意事项

（1）在操作过程中，应根据实际情况，适当避开客人逗留区域，待客人离散后，再予以补做。客人进出频繁和容易脏污的区域，要重点拖擦，并增加拖擦次数。

（2）遇雨雪天气，要在大堂进出口处放置尼龙防尘地垫，并设置"小心防滑"的告示牌，并适当增加清洁次数，以防客人滑倒。同时及时放置伞架，准备雨伞袋，防止将雨水带入大堂区域，给客人带来不安全的隐患。

（3）门厅及大堂入口区域应设专人除尘，随时擦除人们进入时的脚印、沙砾和灰尘。

（4）门厅及大堂地面多为花岗岩、大理石、水磨石、瓷砖、聚氯乙烯地板材、橡胶类地板或地毯，应根据不同材质，采取不同的清洗方法。

（5）不锈钢、铜、铝合金等装饰（如柱子、扶手、标牌等）容易受腐蚀，擦拭时要选用专用清洁剂、保护剂，不能留下划痕。

（二）客用电梯和自动扶梯等的清洁保养

与大厅一样，电梯也是使用频繁、需要经常清理的地方。饭店电梯一般有客用电梯、自动扶梯、员工电梯、行李电梯及货运电梯几种，其中以客用电梯的清洁最为重要，要求也最为严格。

1. 客用电梯

（1）清洁电梯时要停靠在客人进出较少的楼层，以免影响客人和增加噪声。

（2）用玻璃清洁剂擦拭电梯轿厢内的玻璃和镜面。

（3）对电梯轿厢内的墙面进行抹尘和除污。

（4）对电梯的不锈钢门和门框进行抹尘和上光。

（5）擦拭电梯内的广告箱牌。

（6）对电梯按钮和楼层指示灯用酒精进行擦拭、消毒，发现字迹不清或缺少时要及时更换或补充。

（7）对电梯内的地毯进行吸尘，对石材地面进行擦拭、除尘和保养。

2. 自动扶梯　大型饭店里自动扶梯的清洁工作一般安排在晚间进行。必须及时除去黏附在楼梯台阶上的油渍与口香糖胶，对自动扶梯缝隙中的油渍和污渍进行清洁。扶手应无灰尘、污迹，玻璃灯罩应擦亮。自动扶梯的金属部分和玻璃应用专用清洁剂擦拭。

（三）公共卫生间的清洁保养

1. 公共卫生间的日常清洁保养

（1）检查洗手间设备有无损坏，如有，应及时报修。

（2）倒空所有垃圾桶内垃圾，换上干净垃圾袋。

（3）抹净台面、地面及恭桶上的水迹。

（4）擦亮镜面和水龙头等镀铬件。

（5）补充用品，如洗手液、小方巾、面巾纸、卫生卷纸、衣刷、擦鞋纸、梳子、针线包、护肤品等，视情况替换鲜花盆栽。

2. 公共卫生间的彻底清洁保养

（1）检查洗手间灯光和换气扇是否正常工作。

（2）倒空所有垃圾桶，换上干净垃圾袋。

（3）放水冲净恭桶、便器等，倒入适量清洁剂。

（4）对高处的物体或表面进行除尘、除渍。

（5）清洁洗手盆。倒上或喷上清洁剂，擦拭洗手盆内壁，然后放水冲净、抹干，不留水迹。

（6）用柔软的平纹抹布擦净、擦亮镜面、金属器件。

（7）清洗恭桶。恭桶或便池内先喷上清洁剂，再用长柄刷刷洗恭桶及便池，用经消毒剂浸泡的抹布擦拭恭桶座圈、盖板、外壁、水箱，再洗净、抹干。

（8）配齐物品，如洗手液、小方巾、面巾纸、卫生卷纸、衣刷、擦鞋纸、梳子、针线包、护肤品等，女用卫生间还应配好卫生袋。

（9）拖净或擦净地面，使地面无水迹、污渍。

3. 公共卫生间清洁保养注意事项

（1）服务人员要注意自身保护，作业时必须戴好防护手套或口罩，预防细菌感染，防止清洁剂损坏皮肤；中间休息或工作完毕后，应使用药用肥皂洗手。

（2）清洁卫生间应使用专用的设备用品，使用后应定期消毒，与其他清扫器具分开保管。

（3）作业时应在现场竖立"小心地滑"告示牌，以便客人注意并予以配合。

（4）注意卫生间的通风，按规定开关换气扇或窗户。

（5）五星级饭店的公共洗手间，除了做好清洁保养工作外，还可以配备专职公共洗手间服务员，为客人提供更周到的服务。一般要求服务员主动向客人问好，当客人洗手时，为客人打开水龙头，调好水温，并向客人提供洗手液，客人洗完手后及时递上小毛巾。客人用过的恭桶便器应及时冲洗干净，客人离开时帮助拉门，使用适当的告别语言。

（四）餐厅的清洁保养

1. 工作程序

（1）准备好工作所需的各种清洁设备、用品、清洁剂，检查吸尘器工作是否正常。

（2）吸尘之前，应先将每张餐桌周围较大的垃圾碎块捡去，以免损坏吸尘器，再对餐桌周围进行吸尘，并利用吸尘器的附件——扫尘刷吸除餐椅上残留的碎屑、灰尘和食物碎块。

（3）用湿抹布蘸上多功能清洁剂，擦洗窗台或其他物体的表面、餐桌台柱、金属表面、通风口等。

（4）用适当的清洁剂清洗墙面、座位、酒吧的高脚凳和吧台贴面。

（5）擦净餐厅内的柜台和吧台面。

（6）清洁电话机。

（7）将金属椅子去尘和擦亮；将油漆过的木质椅子擦净。每晚将若干张椅子上光擦亮，一周之内可以将餐厅里所有的椅子都轮流上光一遍。

（8）将吧台的搁脚横条和金属装饰擦净、擦亮。

（9）用经过化学方法处理的抹布对椅子上的木质部分的污点予以去除。

2. 注意事项

（1）餐厅每次营业结束后，在确认已无客人用餐的情况下，公共区域清扫员才可以进入餐厅进行清洁保养工作。工作前先检查各种设备，如有问题应及时报修。

（2）吸尘前要先将地面上的较大块碎屑、牙签等捡拾干净，以免损坏吸尘器，吸地毯时要特别注意餐桌周围和桌椅下面的情况。

（3）每餐营业结束后餐椅上都会留下用餐者的手印，椅腿上容易留下皮鞋油的油迹，椅面上也会掉上渣物等，清扫员都要擦拭干净。

（4）餐桌附近的墙面，在客人用餐时极易溅上菜汁、油点等，特别是火锅餐厅，墙面更易污染，因此每餐后都要及时擦拭。

（5）对墙面上的纤维织物，用肩背式吸尘器的缝管吸尘特别有效。

（6）及时擦去柜台和吧台上的饮料果汁，使其保持干净整洁。

（五）多功能厅、会议室的清洁保养

1. 准备工作　准备好工作所需的清洁设备、用品、清洁剂，检查吸尘器工作是否正常。

2. 检查　在开始对多功能厅、会议室进行清扫前，先检查多功能厅、会议室的设施设备，如有故障及时报修；检查座位等处是否有客人遗留物品存在，如有，应及时

通知客房中心。

3. 清洁

（1）擦拭所有的门窗和玻璃，并检查窗帘轨道是否灵活有效，定期清洗窗帘。

（2）擦拭墙面、墙沿和灯具。

（3）擦拭所有的桌椅。

（4）对地毯进行吸尘、除渍，必要时进行清洗。

（5）清倒垃圾。

（6）对高处的吊灯、顶灯、墙面、空调出风口及其他设备定期进行清洁保养。

其他公共区域如商场、歌舞厅、棋牌室、桑拿浴室、网球场、乒乓球室等康乐区域，其日常清洁工作一般由各营业点自行承担，由公共卫生组负责其彻底清洁保养工作，根据其营业时间和材质等不同分别进行。

（六）走廊、通道的清洁保养

饭店的走廊、通道等处，白天应不停地循环清扫地面，将地面推擦干净后，将物件按原位摆放好；及时倒清立式垃圾筒，擦拭干净并按原位摆放好；按预定顺序，依次擦拭门窗、窗台、墙壁饰物、镜面、开关盒、消防栓内外、标牌、风口、踢脚线等；定期在夜间进行全面清洗、打蜡等；每个班次工作结束前，把垃圾集中后带到指定地点，楼面不准有垃圾过夜。

（七）行政办公区的清洁保养

行政办公区的清洁保养工作主要有：查看各办公室的卫生情况，发现有不卫生的地方随时清理；简单整理办公室台面的文件、报刊等，并擦拭台面及椅子；倒空纸篓并清洁干净，放回原处；清洁办公区域的冷热饮水机；擦抹窗台、门、装饰画、踢脚线等；对办公室内地毯及时进行吸尘；拖抹办公室外面走廊地面，保持地面干净、无尘；及时清洁男女洗手间。

行政办公区域的清洁卫生工作一般由公共卫生组在办公人员下班后进行，值得注意的是清扫完毕后一定要及时将办公室门窗锁好。

（八）庭院、花园的清洁保养

饭店的庭院、花园应每天用扫帚进行清扫，及时除去地面上的垃圾及落叶等杂物；对于草坪、盆景、花木等应按规定进行浇水、施肥、修枝整形、除草、杀虫等；庭院、花园的地面一般每周应用水冲洗1～2次；饭店大门前需不间断地清扫，门前清扫通常应先喷洒适量水再清扫，以防扬起灰尘；门前的泥沙、污渍应及时清理，门前的花盆、花槽、防尘地毯下的泥沙每天清理2～3次；地毯应定期换洗，门前的地面也应定期用水冲洗，一般每星期应冲洗1～2次。

（九）外墙、外窗的清洁保养

饭店的外墙、外窗应定期清洗，确保建筑物外墙、外窗完整、美观、干净，符合饭店卫生质量要求。根据饭店实际情况，饭店的外墙、外窗既可由饭店配备专门的清洁设备自行清洗，也可以委托专门的清洁公司进行。随着服务社会化的不断普及，越来越多的饭店倾向于和专业清洁公司签订清洁保养合同。

（十）饭店外围的清洁保养

这里的饭店外围是指饭店外部、属于饭店负责清洁的区域和地段，以及饭店周围。由饭店负责的区域除每天根据实际情况进行多次清扫外，还必须定期水洗，以符合门前"三包"的要求。

任务三　掌握地面材料的清洁保养技巧

地面、墙面的清洁保养是饭店清洁保养工作的重要内容。做好这项工作，既可美化环境，又能延长地面、墙面装饰材料的使用寿命，减少饭店装饰材料的投资。因地面材料的性质不同，其清洁保养的方式也不尽相同。因此，我们必须首先了解地面材料的性质，再制订相应的清洁保养方案。

一、地毯的清洁保养

地毯由于具有美观、舒适、安全、保温和降低噪声等诸多特性，因而成为饭店常用的地面材料之一，尤其在对客服务区域，使用比例非常高。因制作地毯材料的不同，地毯主要有羊毛地毯、化纤地毯和混纺地毯三种。羊毛地毯即纯毛地毯，它以粗绵羊毛为主要材料，具有弹性大、拉力强、光泽好的优点，是高档的地面铺设材料；化纤地毯以聚丙烯纤维（丙纶）、聚丙烯腈纤维（腈纶）、聚酯纤维（涤纶）、聚酰胺纤维（锦纶、尼龙）等化学合成纤维为原料，经机织或栽绒等方法加工成面层织物后，再与背衬进行复合处理而制成，其抗拉强度、抗湿性、抗皱性及耐磨性较好，色彩鲜艳，但弹性较差、易起球、易起静电、毯面的舒适滑爽感较差；混纺地毯就是将两种或两种以上纤维按一定比例混合，组成新的纤维后再纺织而成的地毯，由于羊毛纤维和化学纤维各自存在优点和不足，将两者按比例混合便可扬长避短。

一般来说，饭店会根据其星级档次、投资额大小、不同营业区域的特殊要求、客源结构与层次以及是否便于清洁保养等因素，来选购不同材质、色泽、图案、弹性、密度及耐磨度的地毯。

（一）采取预防性清洁保养措施

地毯污渍80%来自室外。因为环境因素、天气变化（如风沙雨雪）的影响，大量的沙砾、灰尘、水渍通过各种载体带入饭店的服务和生活区域。因此，为了节约清洁保养的时间和费用，降低成本支出，饭店可以采取一系列的预防性清洁保养措施。

1. 放置防尘垫　在饭店入口处铺设防尘地垫，可以在一定程度上堵住污染源头（见表2-5）。

表2-5　防尘地垫

铺设位置	地毯类型	作用
室外	无底，由特粗纤维构成	清除大颗粒泥沙，雨天有去除污水功能
进出口处	有底，由小纤维构成	清除小颗粒泥沙及潮湿水分
大厅内侧	有底，由特细纤维构成	吸尘、吸水

2. 二级控制方法　　饭店可以采用二级控制方法减少污染物进入室内：第一级采用7米长的PVC镂空式沉垢地垫，第二级则采用3米长的尘埃、水分去除棉垫。二级控制方法对室外泥沙的控制率可达60%。

3. 其他方法　　饭店还应注意在饭店前后台交接处和重要通道处，如餐厅和厨房的连接处、员工餐厅和更衣室门口、靠近楼梯口的地面等，铺设防尘、防水、防油地垫，防止污渍带入服务区域。

另外，要达到理想的清洁效果，一定要采用由高强度耐磨尼龙纤维和高品质棉织物制造的专业防尘地垫，同时应加强对防尘地垫的管理，及时吸尘、更换和清洗。

当然，饭店在建筑设计时，最好能事先考虑铺设防尘地垫的位置，根据防尘地垫的厚度、尺寸，为防尘地垫预留凹槽，使其在铺设后与地面持平。这样不仅可以防止防尘地垫滑动，而且这部分的地面施工只需做简单处理，从而节省了装修费用。

（二）制订并实施清洁保养计划

地毯不同于石质地面、木板地面和其他弹性地面，它是三维地面，除了长和宽以外，还有深浅。地毯的表面由众多的单独纤维或毛线组成，每一纤维又有其本身的表面，所以地毯有比平整地面更大的受污染面积，并且污渍可渗入地毯的第三维深处，使得地毯表面能够黏附更多的污垢，因而对地毯要求用特别的方法进行清洁保养。

不同种类的地毯有不同的清洁方法和清洁周期。要妥善保养好地毯，必须具备良好的专业知识，制订并认真实施一个完整的清洁保养计划。

1. 日常保养　　地毯的日常保养工作主要分两个方面：

（1）吸尘。吸尘是保养地毯最基本、最有效和最经济的一种方法。污染物在地毯上的积聚分三个层次：上面一层是轻一点的污物、灰、有黏性的糖和油性污物；中间一层是稍重一些的灰尘颗粒和有机物；底层是最重的颗粒，如砂石、土砾等。尽管这些沙砾等并不一定能看见，但它们对地毯纤维的损害却是最大的。当人来人往时，摩擦会使地毯纤维与沙砾之间做切割运动，从而割断地毯纤维，使地毯失去弹性。

因此，要彻底吸净地毯纤维底部的沙砾等，最好选用直立式吸尘器。这种吸尘器桶体与吸把连在一起，吸盘面积大，吸力强，其内装一组滚刷能进入地毯纤维，作用于地毯纤维的各个部位，做到深度清洁，使地毯纤维得到梳理，操作方便又省力，所以清洁效果比单纯吸尘（即用吸力式吸尘器吸尘）要好。

吸尘频率可以根据客流量而定。一般来说，客房及走廊每天1次；餐厅每次营业结束后1次；电梯厅、轿厢、大堂吧等客流量大的区域，每天2～3次。遇到雨雪天，则应适当增加吸尘的次数，因为地毯湿度越大、温度越高，就越容易滋生霉菌和蛀虫。

（2）及时去除污渍。地毯极易受污染。当污渍产生时，去除它并不难（最佳去渍时间在6小时以内）。但若污渍侵蚀时间过久，污渍变干或渗入地毯根部，形成陈旧性的污渍，此时要想彻底清除已非易事。

饭店常见的地毯污渍可分为三类：水溶性污渍、油溶性污渍和特殊性污渍。水溶性污渍主要由茶、饮料、果汁等污染物所引起；油溶性污渍则主要是由动植物油、工业油、鞋油等污染物形成的；口香糖、烟焦洞、油漆渍等则属于特殊性污渍。

在地毯的日常保养中，应正确区分各类污渍，结合实践经验，使用不同的去渍产品和方法，加以针对性处理。一般来说，水溶性污渍可用地毯除渍剂除渍；油溶性污渍可用化油剂除渍；口香糖、油漆可用口香糖除渍剂……在地毯去渍时，如果没有把握，可先在地毯角落等不起眼处试用，以免出现地毯褪色、缩水、腐蚀等现象。

地毯日常保养工作做得好，一方面可保证地毯光洁如新，及时恢复纤维弹性，常保地毯柔软舒适；另一方面也可大大减少地毯洗涤的次数，节省人力、财力和物力。

2. 周期清洁保养

（1）中期清洁保养

对日常吸尘无法去掉的黏附性较强的残留物和已经粘在地毯上的干燥颗粒，可以定期进行中期清洁。中期清洁保养的方法有：干泡清洁法、毛套清洁法和干粉清洁法。

目前星级饭店普遍采用干泡清洁法对地毯进行中期清洁保养，即地毯干泡洗涤剂经电子打泡箱高速打泡后，泡沫通过刷盘中央孔流到地毯上，然后依靠旋转刷的作用，轻轻推入到地毯纤维中间，干泡中的活性剂将污垢微粒团团包围起来，并且把它们从地毯纤维上拉出来，由于浮力作用，脱离纤维的污垢微粒和已干的结晶泡沫残留物，上升到地毯表面。地毯干燥通常需要4个小时左右，待地毯完全干透后，用直立式吸尘器吸除污渍和干泡的残留物。干泡清洁法的特点是干得快，又不刺激对水敏感的地毯纤维，适用于自然纤维类地毯，可以防潮、防霉变。

（2）地毯抽洗

灰尘一旦在地毯纤维深处沉积，必须采用抽洗方法进行深层清洁，使地毯恢复原有的洁净。地毯抽洗的具体操作程序如下：先用直立式吸尘器全面彻底吸尘，再去除地毯表面污渍，接着对严重的大块污渍预喷清洁剂，作用10～15分钟后，使污渍脱离地毯纤维，然后通过洗地毯机的微型喷嘴将热水或加有清洁剂的热水（约60℃，清洗羊毛地毯水温最高不超过30℃），喷到地毯上，并及时用吸水机吸干污水。为了加快地毯干燥，保证其尽快投入使用，可用涡轮式地毯风机吹干地毯。这样地毯纤维就从上到下完成了一次冲洗清洁。

每次彻底清洗后，必须让地毯干透，地毯未干前不可直接在上面走动。对营业区无法进行封闭的，可在地毯上铺上旧床单、旧台布，以保证营业的正常进行。所以地毯的清洁时间安排应尽量以不妨碍营业为准。

地毯干燥后，应做好以下补位工作：吸尘，对未去除的污渍再次去渍，对地毯的烟洞进行修补，对再次去渍后仍有残留的污渍建立地毯清洁保养档案。

抽洗洗涤清洁彻底，但洗后地毯湿度比较大，容易黏附污渍，如未彻底干燥，易导致霉菌和其他细菌的滋生，地毯也可能因此缩小变形、接缝处开裂等。所以，这种洗涤方法不宜常用，通常半年或一年使用一次。一般中期清洁和抽洗清洁的次数比例为3∶1。

二、大理石地面的清洁保养

天然大理石地面是由石灰岩经过地壳内的高温高压作用形成的变质岩，属于中硬材料，主要由方解石和白云石组成，碳酸钙含量超过50%。它具有花纹品种多、色泽鲜艳、石质细腻、抗压性强、吸水率小、耐腐蚀、耐磨耐久性好、不变形等优点，主要用于大厅地面的装饰和高档卫生间地面的铺设。因其含有杂质，碳酸钙在大气中受二氧化碳、硫化物、水气的作用后容易风化和腐蚀，而使表面失去光泽，故不宜作为室外材料铺设。

（一）预防性保养

必须在大厅门口铺设防尘地毯，因为80%的泥污尘垢是从室外带入室内的，如不铺设门口地毯，经过1500人次流量后，便会耗损40%～60%的面蜡。因此，铺设门口防尘地毯，一方面能够节约清洁保养时间及费用，减少成本支出；另一方面在地毯上行走6～7步后，基本可以清除鞋底的泥污尘垢。

（二）日常清洁保养（每日进行）

1. 推尘 推尘是利用尘推与地面摩擦时产生静电，从而将灰尘吸起，达到除尘的目的。推尘时应注意：

（1）推尘的正确姿势应是握杆的手靠在腹部，尽量保持直线向前，从一头开始推进，平行地来回往复，行进中尘推必须紧贴地面，不能抬起，以免灰尘飞扬。

（2）拐弯时，尘推应做到180°转向，始终保持将尘土往前推。

（3）尘土积到一定程度时，应将尘土推至一边，并用吸尘器将其吸去。

（4）尘推头积尘过多时应及时更换，以达到较好的推尘效果。

（5）尘推用好后应拿到工作间及时清理干净，尘推头向上挂放。

2. 喷磨 喷磨是对推尘去除不掉的蜡面局部脏迹和一些走动较多的、有磨损印或鞋跟印的地面，喷上蜡后，用单擦机加粗细适合的尼龙百洁刷盘进行清洁保养的工作。它可以将落下的面蜡屑带入百洁刷盘内，而且喷磨后，会在地面上留下一层薄薄的新蜡，起到光洁地面的作用。喷磨时要注意以下的操作技巧：

（1）喷磨时，操作人员应先对机器前方地面喷蜡，然后再用机器磨，注意调节好喷嘴，不要将蜡喷得太远，以免机器磨到时，蜡面已经干了；还需注意不要喷到墙上、家具上，一般喷至离墙、家具70厘米左右的地方即可。

（2）在进行喷磨时，当百洁刷盘沾满脏物时，应及时更换或翻转刷盘。

（3）喷磨完成后，用尘推将被磨散的蜡屑和灰尘推走。

（4）在工作间对刷盘进行彻底冲洗，若刷盘有重污或已变硬，可将其浸泡在起蜡水溶液中洗涤，洗后晾干备用。

（三）中期清洁保养（每周一次）

当蜡面附着有黏附性污渍时，用尘推是无法将其去除的，因此，就要使用中性清洁剂将其清除。

1. 操作流程及方法

（1）为了工作顺利和行人安全，在工作现场四周必须安放告示牌。

（2）将清洁剂按比例稀释，倒入单擦机水箱中。

（3）用单擦机（175～300转/分）配喷磨抛光刷进行洗地。

（4）洗完后，用吸水机将地面吸干。

（5）地面干透后，再采用边喷磨边抛光的方式令地面光亮。

2. 注意事项

（1）洗地清洁剂必须采用中性清洁剂。因为中性清洁剂不会损伤蜡面，最好采用含光亮剂和具有清香味的中性清洁剂。

（2）用全自动洗地机可节省50%的时间和人力。

（四）彻底恢复性清洁保养

当推尘和喷磨均无法去除地面的脏迹和蜡面磨损，或不能使蜡面恢复光滑的状态时，可进行彻底的清洗和打蜡。地面洗涤周期一般不应超过半年到一年，主要视脏污的程度而定。清洗时间通常安排在夜间23时以后至次日凌晨，以不影响客人的活动为宜。潮湿天气不宜进行此项工作。

1. 操作流程及方法

（1）准备。清洗地面前，将所有物件撤离，准备好适用的清洁设备和清洁剂，并拉上警示线或树立告示牌，提醒行人注意安全。

（2）推尘。用尘推除去地面的浮尘及杂质。

（3）除去旧蜡。①用拖把将起蜡水溶液均匀涂在待洗地面上。②用洗地机擦洗，擦洗后应迅速用吸水机或拖把将起蜡水溶液吸走。否则，地上的溶液会很快变干且去除难度与重新起蜡一样大。因此，若洗涤面积较大，可分区域起蜡。③注意起蜡水不可过量使用，或停留在地面上的时间过长，以免破坏地面的颜色或因溶液渗入地面使地面受损。④旧蜡必须完全去除，可采用侧面对着光线的方法进行查看，若有斑迹，可使用点清洁方式而不必再大面积去蜡，如墙角的陈蜡可以用钢丝绒擦除。⑤旧蜡完全去除后，地面上仍留有一层薄薄的清洁剂，需要用清水反复漂洗过地面后再用吸水机或拖把将水吸走，从而为打蜡提供真正干净的地面。

（4）打蜡、抛光。①待地面完全干透后再上蜡，否则蜡上会出现水泡印，蜡面光泽不好，容易起皮。②用干净的棉拖或专用的落蜡工具将第一层蜡（封蜡）均匀涂于地面。操作过程中应避免前后动作，以免使蜡起泡，影响蜡面美观。最好使用挤水器挤榨蜡拖，使蜡面薄而均匀。③待蜡层风干20～30分钟后，用抛光机轻度打磨，使蜡面平滑牢固。待其完全干透约需4个小时。可根据大理石地面的新旧程度决定是否需要上第二层封蜡。④上第二层蜡（通常为面蜡）。必须等第一层蜡完全干透后再上第二层，否则可能使第一层蜡再乳化，轻则使地面色泽暗淡，严重时地面会起泡或变成粉状。⑤上第三层蜡并抛光（面蜡）。通常在第二层蜡干透（4～8小时）后再涂上一层很薄的面蜡。刚上过蜡的地面不宜立即踩踏，最好在上完最后一层面蜡2小时后再让人行走，可能的话，最好过12小时再进行抛光处理。⑥地面打蜡后要防止水的溅滴和冲洗，日常清洁保养只能用溶剂型清洁剂。⑦上述工作全部完成后24小时左右，撤除防滑警示牌，将家具物件复位。⑧及时检查并清洗各种清洁设备及器具，妥善存放以备用。⑨大理石、花岗岩地面所用的封蜡和面蜡应为水基蜡。

2. 注意事项

（1）不要用强碱性清洗剂、强酸性清洗剂、去污粉等洗地、摩擦地面，否则会破坏地面的蜡层。

（2）打蜡后的大理石地面保养要用含蜡的清洁剂进行喷磨。

（五）晶面处理（仅适用于碳酸钙结构的大理石地面）

大部分饭店对大理石地面的保护都是采用封蜡和日常保养、定期起蜡的做法。广州白天鹅宾馆自1996年开始试行对大理石地面进行晶面处理，用此取代传统的封蜡处理。发展到现在，大多数饭店的大理石地面都采用了此种方法。由于晶面处理后，大理石的光亮度、耐磨性均比封蜡的做法有了较大的提高，而且在人力、费用方面也比以往节省，晶面处理技术已经成为大理石地面日常保养的主要方法。

晶面处理是以化学药剂（晶面处理剂）同石材中的钙产生化学反应，经加热加压之后，在石材表面形成一层坚硬而清澈透明的结晶膜，其最大的特点就是保护膜坚硬、光亮，除此以外，还有如下优点：一不需特别专用设备，只需普通单擦机即可；二不需每天喷磨抛光及起蜡，且不受环境限制；三不会自然变色，成本低且省时；四具有防滑功能，增加安全性。

1. 大理石地面晶面处理程序

（1）先除去地面的旧蜡并清洗干净，待地面完全干透。

（2）将选择好的晶面处理剂倒入处理机的相应装置内，开启机器，使处理剂均匀喷涂在地面上，而高速转动的钢丝垫迅即进行抛光，地面很快即形成一层透明薄膜牢固地附着在地面表层，约2小时后即可在上面行走。

2. 晶面处理注意事项

（1）大理石地面进行晶面处理时必须防止灰尘、沙砾等进入工作场地。

（2）晶面处理剂在使用时须摇匀，如不小心撒在地面上，应迅速擦干净。

（3）生锈的钢丝垫不能使用。

（4）地面表层凹凸不平时，应先用特殊的钻石垫对不平处进行研磨和砂磨，使地面恢复平滑后再进行晶面处理。

三、花岗岩地面的清洁保养

花岗岩是一种火成岩，它具有结构细密、性质坚硬、耐酸、耐磨、耐腐蚀、吸水性小、抗压强度高、耐冻性强、耐久性好（耐用年限为25～200年）等优点，多用于外围装饰。由于其硬度较高、耐磨，也常常用于大厅地面铺设。

（一）日常清洁保养

花岗岩地面的日常保养方法众多，有的饭店每晚清洗一次，或用半湿抹布抹一遍，隔一定周期对它进行翻新处理；还有的饭店喷上喷洁蜡，每天抛光一次，每隔1～2周进行一次彻底清洁；也有的饭店与大理石一样对它进行打蜡处理，但对于新的花岗岩地面来说，因其孔洞非常小，蜡水很难附着在表面，因此可用喷磨的方法加以保养。

（二）石材翻新技术

石材翻新技术是石材清洁保养的另一种工艺。该技术无论在机械设备方面还是在附件的选用方面都比传统做法更经济、更实用。其方法是将受损的花岗岩地面用专用的设备经粗磨、中磨、细磨三道工序，磨平磨滑，使石材恢复其天然光泽，费用比更换石材节省80%。在磨垫方面，一改以往需1～6号磨垫才能完成整个工序的做法，只需采用三种磨垫，可节省近半的材料和时间，而处理后的花岗岩表面却更坚硬、更光亮。

四、木质地面的清洁保养

木质地面由软木材料（如松木、杉木等）和硬木材料（如杨木、枫木、榆木、橡木等）加工而成，可做成企口板或拼花板。其特点是自重轻、导热性能低、有弹性、舒适度好、美观大方等。但木质地面容易随空气中温度、湿度的变化而出现裂缝、翘曲、变形等，耐水性差，清洁保养难度大，易腐朽。同时，因木材纤维易破裂，故木质地面易磨损，而且它的耐火性很差。现在，新型的复合地板在加工制造中，通过革新传统的加工工艺和添加防腐、防虫、耐磨等物质，来改善其性能，已使之成为很好的地面装饰材料。

（一）预防性清洁保养

新的木质地板在使用前先进行砂擦、吸尘、打蜡抛光。在木质地板上打蜡，一般需上三层，而且每一层都需抛光。

（二）日常清洁保养

1. 做好预防　在铺设木质地板的区域入口处铺放一块尼龙防尘地垫，每天清理更换，以减少客人出入时带来的沙砾。

2. 每天清洁　每天用喷上静电水的拖把除尘或尘推推尘，也可使用吸尘器吸尘，保持地面光亮无灰尘。推尘或吸尘的频率视客流量而定。

3. 及时除渍、补蜡、抛光

（1）用油灰刀、细砂纸、抹布等去除地面上的小斑迹，并根据情况补蜡。

（2）蜡面局部有脏迹时，可用抛光机喷蜡，局部擦洗，待其干后，进行补蜡并且抛光。

（三）彻底清洁保养

1. 彻底清洁保养程序　木质地面的彻底清洁保养程序与大理石地面的清洁保养大致相同。

2. 注意事项

（1）清洗木质地面污垢不宜使用洗地机，只能用拖把和稀释过的中性清洁剂。

（2）在木质地面再次打蜡前，去除陈蜡的方法是：用磨砂机干磨，然后用吸尘器吸去陈蜡。磨砂机可用洗地机和抛光机替代，只需换上钢丝绒软垫即可。

（3）木质地面的表面有气孔，需上封蜡渗透填充来增加地面光洁度，最好上两层封蜡。

（4）木质地面所用的封蜡和面蜡应为油基蜡。

除木质地面外，饭店还有木质墙面，多使用三夹板进行装饰，其清洁保养和木质地面的情况基本相同。

五、水磨石地面的清洁保养

水磨石也称彩色水磨石，是以水泥和彩色石屑拌和，经成型、养护、研磨、抛光等工艺制成。其特点是强度高、美观、施工方便、花纹耐久，抗风化，耐火性、防潮性都很好，加工精细的地面光洁度也很好。水磨石一般用于员工食堂、员工通道、厨房等后台区域。

（一）预防性清洁保养

（1）水磨石地面使用前应彻底封蜡，一般可先施以丙烯酸酯涂料起保护作用，再打上水性蜡以利日常清洁与防滑。

（2）在最初的几个月里，必须每天拖地以清除地面上的矿物质。

（二）日常清洁保养

（1）每天用尘推推尘或用吸尘器吸尘，保持地面整洁。

（2）隔天对水磨石地面用合成抛光剂进行抛光。抛光时，应使用合成纤维垫，不能用钢丝绒，因为钢丝绒屑可能会损坏地面，并使地面褪色。

（3）人流过往频繁处应每天进行抛光。

（三）彻底清洁保养

水磨石地面可用湿拖或机器刷擦，其程序和方法与其他石质类地面的清洗基本相同。

六、地面砖的清洁保养

地面砖材料种类很多，可分为陶、瓷两大类。地面砖均以黏土为主要原料，经配料、制胚、干燥、熔烧而制成。地面砖有施釉和不施釉两种，其表面光滑、不吸湿、不透气，主要用于卫生间地面的铺设。但地面砖易破碎、易热胀冷缩，拼接缝较宽，不利于清洁保养工作的开展。

（一）预防性清洁保养

（1）地面砖铺好后两天内不要沾水，必须让混凝土彻底凝固。

（2）再用无碱合成清洁剂刷洗，要求冲净表面的尘土、垃圾，清除水泥等斑迹，并使其干燥。

（3）地面可以打蜡保养。

（二）日常清洁保养

（1）每天用刷子、抹布或除尘推把清扫地面。

（2）湿拖地面。每天可用湿拖把或湿抹布拖擦地面。根据地面卫生情况，间隔一定周期后可用清洁剂湿拖或用洗地机清洗，用拖把或吸水机吸取残液，并用清水洗净地面并拖干，以免残留的水或清洁剂留下斑痕。

（3）前台区域的地面砖，应用水性蜡上蜡并抛光。

（4）卫生间的地面砖一般很少需要上蜡或抛光。

（5）地面砖应尽量少用清洁剂清洗，因清洁剂可使水泥浆松脱；亦不能用肥皂清洁，因肥皂往往会形成滑膜。

七、混凝土地面的清洁保养

混凝土地面在饭店内属基础设施性地面，其特点是坚硬、牢固、平整、造价便宜，属耐久性地面，如果加工精细，表面也较光洁平整，只是色彩单一，但可用油漆的方法加以弥补。一般饭店外围、地下室、停车场，都用此作为地面材料。

混凝土地面清洁保养方法如下：

（1）水泥地面铺好后除去垃圾、杂物，清除地面上的各种污渍。

（2）水泥地面应用聚氨酯、环氧树脂涂料等进行预处理工作。

（3）每天用扫帚或拖把清除地面上的垃圾、杂物和灰尘。

（4）发现地面有污渍可用抹布、纸巾等擦拭，较顽固的污垢可用小石灰刀轻轻刮去。

（5）彻底清洁时，可用拖把或机器进行，应使用稀释的中性清洁剂，洗涤后用清水冲净，待其彻底干燥后，用水性蜡抛光。

任务四　掌握墙面材料的清洁保养技巧

饭店墙面按装饰材料不同，可划分为石质墙面、墙纸墙布、木质墙面、软墙面、油漆墙面、涂料墙面等。

一、石质墙面的清洁保养

饭店公共区域的墙面多采用石质材料，常见的有大理石、花岗岩和瓷砖等。这些墙面材料的特性与地面材料相同，但在清洁保养上的做法及要求上有所不同。墙面平时很少受到摩擦，主要污染物是尘土、水和其他污物。日常清洁保养一般只用湿抹布对墙面进行除尘除迹，定期清洁保养大多做全面清洁，光滑石质墙面可用蜡水清洁保养。厨房、卫生间的硬质墙面可用碱性清洁剂清洗，洗后需用清水漂净，否则时间一长，表面会失去光泽。

二、墙纸、墙布的清洁保养

墙纸、墙布的清洁保养主要是除尘除迹。除尘时，可使用干抹布、鸡毛掸、吸尘器等。除迹时，需按清洁规范操作：对耐水的墙纸、墙布，可用中性或弱碱性的清洁剂和毛巾、软刷擦洗，擦洗后用纸巾或干布吸干；对不耐水的墙纸、墙布，只能用干擦的方法，或用橡皮擦拭，或用毛巾蘸少许清洁剂溶液轻擦，或用专用清洁剂清除。

三、木质墙面的清洁保养

木质墙面的清洁保养主要是除尘除迹，定期打蜡上光，防止碰撞或擦伤。除尘除迹可用湿抹布，打蜡上光则需选用家具蜡，如有破损应由专业人员维修。

四、软墙面的清洁保养

软墙面的清洁保养主要也是除尘除迹。除尘时可用干抹布或吸尘器，如有污迹，可选用合适方法清除，一般不宜水洗，以防褪色或留下色斑。用溶剂除迹时，要注意防火。

五、油漆墙面的清洁保养

油漆墙面清洁保养时，可用湿抹布擦拭，以清除灰尘污垢，但忌用溶剂。

六、涂料墙面的清洁保养

涂料墙面的清洁保养主要是除尘除迹。灰尘可用干抹布或鸡毛掸清除；污迹可用干擦等方法清除，目前有不少可清洗的墙面涂料问世，因此此类墙面可直接进行清洗或湿擦；另外要定期重新粉刷墙面。

饭店是一个小社会，除了宾客之外，前来用餐、开会、购物及参观旅游的人络绎不绝，他们往往只停留于公共活动区域，却把它作为衡量整个饭店专业化管理水平高低的重要场所。相对客房而言，出入公共区域的人更多，故面临的评判者更多，而且公共区域设施设备多、投资大，直接关系到饭店整体的正常运行和更新改造周期的长短。因此，做好公共区域的清洁保养工作无疑是至关重要的。

■ **思政园地**

2020年2月5日，中国饭店协会、全国绿色饭店工作委员会、美团酒店共同发布酒店行业首个防疫自律倡议，即《中国酒店客房防疫自律公约》（以下简称《公约》）。目前，酒店商家如何做好防疫工作缺乏明确规范，消费者也难以直接了解到酒店是否实施过防疫措施。《公约》的发布则让商家防疫工作有了标准化指导，也让消费者能够对酒店防疫工作有直观的了解。

《公约》从防疫消毒物资、人员防疫管理、环境设施防疫管理、疫情信息管理以及服务承诺等五个方面为酒店商家提供了细致的防疫指导。以人员防疫管理为例，《公约》不仅对酒店工作人员佩戴口罩、每日健康登记等行为进行了明确规范，同时也针对住客及访客的体温检测、健康摸排等提出了明确要求。

其中，《公约》要求每间客房每日通风至少两次，每次不少于30分钟，并需要使用合适配比的84消毒液消毒房间内所有设施。床品、毛巾、拖鞋、洗漱用品等需"一客一换一消毒"。电梯、大堂、通道、前台等公共区域每日消毒两次等。

思考：酒店应如何为消费者提供"环保、节约、放心、健康"的客房产品？

■ **思考与练习**

1. 正确理解清洁保养的含义。

2. 了解饭店常用清洁剂的化学性能，能根据不同的材质选择合适的清洁剂。

3. 试分析清洁器具对清洁保养工作的作用，掌握常用清洁器具的使用保养要求，并初步了解其正确的使用方法。

4. 做房前有无必要做些准备工作？如有，应从哪些环节做起？

5. 在清洁保养过程中根本没必要掌握清扫方法和程序，每位员工只要达到清扫要求即可，完全可根据自己的爱好特点任意发挥。对此观点你有何看法？

6. 假设你是一家淡旺季不是十分明显的商务型饭店的客房部主管，你如何设计本部门的客房清扫顺序？请说明理由。

7. 试分析走客房、住客房在日常清洁保养中的异同点。

8.请自选主题，为住店客人设计一份夜床创意服务方案，体现服务的个性化。

9. 做一个客房计划卫生安排表，并简单介绍操作方法。

10. 客房消毒工作有哪些要求？具体的消毒方法有哪些？

11. 如何理解公共区域清洁保养工作对饭店运行的影响？对目前不少饭店往往将年纪偏大、文化水平偏低的员工安排在公共区域的做法，你有何看法？

12. 假如你是公共区域主管，你认为从哪些方面抓起可以确保其清洁保养质量？

13. 怎样才能做好饭店地毯、大理石、花岗岩、木地板等材质地面的清洁保养工作？

■ 综合训练

1. 结合本模块的学习，谈谈你对客房清洁保养工作的认识。完成不少于2000字的小论文。

2. 某饭店在开业前投资500万元，在客房、公共区域满铺高级地毯，在饭店大厅等处铺设了进口大理石。但饭店开业不到三个月，就出现了大理石变色现象，运行不到两年地毯就出现了大面积的陈旧破损以及发硬现象。饭店高层不得不考虑重新购置更换地毯和大理石，以保证饭店应有的品质与水准。假设你现在就是客房部的管理者，你准备从哪些方面入手来解决以上的问题？

课堂测试

模块三　洗衣房和布草房的运行

学习目标

知识目标：

▶ 了解洗衣房、布草房的功能与布局要求

▶ 了解洗衣房、布草房应配置的设备、用品及使用保养方法与要求

▶ 树立正确的洗衣房、布草房管理理念

▶ 掌握洗衣房、布草房运行与管理的基本知识和工作流程

能力目标：

▶ 能初步进行洗衣房、布草房的空间布局和流线设计

▶ 能有效做好布草收发、送洗、保管等工作

▶ 能准确有效地为宾客提供客衣服务

▶ 具有绿色节能环保意识，能做到绿色操作、绿色运营

项目一　洗衣房运行

案例导入

这件客衣该不该收

盛夏，一批欧美影视明星入住北京某饭店。洗衣房小林跑上跑下，收集客衣，核对客衣数。面对一堆待洗的衣物，洗衣房老王一眼就看出，有一件女式夏装可能难以洗涤整烫。外行人看上去只不过是一件普通衣服，但灯光稍暗时，这件夏装的衣襟、下摆、袖口和双肩褶皱处却闪闪发光，因为这些部位分别镶嵌包裹着金属丝、金属片、人工玉片等装饰物，一经洗涤，或可能变形、变质，也难于整烫。经研究，洗衣房主管亲自登门，向客人道歉，说明由于设备缘故，无法洗涤整烫，请她谅解。客人当然不大高兴，但也知道就算自己洗，恐怕效果也不佳。

此事引起饭店上下的讨论，这件客衣该不该收？以后碰到此类情况怎么办？经过饭店相关部门的认真分析，洗衣房采取了以下的合理措施，做到以变应变。

1. 原来的规章制度只对收客衣的时间、验收、交接、送衣做了规定。现审时度势，酌情修改，收衣时对面料不清、容易损坏、洗涤效果不佳、难以整烫的，或事先说明，或婉言拒收，对有争议的，由部门领导仲裁。

2. 加强调查研究，不断熟悉掌握新型纺织面料的特性和服饰工艺特点，并加强培训，不论技术工、辅助工、勤杂工都要参加，使其逐步掌握纺织服饰知识。

3. 对该收而拒收者，给予必要的处罚。

1. 洗衣房不就是为客人洗衣服的吗？有必要搞得这么复杂吗？
2. 你认为洗衣房的工作是否需要具备高超的技术与技巧？

分析：

由于国内外纺织品和服装行业的迅速发展，新型面料、缝纫技术不断面世，给饭店的洗衣服务带来了挑战。例如，日本生产的一次性纸质衣服，由于技术先进，外观几乎乱真，稍有疏忽，后患无穷；某些女士的晚礼服、上衣等饰物、挂片众多，洗涤时容易脱落、装配不易；有的皮衣是各种皮毛相间，质地不一，洗涤方法和效果不同。因此，在承接有关客人的洗衣服务时，要根据饭店配备的洗衣设备和洗衣技术来判断，能收则收，不能收的应婉言拒绝，以"诚信"服人。否则既影响饭店声誉，又损害顾客利益。

因此，洗衣房应如同本案例中的饭店一样，加强对洗衣技术的钻研和设备的添置，力争满足顾客的各种洗衣需求。

任务一　洗衣房的设置与布局

一、洗衣房的设置

（一）设置洗衣房需考虑的因素

不少饭店设有店属洗衣房，负责饭店布草、员工制服和客人衣物的洗涤和熨烫。有些饭店洗衣房设施设备较全，技术力量较为强大，还可以兼营店外的洗涤业务，提高设施设备的利用率，增加饭店的经济收入。当然饭店是否需要配置店属洗衣房，必须考虑以下几个因素。

1. 饭店的规模　饭店规模大小是考虑是否设置店属洗衣房的一个重要因素。通常饭店规模大，其布草的日常洗涤量就大，如果送到社会上的洗衣公司洗涤，一是费用高，二是洗涤质量不容易控制，三是布草损耗相对较大，四是布草周转速度较慢。所以，大型饭店一般都设有店属洗衣房。小型饭店由于布草洗涤量较少，考虑到资金、场地、人员、技术力量等多方面的因素，一般不设店属洗衣房，而是委托给社会上的洗衣公司，由其为饭店提供洗涤服务。

2. 饭店的场地　为确保洗衣房洗涤业务的开展，需要饭店提供必要的空间。如果饭店场地较大，空间允许，可以考虑设置洗衣房；反之，则不予考虑。

3. 饭店的资金　洗衣房设施设备投资比较大，饭店在决定是否设置店属洗衣房时，必须考虑饭店的资金情况，考虑投入和产出的问题。

4. 饭店的技术　洗衣房技术要求较高，专业性较强，饭店应考虑自身的技术力量水平以及有无专业的洗涤技术人才，再来确定是否设置店属洗衣房。

5. 本地洗涤业的社会化程度　饭店所在地洗涤业的社会化程度如何、技术水平如何，也是考虑是否设置店属洗衣房的重要因素。如果当地洗涤业社会化程度较高，洗涤技术水平较高，则饭店可不设店属洗衣房。例如，在香港，由于社会化服务程度高，饭店基本上都不设洗衣房，洗涤业务全部由专业的洗衣公司承担。

（二）洗衣房设计要求

洗衣房是饭店配套服务设施之一，其设计效果不仅直接影响到饭店对客服务质量，还影响到饭店的能耗、排废排污等问题，影响着饭店的效益。洗衣房是饭店能耗大户，如果功能布局设计科学、设施设备安装专业，不仅可以提高布草洗涤质量，而且还可以省水、省电、省汽。经实践证明，水、电、汽的能耗量一般为：洗涤1千克重量的干衣物，需消耗35~40升的自来水，0.7~0.8度电和1千克的蒸汽。如果功能布局设计和设施设备安装存在问题，上述水、电、汽能耗会增加5%~8%。因此洗衣房的设计有其专业要求。

二、洗衣房的布局

（一）洗衣房位置和面积

1. 洗衣房位置的选择　洗衣房应最大限度地利用空间，节约能源，提高工作效率，减少噪声污染等负面影响。首先，由于饭店每天有大量的干净和脏布草往返于各营业场所和洗衣房之间，为降低员工的劳动强度，同时提高劳动效率，减少干净布草的污染，洗衣房应设在靠近员工电梯的位置、布草输送槽（通道）、布草房等方便进出的地方；其次，洗衣房的温度、湿度都较高，还有噪声，应避免其对客房等客人活动区域的干扰和影响；最后，洗衣房的位置最好要靠近锅炉房，这样高压蒸汽管线路就不会过长，不会对环境温度造成太大影响，也有利于节能。因此在选择洗衣房位置时，一定要充分考虑能源供应、噪声控制、排废排污以及布草运行等方面的问题。

2. 洗衣房面积的确定　在确定洗衣场面积时要考虑以下三个因素：一是饭店规模，洗衣房的面积指标可根据客房数量来确定，一般每间客房（自然间）配比的洗衣房面积为0.7m²；二是饭店星级高低，高星级酒店（四星、五星、白金五星等）可在常规估算的基础上，增加10%的面积；三是洗涤设备的先进性，当洗衣房设施设备性能先进、科技含量较高时，可在常规估算基础上减少10%左右的面积。

（二）洗衣房功能布局

洗衣房通常可以分为以下几个功能区域：脏布草、脏衣物处理区，水洗区，熨烫折叠区，干洗区，净衣区，内部办公区等。在进行洗衣房内部空间布局时，要根据其功能及洗涤流程设计，提高工作效率。

1. 脏布草、脏衣物处理区　脏布草、脏衣物与干净布草、衣物，应从不同的出入口进出。送进洗衣房的脏布草首先要进行分类，所以在靠近脏布草入口处应设有分拣堆放的空间，并就近配备打码机和称重装置（如磅秤等），以便衣物打码、编号、布草称重。

2. 水洗区（湿洗区）　饭店的湿洗量一般占洗涤量的90%以上，为缩短搬运距离，减轻工作强度，水洗区通常靠近脏布草、脏衣物处理区设置。一般饭店配有不同容量的大、中、小型洗衣机若干台，根据不同的洗涤量来使用不同型号的洗衣机，以提高设备的效率，降低能耗，避免"大马拉小车"现象。同时为方便布草机洗前的预去渍，还配有双槽洗涤池。由于各种毛巾类布草在水洗后要进行烘干，所以烘干机应靠近洗衣机放置。

3. **熨烫折叠区** 水洗后的大宗布草，如客房的床单、枕套、被套，以及餐厅的台布、餐巾等布草，还要烫平、折叠，所以熨烫折叠区域应靠近水洗区和烘干机，以便对洗好、烘干的布草进行熨烫、折叠处理。熨烫折叠区一般配有烫平机、折叠机等设备。

4. **干洗区** 通常在洗衣房内单独划出干洗区域，最好用隔墙封闭，并在外墙上安装两个及以上排风扇，使干洗区域处于"负压"状态，其目的是减少四氯乙烯（干洗油）对人体的损害。可以将所有与干洗有关的设备放置在一起，如干洗机、万用夹机、光面蒸汽熨烫机、绒面熨衣机、人像精整机、抽湿去渍机等。

机器熨烫和人工熨烫区域应该相对集中，以方便操作，最好靠近出口处。

5. **净衣区** 净衣区是洗涤熨烫后的干净衣物、布草临时收集存放处，收集到一定量后送布草房，一般靠近出口处。

6. **内部办公区域** 内部办公区域通常设在进出口处，办公区域内设有洗涤用品储存室。

上述六个区域必须设置明确，流程通畅，这样不但可以提高运行效率，还便于水、电、汽能源管道或线路安装，对降低能耗极为有利。

任务二　洗衣房设备用品的配置

一、洗衣房设备工具的配置

饭店应根据自身规模、资金来源、洗涤业务等来配备洗衣房的设备工具，并合理使用设备工具，提高工作效率。

（一）机器设备

1. **湿洗机** 湿洗机主要用于洗涤床单、枕套、被套、毛巾、台布等布草，分全自动、半自动、机械操作三种，容量大小从30千克到140千克不等。洗衣房最好能同时配备不同容量的洗衣机，这样既能保证大宗布草的洗涤效率，又能满足小件或少量衣物的洗涤需要，节约能源。

2. **烘干机** 经湿洗机洗净甩干后的布草及衣物仍含有较多水分，若直接熨烫，耗时耗力，所以洗衣房应配备不同容量的烘干机。烘干机分电和蒸汽两种，饭店应根据自身能源供应情况进行选择。

3. **烫平机** 烫平机专门用于熨烫床单、枕套、台布等面积较大的布草。其原理是通过蒸汽高温杠杆滚压，起到平整、干燥、消毒的作用。新一代的熨烫折叠一体机只需人工将甩干后的布草平整送入熨烫机的传送带，机器就会自动烘平、熨干、折叠，有的机器还能在折叠时自动辨别布草的洗净程度和破损情况，不合要求者会自动剔除。

4. **干洗机** 干洗机用于洗涤不能水洗的衣物，其工作原理同湿洗机，所不同的是除了有主洗机之外，还增加了回收干洗液的装置。另外，现在普遍使用的干洗剂为有毒溶剂，所以还附有安全装置。

5. **人像精整机** 人像精整机是根据熨烫原理设计而成的，利用蒸汽和压力共同作用来达到平整、定型衣物的效果，因其外观酷似人形而得名。人像精整机主要用于西服、夹克、衬衣、运动衣等衣物的熨平。机器的人形套袋肩膀可以根据衣物肩膀的大小进行手工调节，其胸部、腰、下摆也可以根据需要调节，使用比较方便。

6. **光面蒸汽熨烫机**　根据熨烫原理设计，光面蒸汽熨烫机主要用于熨烫一些能耐一定温度和可直接加热的纤维织物，对纯棉、混纺和某些化纤类织物，具有效果好、质量高、省时省力等特点。

7. **绒面蒸汽熨烫机**　同样根据熨烫原理设计，绒面蒸汽熨烫机可以用于熨烫大部分衣物，因而有万能熨衣机之称，该机器操作方便、熨烫质量好、省时省力。

8. **打码机**　打码机专用于衣物的打码编号，以加热形式将不干胶打压到衣物上，打压的同时将编号印在不干胶正面，快速完成编号。

9. **去渍台**　去渍台用于布草衣物的去渍。在去渍台上能对织物的各部位进行检查和去渍，可与真空抽湿机配套使用。

（二）手工工具

1. **熨斗**　熨斗几乎可以熨烫所有的衣物，特别适宜熨烫某些特殊的服装或衣物的某些部位，如肩、领等。洗衣房通常选用自动调温型蒸汽电熨斗。根据蒸汽的不同提供方式，这种电熨斗可以分为两类：一是外接蒸汽式，由中央蒸汽系统提供蒸汽；二是内置蒸汽发生器，使用时不断补充水源即可。

2. **烫床**　烫床与熨斗配套使用，可以将整件衣物平铺在上面熨烫。

3. **烫台板**　烫台板的面积只有普通烫床的1/4～1/3，熨烫西裤、裙子、衬衣等比较灵活方便。

4. **喷水壶**　喷雾式塑料喷水壶，熨烫衣物时根据需要喷水。

5. **棉枕头**　棉枕头用棉花作枕芯，外包软布缝制而成，作为垫子用在一些不规则形状的衣物部位，如衣物的肩部、胸部、裤腰等。棉枕头一般长15cm、宽9cm、厚5cm。

6. **木手骨**　木手骨用木板制成，木板以长70cm、宽12cm为宜。上层木板垫有棉毯，用软白布包好并缝合，上下两板相隔20cm左右，熨烫衣物袖子等处时使用。

7. **去渍刷**　去渍刷用于刷除衣物上的污渍，有黑鬃刷和白鬃刷两种。黑鬃刷一般用于干性溶剂，白鬃刷一般用于湿性溶剂。

8. **刮板**　刮板是一种去渍的辅助工具，用来软化污渍，使去渍剂更易渗透到织物中。刮板可由骨头、金属或塑料制成。

9. **地磅秤**　地磅秤专门用来称布草重量，根据布草重量来确定洗衣机的大小和洗涤剂的用量。

10. **折叠台**　洗衣房应配有若干张桌子，这些桌子合并在一起，用于折叠布草、衣物。

11. **其他**　如不锈钢挂衣推车、布草运输车、布草篮、玻璃钢小推车、不锈钢洗衣盆等。

二、洗衣房用品的配备

（一）服务用品

1. **衣架**　洗衣房应备有一定数量的大小衣架及裙架、裤架，以便挂衣。

2. 包装用品　包装用品主要用于包装客衣，以往以塑料制品为多，分别有小包装袋、衬衣包装袋、吊挂包装袋等。当下为了保护环境，减少白色污染，大多饭店用竹编（藤编）的衣筐摆放好衣物，或外衣上架直接送回客房。

3. 各类运行表单　各类运行表单主要是指洗衣房运行的各类表单。

（二）洗涤用品

要保证洗涤效果达到标准要求，洗涤剂的选用是至关重要的。选择或使用不当，非但不能除垢去污，反而会使织物泛黄、腐朽，缩短其使用寿命。

1. 布草主洗剂　通用的主洗剂均为有机合成类，除含碱外，还含有表面活性剂、过氧化氢、增白剂、泡沫稳定剂、酶制剂和香精等，pH值为10。主洗剂有液体和粉状两种，液体主洗剂含有机成分多、易溶化；粉状主洗剂除垢效果好（含碱量高），但不能完全溶化和均匀分布。全自动洗衣机最好使用液体主洗剂。

2. 化油剂　化油剂是专为洗涤餐巾和台布上的油污而配置的，与主洗剂同时使用，也可用于去除衣物上的各种油污。pH值通常为13～14。

3. 酸粉　酸粉一般为柠檬酸和醋酸，pH值为3，有粉状和液体两种，用于中和主洗剂中的碱性成分。因为主洗剂的碱性在漂洗时不容易过清，它不仅会缩短布草寿命，还会使人体皮肤感觉不适。因此，在布草洗涤最后一次过水时，加入适量的酸粉去中和碱，能使布草的pH值降至6～6.7，与人体皮肤相近，增加使用时的舒适度，延长其使用寿命。

4. 氧漂剂　氧漂剂即过氧化氢漂白剂，pH值为3～4，专用于彩色织物。主洗时加入适量氧漂剂，可避免碱对色彩的破坏作用，从而保持布草原有的色彩和光泽。一般彩色布草较易褪色，所以在洗涤时还需适当加大剂量。

5. 氯漂剂　氯漂剂有次氯化钠（pH值为8～9）和过硼酸钠（pH值为10）两种，可以起漂白作用，主洗时适量加入。若织物除需增白外，还要去除浅色斑渍，用过硼酸钠效果好；次氯化钠一般用于丝、毛织物效果较好。

6. 上浆粉　上浆粉主要针对台布、餐巾、某些制服等配置，通过上浆，能使被浆织物表面挺括、防止纤维起毛，有良好的观感，同时使被浆织物表面有一保护层面，可延长织物的使用寿命。洗衣房常用的上浆粉有淀粉和聚乙烯醇两种浆料。淀粉价格低廉，在洗衣房使用广泛。聚乙烯醇的价格为淀粉的数倍，因其对合成纤维及纤维素纤维有良好的上浆性能，所以多用于小批量衣物的上浆，一般不用于台布、餐巾的上浆处理。

7. 柔软剂　洗衣房的布草水洗属于工业形式洗涤，通过洗涤，布草可达到良好的清洁度，但有明显的粗糙手感，柔软剂是为解决这一问题而配置的。在洗涤的最后一次过水时加入适量的柔软剂，尤其可使毛巾类织物恢复和保持柔软度，增加其柔顺感，故又称软化剂。

8. 干洗剂　干洗剂专用于干洗织物，现较多采用四氯乙烯。目前饭店使用的四氯乙烯主要是进口的，优点是毒性比三氯乙烯小，溶油点适中，去污能力强，对机器设备腐蚀小且易回收。国产四氯乙烯为工业用料，并非专门为织物洗涤而研制生产，所以杂质较多，对织物的纽扣腐蚀性较严重，不利蒸馏回收，所以一般不用。

9. 领洁净　领洁净主要用于清洗客衣污渍，在洗涤前使用，可洗去油斑、色斑和其他脏迹，不影响衣物色泽。

10. 去迹剂 去迹剂的种类很多，常用的有去锈剂、去果汁剂、去蛋白剂、干洗皂液、去油剂、彩漂液、干洗喷剂等。

任务三 掌握洗衣房的运行流程

饭店洗衣房每天都要洗涤大量的布草、员工制服及客衣，任务繁重，要达到良好的工作效率和质量，必须科学合理地设计各类布草、员工制服及客衣洗涤的运作流程，加强对洗衣房的控制与管理。

一、洗衣房运行流程设计

每一件布草或衣服从脏到干净，必须经过一系列的过程，这个过程就是洗衣房的运行流程。运行流程的设计要本着省时、省力、提高工作时效的原则，明确每一环节的任务、责任，以保证洗衣房工作正常、有效地运行。

（一）布草运行流程

在此以客房床单、枕套的运行流程为例，做一说明（见图3-1）。

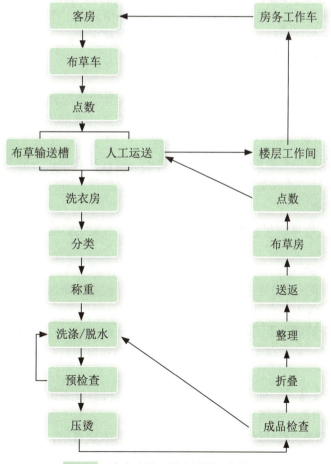

图3-1　客房床单、枕套洗涤运行流程

1. 脏布草从客房到洗衣房的流程

（1）客人结账离店后，客房服务员必须更换床单、被套、枕套；住客房根据客人需要，适时更换。

（2）将客房撤出的脏布草放入房务工作车的布草袋内。

（3）在设有布草输送槽的饭店，对脏布草点数后，包扎好放入布草输送槽。布草输送槽设在每一楼层工作间，平时不用时需上锁，以免发生安全事故。若饭店没有布草输送槽，则由楼层服务员或布草房、洗衣房员工将布草送至洗衣房，人工运送要用专门的布草推车，不能将布草在地上拖拉。

2. 脏布草运送到洗衣房的流程

（1）对布草进行分类、称重、洗涤脱水、熨烫、检查、折叠（具体见布草洗涤流程）。

（2）根据不同的要求整理床单、枕套。床单、枕套每十条做一个包装捆扎。

（3）送返到布草房存放。

3. 干净布草从布草房到客房的流程

（1）布草房按楼层客房要求的领用数量清点数后派人送到各楼层工作间，由楼层客房服务员点收；或者由客房服务员到布草房领取。通常采用以一换一的方式，即在客房服务员交送脏布草到洗衣房的同时，到布草房领回同等数量的干净布草。

（2）客房服务员按工作车配备要求，将适量布草放在工作车上。

（3）客房服务员清扫整理客房时，补充干净布草进房。

（二）布草洗涤流程

1. 布草水洗程序

（1）做好开机前准备工作。检查机器设备有无异常情况和供水、供电状况。

（2）布草分类洗涤。首先按使用部门将布草分开（客房用、餐厅用、康乐用），再按布单类和毛巾类分开，然后按颜色分开。

（3）清除布草中夹带的骨、渣及其他杂物。餐厅用布草，一般都有油渍、色渍；客房用布草中也有污渍较重的，洗涤前要进行除渍处理。将特别脏的布草挑选出来单独堆放，分开洗涤。

（4）用台秤称量布草。根据机器的承载能力按允许数量或重量将布草放入湿洗机内。

（5）关紧洗涤门。

（6）根据不同布草的特点进行洗涤程序设定，注意洗涤剂用量。

（7）开机。洗衣机自动洗涤、漂洗、甩干。

（8）将甩干的需平烫的布单类布草送至平烫机前规定位置。

（9）对熨烫后的布单类布草和烘干后的毛巾类布草进行机器折叠或人工折叠。

布草洗涤过程

（10）工作完毕后，做日常卫生、物品归类、机器设备保养等工作，并清理烘干机毛尘箱，关闭水、电、汽开关。

2. 客衣洗涤服务流程　很多饭店在洗衣房下设客衣服务组，主要负责客衣的收发、清点、打码、检查、核对、叠放、包装、送回等工作，并处理洗衣房日常事务和对外联络。

（1）客衣收取。客衣服务值班员应礼貌接听有关客衣的电话，做好记录，并及时通知楼层服务员收取客衣，集中到楼层工作间，再通知相关人员到楼层将客衣拿回洗衣房。具体要求参见模块四中"洗衣服务"的有关内容。

（2）客衣核对。客衣收发员将客衣收到洗衣房后，首先进行核对检查，如房号、洗衣单、客人姓名、衣物件数等。在点数中如出现客人填写件数与实际件数不符、洗涤要求与服装质料不符、衣服有破损、衣袋内有物品、衣服上染色等问题，要在洗衣单上注明并记录下来，及时与客人进行联系、说明情况，再根据客人的意见进行处理。若客人不在房内，要在客人房内留下相应的"留言单"，写上时间，并酌情处理客衣。

如果客人有特殊要求的，按规定做好标记，并将易被腐蚀的纽扣或珠饰剪下，存放好并在原处做上记号，以备衣物洗好后再缝上。

点数后，在洗衣单上注明总件数与自己的代码（或签名），把衣物和洗衣单放入洗衣袋内，留待打码。

"加快服务"的客衣和贵宾的衣物要优先点数、打码，并督促洗烫服务员及时处理，以尽快送还客人。

（3）客衣打码。客衣核对无误后，再进行打码分类。

①根据洗衣单上的房号，在打码机上拨号，把水洗、干洗或熨烫方式及自己的代号一同调整好，先打在洗衣单上，核实无误后，再打在客衣上，同一件衣物的号码要一致。

②打码部位：上衣打在领子上，裤子打在裤袋上（或打在裤腰上），袜子打在袜底。

③打码的同时要求再次核对客衣数量，再次检查衣服的质地与所填的干／湿洗、熨烫单是否相符，并按洗烫方式的不同将衣物严格分开。

④因衣物面料原因不能直接打码的，应用布签或纸号代替，不得损坏衣料。

⑤打码后的衣物，如是同一种洗烫方式的，再按衬衣、上衣、长裤、内衣、内裤、袜子分开放，手帕与丝巾需另外处理。

⑥对标有"加快服务"的衣物要按要求打码分类、及时处理，并保证质量。

⑦将客衣交洗烫服务员洗涤、熨烫，并填写客衣交接的表单。对有特别要求和不易烘干的衣物，要和洗烫服务员交代清楚。

⑧按规定使用和保养打码机，每天加添药水，擦拭机器，保证打码效果。

（4）叠衣、核对、包装。客衣在洗衣房洗烫完成后，交至客衣组负责折叠、核对、包装。

①客衣收发员在从洗衣房收取客衣时要仔细检查洗烫后的衣物是否洗净、烘干，是否熨平、挺括、有形，是否有破损、衣扣脱落、被染色等现象。若发现问题应及时退回重新处理。对于无法去除的污渍，需在送衣时留言，一般可使用"客衣服务单"。

②按照饭店规定的标准或客人的要求折叠各类衣物。

③按衣物上的号码对照洗衣单上的房号，将衣物放入客衣存放柜的相应木格内。同时检查衣服折叠是否符合标准，有无按客人要求办。

④在挂衣牌和洗衣单上注明件数，并将水洗和需用衣架挂起的衣物件数记录下来，核查过的衣物按楼层顺序排列好。

⑤核对木格内衣物是否同洗衣单上件数、份数和备注要求等相符。相符后，在洗衣单上签名并放在衣物上面。

⑥按规定进行装包放置。装包时，大件放两边，小件放中间，手帕和袜子、内裤等应分开放置。一般衬衣折叠要用衬衣板、领结板，然后再用塑料薄膜包装封好，西服、中山服、裙子和其他质料好的衣服要套上薄膜衣罩并在衣架上挂好。衣物包装好后把洗衣单叠好钉在封口处，在装包记录单上签上自己的代号和衣服的件数，并把衣物按楼层顺序排列好，不得挤压，以免影响客衣质量。

随着绿色环保理念的推广，许多饭店为减少塑料制品的使用，不再对衬衣等进行折叠包装，而是直接挂在衣架上，送入客房。当然，对常客和贵宾，也可征求客人意见，提供个性化服务。

（5）送回客衣。客衣洗烫完后，通常于每天下午由客衣收发员送回。有的饭店也规定水洗、熨烫衣物当日送还，干洗衣物第二日送还。

①送回前再次查看客衣包装是否符合要求，将客衣按楼层和房号顺序整齐地放进洗衣车里，将挂件有序地挂到车上。客衣多时，必须分批送上楼层。

②到楼层后请客房服务员开门，按房号把客衣送入房间。一般需用衣架挂起的衣物放进衣柜里，袋装客衣放在桌上或床上。放进壁橱的衣物应在房内醒目处留言说明。在送衣记录上注明干／湿洗、熨烫方式、挂件数和包数，并签名。

③若客房挂了"请勿打扰"牌，一般将客衣放在楼层工作间，并从客房门缝放入"衣服已洗好"的说明，并请客人与客房服务员联系。若客衣有其他问题，可根据需要，送上相应留言单。

④送完客衣后，应做好记录，以备核查。

客衣洗涤服务特别事项的处理

3. 客衣、制服水洗程序

（1）做好开机前准备工作。检查机器设备有无异常情况。

（2）洗涤前严格检查客衣有无损坏，是否会掉色、染色，是否适宜水洗，是否可用机器洗涤等。对不宜用机器洗的衣物，要注意挑出进行个别洗涤处理，如手洗。仔细查看有无特殊斑迹，对有较严重污迹的衣物，先使用专用去迹剂处理后再洗涤。

（3）将快洗的衣物和普通洗的衣物分开，优先快洗客衣。

（4）按衣物的质地、颜色及种类分开洗涤。由于服装工艺的不断改进和消费水平的日益提高，在洗涤前应仔细检查客衣的洗涤标志，明确服装面料和洗涤要求。

（5）洗涤前，应将长裤的拉链拉好，小物品如手帕、袜子应装在网袋中以免洗涤时遗失。丝织物一般亦要装袋洗涤。

（6）根据不同织物的特点进行洗涤程序设定，注意洗涤剂用量。

（7）洗涤过程中要注意机器运转状况。注意水压、气压、温度等情况，发现异常应及时处理。

（8）洗涤时一般要先过一遍清水，再放洗涤剂，要严格控制好温度和洗涤剂的用量，衣物洗涤后过水必须过清，无洗涤剂残留。

（9）对丝绸、毛衣类衣物，洗涤甩干时要特别小心，不要撕破。脱水时丝绸、绒缎、羊毛衫、薄料、旧料等，不应高速脱水，应采取挤干、压干的方法。

（10）衣物洗好后，将不宜烘干的衣物挑选出来晾干，根据衣料的厚薄、质地及其对烘干温度的不同要求进行分开处理，并严格控制温度和时间。如牛仔裤、衬衫、内衣、内裤等客衣可进行高温烘干，而袜子等织物则进行低温烘干，温度要控制在70℃以下，一般为60～65℃。

（11）在烘干时应注意烘衣量不要超载或过少。衣物烘干后要降温（排风）3分钟，以增强衣物质感。

（12）除不需熨烫的衣物，其他衣物均送至熨烫组进行熨烫整形，使之符合标准。

衣物常见污渍及处理方法

（13）制服水洗的程序与客衣水洗的程序基本相同。

（14）做好日常卫生、物品归类、机器设备保养等工作，清理烘干机毛尘箱。工作完毕后，关闭水、电、汽开关。

4. 客衣、制服干洗程序　干洗又叫化学清洗，高级面料的服装，不太脏而无须下水洗涤的衣服，或形状较大又无法下水洗的装饰物都可以干洗。干洗的优点是能把衣物上的油污洗得干净，而且洗后衣物不易走形，易熨烫；其缺点是水性污染不易洗净（如米饭渍等），浅色衣物洗后也显得不太干净。

（1）打码分类。使用打码机对每件衣物都做上标号。

（2）预检去渍。使用专用清洗剂清洁特殊斑迹。有的水溶性污迹可事先去除掉。

（3）外套、套装、天然纤维、高档织物通常都应干洗，但须根据颜色深浅（浅、中、深）分开洗涤。认真检查衣服上的扣子，不能洗的扣子一定要剪下来包好，并标上衣服号码，以便熨烫后交客衣组人员还原。

（4）干洗过程。先将衣物冲洗一下，把漂浮污垢冲走，然后过滤循环3～5分钟，排去蒸馏，再用干净的油投洗3～5分钟，然后将油排到箱底，高速脱油3分钟后烘干，再将衣物放在干洗机内循环加热8～9分钟，将衣服上的溶剂烘干。

（5）冷却系统及油水分离。冷却系统把容器中的干洗油经泵→过滤器→冷凝器冷却到所需要的温度，以防溶剂温度过高使衣服缩水、脱色。经过烘干的衣服中的溶剂变成气体，冷却后转化为液体，然后通过油水分离器把水、油分离，分离器中的干洗油排入油箱内可再次使用。

（6）绒布袋清理。衣服干燥时，风泵把热风通过衣物吹入绒布袋，漂浮的脏物随之吸附在绒布袋内。如长时间不清理绒布袋会使加热循环的排气系统发生堵塞，同时延长干燥时间。因此应每天清理干洗绒布袋。

（7）熨烫整形。

 常见洗涤符号

5. 平烫程序　布草的平烫要求：熨后平整，折痕清晰；无湿润感，并剔出破损或未洗干净的布草。平烫程序如下：

（1）检查机器设备运转是否正常，确保工作区域卫生，没有灰尘、污迹。

（2）抖布草时，要抓住有折边的方向，抖松，对折，一侧平整，同时把未洗干净的布草剔出，重新进行水洗。抖布草的过程中，要把枕套、口布剔出单独摆放。注意布草不要抖落在地面上。

（3）将抖开的布草拖至烫平机前。首先检查烫带是否完好，然后开机打蜡，放蜡布三次，然后放床单。

（4）工作中应剔出脏布草重新洗涤，如发现脏布草已放入机器可折一个角表示；如破损可折两个角表示，并分别放置，由布草房主管决定是否报损。

（5）布草放入时要拉平，对准中线，两人动作要协调一致，避免折叠不齐现象。随时注意传带、皮辊有无错位。掌握机器的运转速度，使布草达到烘干熨平的标准。

（6）把折叠好的布草及时装入布草车，送到布草房。装车时应摆放整齐，点好数，并做记录。

（7）做好结束工作，将报损的废旧布草按要求包扎好送到布草房；与布草房收发员做好交接工作。

（8）做好工作区域卫生，关闭电源开关。

6. 手工熨烫程序

（1）检查衣物是否洗涤干净，有无破损；如有，应退回重新处理。

（2）在烫衣前必须正确识别每件衣物的质料，并注意衣物上的熨烫标志。

（3）根据衣物的质料或熨烫标志确定熨烫温度（选择高温、中温、低温）。

（4）为保证衣服不被烫坏，在确定温度后，还必须在衣服的反面、底边、领子、袖口等不醒目处，用电熨斗温度从低至高试烫，待掌握适合该质料的温度后再熨烫。

（5）如电熨斗烫在衣服上发黏、变色，说明温度过高；如电熨斗在衣服上滑爽，熨烫自如，说明温度适中。

（6）丝绸、棉、的确良三类衣料可以直接熨烫，不需盖垫布。

（7）烫毛料衣服时，应用八成干的湿布盖在衣服上，切勿直接烫，也不能盖着干布烫，否则会使衣服发亮，甚至烫黄。

（8）烫衣服时应先烫领子、口袋，后烫前片、后片；烫西装时应先烫里衬、口袋、袖子、前片、后片，最后烫领子；烫西裤时，先烫口袋、腰、前后片，后烫裤腿，烫裤腿时，必须对齐中线，如有原缝，就照原缝烫。

特殊情况处理与常见洗涤保养方法

（9）经熨烫过的衣服要求挺括、平整、美观，用衣架挂好，防止挤压。

（10）熨烫好的衣服送交客衣服务员或布草房服务员，做好交接记录。

（11）下班前关掉电源和蒸汽开关，物品清理归位，搞好清洁卫生工作。

项目二 布草房运行

饭店不愿换洗床单背后：布草洗涤行业无序竞争

近几年，无论是高星级国际品牌饭店还是各家经济型饭店，经常被媒体曝光存在较为严重的客房布草换洗问题。所谓"布草"，是饭店、饮食、美容美发等服务性行业使用的床上用品、毛巾、台布、窗帘、椅套、地毯等各种纺织用品的总称。传统情况下，高端饭店会自行设置洗衣房，不过人工是第一大成本，在入住率不稳定的情况下就会面临较大的成本压力，所以现在大多数饭店都将布草洗涤业务外包出去。

床单1.5元，被套2.6元，枕套0.6元，浴巾1元，面巾0.5元，床垫保护垫5元……这是记者从佛山一家饭店的布草洗涤结算单了解到的平均每间客房布草洗涤价格情况。该饭店负责人告诉记者，饭店收益主要取决于平均房价和出租率，而这两个数据一般是互成反比的，饭店房价越高，出租率会相对越低，因此要获得最大的收益，必须制订一个合理的房价。"但是近年来饭店的出租率相对较低，而房租、人工等成本费用是固定的，所以面临着一定的成本压力。"

对经济型饭店等中低端饭店来说，洗涤费用在成本中占比不小，仅次于租赁成本、人工工资和能耗。例如，旗下拥有汉庭、全季、宜必思等多家知名酒店的华住集团在2017年第二季度的净利润为3.9亿元，客房总数为35.95万间，一个季度按92天计算，大概得出集团层面平均每间客房每天净利润11.91元，相比之下，8元左右的布草洗涤费用便不小了。

然而，问题的关键是，在床单和成本之外还有一件更大的事情要解决，那就是，消费者的健康和利益应该如何保护？

国内洗涤行业首家新三板上市公司瑞丽洗涤在2017年半年报中称，目前，我国的公共纺织品洗涤业正处于发展的阶段，企业以中小型企业为主，竞争非常激烈。随着洗涤行业市场的不断发展，加上洗涤行业准入门槛较低，众多企业将进入这个市场并拓展业务，企业均采取低价竞争策略，因此给行业带来无序竞争压力。

问题：

1. 你对媒体曝光的布草换洗问题是怎么看的？

2. 你认为应如何处理饭店布草洗涤质量管理与成本控制之间的关系？

分析：

由于目前布草洗涤价格较低，在环保成本和人力成本飙升的情况下，越是正规的洗涤工厂其面临的成本压力越大，这就滋生了一些小工厂为了获取利润而采用不正规的方法与工艺来进行清洗，如本该至少三次的漂洗，一次或者两次完成，或者采用自行开发的不合格的清洗配方进行清洗，甚至以不洗、净烘、净烫充洗。随着环保监管趋严，部分小工厂没有达到环保标准，只能被淘汰，或者无证开工，导致整个行业布草洗涤服务以低价低质进行恶性竞争，社会服务供应紧张。这是饭店不换洗床单的原因之一。

2016年年底，广东省出台了国内首个《商业布草洗涤资质要求》标准，要求商业布草洗涤企业应持证经营，开业至少持有营业执照和环保许可证。而加工工艺要求包括使用符合要求、检验合格的产品原料进行加工；禁止使用强酸、强碱，对人体有害的原料清洗布草；禁止使用对环境造成污染等国家和地方禁止使用的原料进行清洗加工；对布草的洗涤按照主洗、漂洗、后处理的基本工艺进行；不同用途的布草（如房间布草和餐饮布草）必须区分洗涤等，引导正规企业守法诚信经营，保证洗涤品质。

（资料来源：中国报告网，http://news.chinabaogao.com/jiudiancanyin/201709/09112950352017.html）

随着洗涤业社会化程度的提高，洗衣房已经不再是每家饭店的必配设施，但在饭店经营活动中，无论有无店属洗衣房，布草房都是必须设立的。其主要功能是负责饭店所有布草、制服的贮存、缝补和洗涤后的交换业务，保证饭店布草、制服的及时供应。这项工作虽与客人接触较少，但其服务和管理水平的好坏会直接影响饭店的服务质量及声誉。因此，饭店应加强布草房的管理工作，力求减少费用、降低成本，为饭店提供良好的后勤服务。

任务一 布草房的布局与基本要求

一、布草房的布局

布草房通常分为布草房和制服房。为利于布草的运送，布草房一般设在洗衣房附近；制服房则设在邻近员工更衣室、员工浴室之处，以方便员工更换制服。

布草房主要包括收发区、贮存区、加工区和内部办公区。饭店要根据不同区域的功能，合理地进行内部布局，以方便运转，提高效率。

第一，收发区应设在邻近布草房门口的地方，有些饭店设有开放式的收发台，且收发台设计成可活动式的，以便于布草的交换。收发区应备有布草分拣筐。

第二，贮存区是布草房的主要功能区，配有布草架及制服架，设在收发区的内侧。

第三，加工区一般设在布草房的里侧，靠近窗户、自然采光比较好的地方，或室内灯光较明亮之处。加工区配有缝纫机和工作台。

第四，内部办公区通常设在收发区附近，以便控制管理。

二、布草房的基本要求

布草和制服应存放在合适的环境中，方能延长其使用寿命，减少损耗。其基本要求如下。

（一）库房条件

1. 具有良好的温湿度条件 布草的特点是吸湿后会霉变。霉变的环境条件是湿度、温度、虫害等。而防霉的必要条件是：通风情况要好，通风良好可防止微生物繁衍；相对湿度不大于50%，最好在40%以下，当环境湿度过大时可使用去湿机；温度在20℃以下为宜。一般在这种环境下存放的布草质量相对比较好。

2. 墙面、地面要求 墙面材料须经过防渗漏、防霉蛀处理；地面材料以PVC地板为佳。

3. 卫生及其他要求 库房要保持整洁，不得存放其他物品，特别是化学物品、食品等。

（二）消防安全设施及要求

布草、制服皆为易燃物品，所以消防要求较高，布草房必须符合消防安全方面的要求，配备必要的消防设施及用品。

另外，布草房应有一系列库房管理制度，如定期进行安全检查、库房内不许吸烟、闲杂人员不得入内等。

任务二　布草房设备用品的配置

为满足布草、制服的存放要求，布草房应配有相应的设备物品。

（1）布草架。布草架用于存放床单、枕套、毛巾等布草，应设计成开放式的，以利于布草通风散热。布草架上需贴有标签，注上分类号，以方便上架和查找。为节约库房的占地面积，充分利用立体空间，布草架应设计成多层架。

（2）挂衣架。挂衣架用于挂放洗烫后不宜折叠的衣物，一般为不锈钢管质，高低不同，以充分利用空间。饭店制服房需配有若干挂衣架，衣架杆上最好有固定挂钩并标有工号或姓名，以利于制服对号上架。工号或姓名可按数序或姓名拼音字母顺序排列，以方便存取，提高效率。

（3）衣架。洗衣房衣架应和客房衣架有所区别，如衣架上标明洗衣房字样，或颜色和客房衣架不一样，这样可防止衣架的流失。

（4）缝纫设备及物品。布草房配有若干台缝纫机、锁边机等缝纫设备以及各色线、扣子、剪刀、软/硬尺等设备物品，以供缝补加工布草、制服之用，也可满足一些客人衣物的简单织补要求。

（5）工作台。布草房及制服房应配有若干工作台，用于收发、登记、临时放置布草。

（6）布草分拣筐。布草分拣筐用于分拣布草及制服，一般是塑料制品，也可用竹制品或柳编制品。

（7）叉衣杆。制服房应配有若干个叉衣杆，长短可灵活调节，用于挂取制服。

（8）包装袋。制服房应备有大小不同的包装袋，用于存放制服。

（9）其他。布草房根据需要还应备有一些适用的物品，如记号笔、盘带等用于给制服编号，使其在洗涤中不会弄混；各类收发、交接表格，以及有关账目的记录本，用于记录布草房的运行情况。

任务三　掌握布草房的运行流程

布草和制服的质量、清洁程度、供应速度是布草房的服务和管理水平的最好体现，会在很大程度上影响到饭店尤其是餐饮、客房的正常运转。因此，饭店应对布草房的运行进行严格管理，在保证质量的前提下力求减少费用、降低成本。

布草房每天需收发大量的布草、制服，工作任务比较重，为保证运行效率和效果，必须科学合理地设计布草房各项工作的运行流程。

一、布草的收发送洗流程

（一）客房布草的收发

客房布草的收发一般有两种方式：一是布草房收发员到楼层收发布草；二是客房服务员到布草房送领布草。

1. 布草房收发员到楼层收发布草

（1）客房服务员将清扫客房时撤下的脏布草送至本楼层指定地点。

（2）布草房收发员到各楼层指定地点收取脏布草，收取时应仔细清点数量、品种，破损布草剔出另放，核对无误后，客房服务员在"楼层布草每日收发记录表"上签名认可。

（3）布草房收发员使用布草车将脏布草运至布草房。

（4）布草房收发员根据收取的脏布草的数量、品种，将干净布草送至楼层，交客房服务员清点无误后签字，并将布草车留在楼层备用。

也有的饭店规定布草房收发员根据前一日从楼层收取的布草品种和数量，送同品种和数量的干净布草至楼层，再收取当日撤换下来的布草，其品种、数量又作为次日送干净布草的依据。

2. 客房服务员到布草房送领布草

（1）各楼层客房服务员将本楼层每日撤换下来的布草集中清点、分类，并记录其数量、品种，将破损布草剔出另放。

（2）分类打包后用布草车将布草送至布草房。

（3）将布草交布草房收发员清点无误后，填写"楼层布草每日收发记录表"。

（4）布草房收发员根据脏布草品种、数量，发放干净布草，交由客房服务员清点无误后在收发记录表上签名认可。

无论采用何种方式，其关键是要保证布草的供应，不影响客房的正常使用。

（二）餐厅布草的收发

1. 接收

（1）餐厅服务员将每日换洗的台布、口布、毛巾等布草定时送到布草房，由布草房收发员逐一点收品种、数量，并填写"餐厅布草每日收发记录表"。

（2）收布草时，要求餐厅服务员事先抖净布草中的垃圾。

（3）布草房收发员对餐厅送来的污损布草进行鉴定登记后填写"布草报损表"，交主管签字后报损。

2. 发放　布草房收发员按核实的品种、数量逐一清点发放，保证所发放的布草洁净、无破损，并由餐厅服务员签字验收。餐厅布草一般采用"以一换一"的发放方法，即以脏布草换回同等数量的干净布草。餐厅服务员在领取干净布草后，要在表单上签字。

（三）其他各营业点布草的收发

其他各营业点布草包括游泳池、健身房的客用毛巾，医务室的床单等。相对而言，其数量较小，所以多采用送、领的方法，具体做法与客房、餐厅布草的收发相同。

（四）布草送洗和验收

1. 送洗

（1）使用布草的各营业点将使用过的布草送布草房后，除需报损的布草外，布草房将脏布草再次清点过数，进行分类。首先按客房用品和餐厅用品分类，然后按布单类和毛巾类分类，再按颜色分类。因为不同类的布草在洗涤时有不同要求，如餐厅用的台布、口布一般都有油渍、色渍，要用漂白剂洗涤，而彩色台布、口布则选用防止掉色的洗涤剂洗涤。布单类洗涤后，有些需要上浆，而毛巾类则不用。

（2）布草房收发员将已分类的脏布草分送水洗组，由其按布草分类进行水洗。

2. 验收

（1）对洗衣房洗涤好送回的布草进行检查，查看有无破损，是否洗涤干净。不合格的退回重洗，有破损的挑出报损。

（2）将符合洗涤质量要求的布草分类折叠整理后上架存放备用。

二、制服的收发送洗流程

1. 制服的领发

（1）申领。由申领部门填写"制服申领单"，注明员工部门、工种，申领单需经部门经理审批。

（2）发放。制服房根据员工身材准备制服，视需要加工或改动制服的肥瘦、长短。员工试穿合适后，将号码标记在制服上，并将配套的其他物件按规定统一发给员工。一套制服交员工自己保管，另一套由制服房保存。

（3）记录。将制服发放情况登记在"员工制服登记卡"上，并存档。

2. 制服的收发送洗

（1）一般每位员工应配备两套制服，厨师、工程维修人员可多配一两套。为保证员工制服的整洁，衬衣、外套以及配套服饰均应包括在洗涤范围内。

（2）制服的收取和发放均在布草房的专用窗口进行，一般采用以脏换净的方式。员工将脏制服拿到布草房，制服收发员在收取制服时，必须检查制服上的编号或姓名有无脱落，以免混淆不清。

（3）制服收发员将收取的脏制服清点登记后交洗衣房查验、洗烫，洗净后再由制服管理员验收入库。

（4）由收发员拿出另一套已洗净的制服交给员工，干净制服与脏制服号码须一致，员工领用时应再次核对。

（5）布草房制服收发员将员工换下的脏制服进行检查、分类，将脏制服分类放入不同的布草分拣筐内。

（6）根据制服上的号码、种类、件数填写制服洗衣单，一般分为三联，一联存根，另两联随制服一起送洗衣房。

（7）洗衣房将洗净后的制服与洗衣单进行核对，核对后的洗衣单一联和制服一起送回布草房，一联留存。

（8）布草房人员根据洗衣单进行验收，对熨烫、洗涤质量有问题的制服，送回洗衣房重烫或重洗；对有破损或掉扣子的制服交由缝纫工修补；对洗衣房未能及时送回的制服应做好记录，并迅速查明原因。

（9）将符合标准的制服上架或挂放备用。

三、布草的使用管理

（一）布草的修补加工

（1）检查。从洗衣房返回的所有布草和制服，都要彻底检查是否有破损。

（2）修补。能够修补的布草、制服，都要交缝纫工做必要的缝补。

（3）鉴定。所有低于标准的布草，都要经客房部经理鉴定后，才能决定是否继续使用或做报废处理。

（4）加工。将可再利用的报废布草进行再加工，改制成婴儿床单、枕套、洗衣袋、抹布等。例如，有破损的报废床单可以改造成枕套。枕套报损后可以改成抹布，因为用报损的枕套做成的抹布，其纤维少，抹尘效果好。

（二）布草的盘点

（1）通知。预先通知有关部门及人员做好准备。

（2）清点。对所有布草进行清点，包括贮存在楼层工作间、工作车、餐饮部、洗衣房、布草房的布草。根据不同的规格，在同一时间段内对所有项目进行清点。清点时，需停止布草的流动，防止漏盘和重盘。

（3）记录。将全部盘点结果填写在盘点表上。

（三）布草的报废与再利用

（1）提出申请。因下列情况布草可以申请报废：布草破损或有无法清除的污迹；使用年限已到；统一调换新品种、新规格等。通常由布草房主管核对需报废的布草，并填写报废单。

（2）审批。布草的报废由洗衣房经理或客房部经理审批。

（3）报废布草的处理。报废布草应洗净、做上标记，捆扎好集中存放。

（4）报废布草的再利用。报废的布草如果可以再利用，可由布草房缝纫工加工后改制成其他用品；也可以用作计划卫生时的保护盖布；还可以寻找布草回收企业直接进行回收再利用。总之，酒店的各级员工都应该养成勤俭节约的成本控制意识，开源节流，避免不必要的浪费。

（四）布草的添补与更新

（1）申领。根据布草的报废情况，确定需申领的种类和数量。

（2）填写申领单。将布草申领单上各栏目填写清楚，如数量、规格、颜色等。申领单交客房部经理审批。

（3）领取与核实。凭申领单到总库房领取所需补充的布草，提取布草时，应仔细检查布草数量、种类、规格等是否与领用单相符，质量是否合乎标准要求。

（4）洗熨。领回的布草需全部拆封，送洗衣房洗熨后再使用。

思政园地

酒店床品、毛巾、浴巾等布草的清洁卫生，一直是消费者入住时较为关心的问题。做好洗涤商的监管，确保布草洗涤不留死角，在当前是尤为重要的工作。目前，华住集团以数字化技术赋能布草洗涤的全部环节，强化对布草洗涤质量的监管。一方面，华住集团将传感器作为监测的工具，联动在线系统，实现水质硬度、化料分配、酸碱度的实时监测，确保洗前、洗中和洗后全流程无盲点监测；另一方面，华住集团加强了对布草分拣、入仓出仓、布草折叠等关键岗位的监控，通过云端接入，确保门店店长、区域经理可实时查看洗涤情况，从源头上杜绝不规范操作的发生。除了从技术层面加强监管，华住集团还成立了区域评审委员会，专门负责优质洗涤商的引入以及门店更换洗涤商的审批工作。

思考：在当下分析大数据背景下，客房管理人员如何利用数字化管理手段，提高客房服务品质和管理水平？

思考与练习

1. 饭店是否配置店属洗衣房，主要考虑哪些因素？
2. 了解洗衣房的常用设备用品和洗涤剂。
3. 熟悉布草洗涤的基本程序。
4. 熟悉客衣洗涤的服务程序。客衣服务中发现问题应如何应对处理？
5. 了解布草房的主要功能。
6. 掌握布草送洗和验收的运行流程。
7. 掌握制服收发与送洗的程序。

综合训练

实地参观、调研当地某饭店的洗衣房和布草房，了解洗衣房和布草房的功能设计、空间布局、设备用品配置、运行模式、工作流程及质量管理等内容，以小组为单位完成一份调研报告，要求不少于3000字。

课堂测试

模块四　客房对客服务

学习目标

知识目标：

▶ 了解饭店不同类型宾客的需求特点、服务方式

▶ 了解不同对客服务模式的职责及其运行过程中的利弊

▶ 熟悉客房服务项目，掌握对客服务工作的主要内容、操作标准及要求

▶ 了解住宿行业环境现状及服务发展新趋势

能力目标：

▶ 具有科学、专业、文明、守法的对客服务意识和基本的服务技能

▶ 能够有效地为客人提供各项客房服务

▶ 提高自身文明素质，能初步解决客房服务中出现的问题，具有一定的应变能力与创新能力

项目一　客房对客服务特点与模式

案例导入

　　夏日的一个晚上，客房服务员小胡到1806房间为客人做夜床，当她打开房门时，不禁被眼前的情景吓了一跳：房内一片狼藉，西瓜皮、西瓜子满地，卫生间的面巾也被拿进房间，而且染上了红红的西瓜汁……

　　小胡正准备整理时，1806房的张先生手里捧着一只西瓜回来了，看到小胡，有点不好意思地说："下午来了几个朋友，聊得开心，想吃西瓜没有水果刀，就比赛谁的拳头硬，能把西瓜砸开，结果房间弄得乱七八糟……"小胡微笑着说："先生，是我的工作没有做好，我没有看到您带西瓜进房间。等会儿我给您拿把专门切西瓜的刀来，您用起来会方便些。"说完，小胡就认真迅速地整理好房间，换上干净的毛巾，补充好用品，又给客人拿来了水果刀、果盘和餐巾纸。张先生看着整洁有序的房间和没有一点抱怨的小胡，连声说"谢谢"，小胡愉快地对张先生说："不用谢，这是我应该做的。"

　　问题：

　　1. 假设你是住店客人，碰到类似情况，你会怎么办？

　　2. 假设你是客房服务员，应如何为客人服务？

　　分析：

　　本案例中，服务员小胡深知"宾客永远是对的"，在工作中遇到问题时，并没

有去责怪客人，而是通过自己的实际行动来感动客人。通过小胡的努力，相信张先生应该再也不会把房间弄得乱七八糟了。"己所不欲，勿施于人"，"你们希望别人怎样待你们，首先你们就应该怎么样去待别人"，这是悠久且广为人知的道理，在今天仍极为适用。

在饭店业竞争日益激烈的今天，在很多时候，大多数饭店无法选择客人，但作为饭店的从业人员，可以通过自己的服务去影响、改变客人，使客人变得文明。例如，小胡拿水果刀和果盘给客人，以方便客人食用。举一反三，服务员为带水果进房的客人洗水果、装盘、拿水果刀等，虽然增加了一些工作量，但给客人带来了极大的方便，同时也方便了饭店对设备设施和用品的维护保养，不至于将果汁沾染到毛巾、地毯等处，增加清洁保养的难度，影响设备用品的外观与性能。

任务一　了解客房对客服务的特点与要求

一、宾客类型与服务方式

饭店的宾客来自世界各地及社会的各阶层，他们有着不同的背景、不同的生活习惯、不同的兴趣爱好以及不同的宗教信仰等，入住到饭店其具体的服务需求也不尽相同。对宾客进行分类，了解他们的特点和对饭店客房服务的需求，是有效提高宾客满意度、提高客房服务质量的前提。以下根据不同的划分方法来探讨宾客的类型及特点。

（一）根据旅行的组织方式划分

根据旅行的组织方式，饭店宾客可以划分为散客和团队客人两种。

1. 散客　散客主要是指个人、家庭及15人以下自行结伴的旅游者。这类客人在饭店滞留时间较长，平均消费水平较高，对客房的硬件要求和软件要求都较高。

在客房的硬件方面，他们多选择大床房，要求客房内有电脑上网接口、无线Wi-Fi、不间断电源、便捷的办公设备及用品；在客房的软件方面，他们要求客房的服务项目齐全，服务快捷高效，客房清扫整理的时间安排合理，清洁保养质量要求高，并且不希望经常被打扰。

客房部员工在接待这些宾客的过程中应注意：当客人到达楼层时，服务员应笑脸相迎，热情问好；主动提供行李服务，当然服务时要注意观察客人的态度，需征求客人的同意不可抢夺；对老弱病残的客人，要主动搀扶，服务要周到，照顾要细心；然后手拿钥匙，引领客人到达所住的房间，进房后根据客人的要求适当介绍饭店情况。

2. 团队客人　团队客人大多数以旅游观光为目的，也有为执行公务、商务、专业考察、会议、访问、参加比赛或演出而出行的客人。他们一般有组织、有计划、日程紧，一次出租的房间数量多，活动时间统一。除在饭店参加会议的客人外，一般店外活动多，店内停留时间少。饭店虽然给团体客人的折扣较大，但由于出租的房间数量多，因此，其客房收入对饭店来说还是很可观的。

在接待中应注意对旅游团的每一位客人都要一视同仁，不要谈及有关房价、餐费等问题，不介入他们之间的矛盾；遇到问题时，与接待单位或旅行社的陪同人员联系，要充分做好团队进店、离店前后的各项工作。为更好地为他们提供服务，可以根据接待单位或旅行社通知的预计抵达时间，提前调好室内温度。

（二）根据旅行目的划分

根据旅行目的，饭店宾客可以划分为旅游型、差旅型、疗养度假型、会议型、修学型、探亲型、蜜月型等。

1. 旅游型客人　这类客人的主要目的是游览我国的秀丽风光、了解风土人情、品尝地方风味、调节自身身心、进行文化交流等，他们喜欢购买旅游纪念品、拍照留念等，有时委托服务较多。他们游览参观的项目较多，一般每日行程安排得比较紧凑，在饭店逗留的时间较短，白天在外观光体力消耗大，希望回饭店能得到很好的休息，尽快缓解疲劳。因此客房服务员应努力为客人创造一个安静、温馨的居住环境，使他们有充足的精力、愉悦的心情完成旅行活动，如做好早晚服务工作：早上及时准确地为其叫醒，提醒客人带好相机、手机、充电宝等物品，告知天气情况等；晚上客人回店前，要备足茶水，调节好房间室温，保持室内空气清新。此外，服务员可主动向客人介绍本地的风景名胜、风味饮食、土特产品和旅游纪念品等，使客人在吃、住、行、游、购、娱等方面都能得到满足。

2. 差旅型客人　据统计，在全世界饭店客源中，此类客人占53%，其中支出至少占全球旅游观光消费的2/3。因此，他们对饭店的经营至关重要，要好好接待他们。因为公务出差，这类客人时间安排紧张，常常早出晚归；来访客人较多，有时还会有一些与公务密切相关的事务；对饭店要求较高，其中的国际旅客要求享受高级生活待遇和优良的服务，因工作关系对自身形象也较注意，要求饭店能够提供高质量的洗衣服务、擦鞋服务及其他委托服务；国内公务客人的消费水平，以各地财政报销标准为限度，夜间往往需要娱乐活动，同样要求有好的服务。通常，这类客人较忌讳服务员挪动、翻动他们的办公用品、办公资料，服务员要注意保密，也不得随意拔掉电源插头，以免给他们造成损失；有客人来访时，要事先征得住客同意，并及时提供茶水服务；客人工作时，注意不要打扰他们。

3. 疗养度假型客人　此类客人多选择度假型饭店，他们与旅游型客人的区别在于，他们的目的地一般只有一个（即入住的饭店），且逗留时间较长。随着我国人口政策的改变，二孩、三孩家庭不断增多，"扶老携幼"式的家庭度假旅游逐年增多。饭店在客房硬件配置上除了需要更多考虑二孩、三孩家庭的需求外，还需要提供一些辅助服务，如送餐、小酒吧、委托代办等。通常此类客人喜欢有丰富多彩的活动项目，喜欢同服务员打交道，希望得到更美好的、更综合化的住店体验。另外，他们对饭店的建筑格局、装修风格等也有特定的喜好，如园林式、别墅式建筑，对客房的安全也很在意。

4. 会议型客人　会议型客人一般人数较多，一次用房数量多，活动有规律，且时间集中，会场使用要求高，会议服务任务重、要求严格。因此，饭店一般设有专门的会务工作项目组，安排专门的会务服务人员。在服务时要注意服务人员的灵活调配、会议场所的清洁保养、会议设施的合理布置，协助会务组尽快办理会议报到手续，及时做好会议引导、茶水、茶歇等各项服务，随时留意房间内信封、信纸、笔等文具用品的配备和补充，并注意和会务组保持高效的沟通与联系，以提供及时到位的服务。

5. 修学型客人 修学型客人以大中学生为主体，他们往往3～5人结伴同行，时间多在寒暑假期间。他们精力旺盛，要求参观游览的地方比较多，白天外出活动，晚上也喜欢出去走走看看，对学校、书店、博物馆、科技馆、历史纪念馆、文化活动场所等比较感兴趣。他们对饮食和住宿条件要求不高，饭店以推荐中低档客房为主，注意提供叫醒服务。如有可能，对他们感兴趣的学校、专业、场所等可多做介绍或推荐，不论对客房服务、餐饮服务还是其他方面的服务，总体要求效率高、速度快。

6. 探亲型客人 探亲型客人的共同特点是具有强烈的乡土观念和民族自豪感，热爱祖国，对家乡取得的成就和发生的变化都感兴趣，喜欢品尝家乡风味食品，购买土特产品，来访客人和亲友比较多。这类客人在侨乡比较多，饭店要重视对他们的接待服务，做到热情迎送，做好问询访客服务、留言服务等。对年事已高的客人要注意出入、住宿过程中的安全，有机会多向他们介绍家乡的发展变化和取得的各项成就，以及家乡的风味饮食与土特产品。

7. 蜜月型客人 此类客人对自然风光、风景名胜感兴趣，他们通常衣着考究，喜欢照相，对旅游纪念品感兴趣。他们往往喜欢安静、外景佳的大床房，对房间卫生质量要求较高，要求房间整洁、美观，不希望被打扰，因此在服务上要特别注意时间的安排。如果为他们的房间做些特别布置，赠送有寓意和纪念意义的礼品，能增加欢乐气氛，做到既庄严、隆重，又热情礼貌。与客人见面时要讲祝福的话，平时多介绍景色优美的旅游点、旅游纪念品和风味餐馆等，方便客人游玩和购物。

8. 其他类型 因旅行目的的不同，饭店宾客除上述类型外，还包括购物型、宗教朝拜型等。购物型客人一般选择入住商业发达的城市或街区，其目的是购物，对饭店和客房的要求不会太高，服务过程中可以多向他们提供商品、折扣、交通、地理位置等方面的信息。宗教朝拜型客人多以团队的形式为主，他们对客房的要求比对餐饮方面的要求低，但在客房布置方面要考虑到不同宗教的相关禁忌，平时要尊重客人的宗教信仰。

（三）根据宾客身份或职业划分

1. 政府官员 此类客人对服务接待标准、服务效率要求很高，重视礼仪，店内逗留时间较短。客房服务人员应避免过多进入客人房间，做客房卫生时尽量在客人外出时进行，要特别注意不要翻动客人的文件，注意尊重客人的隐私，严格按照有关部门和接待单位的要求做好保密工作。对客房的所有设施设备及电器要及时检查，应及时消除各种安全隐患。

2. 新闻记者 由于职业关系，此类客人生活节奏快，因此要求有较高的服务效率。他们通常把房间既当卧室又当办公室，各种稿件、传真件、复印件较多，东西摆放比较杂乱，希望房间有完备的通信设施、安全的网络覆盖、齐全的办公用品等。考虑到这类客人一般都比较敏感，服务方面要特别留意。

3. 专家学者 此类客人多喜欢清净的客房及舒适周到的服务。由于多有写作习惯，对文具用品也有特别的需求，如书画家希望客房部为其提供写字、绘画用的毛毯、垫毯等。

4. 体育、文艺工作人员　这类客人以参加比赛、训练或演出为目的，由于他们中有一些是明星，很容易引来大批的"追星族"，要及时发现和劝阻来自店内和店外的"追星族"，以免影响住店客人的正常生活。同时，作为服务员不要找明星客人索取签名、要求合影拍照等，为他们提供保密及在安全上的服务尤为重要。必要时，可向保安部汇报，请求协助。体育、文艺工作人员在作息时间上有较大的区别，因此不可将他们安排在同楼层住宿。此类客人的服务需求通常较集中，对洗衣服务的要求较高，客房部要做好妥善安排。

5. VIP　VIP，称为贵宾。一般符合饭店设定标准的宾客即可列为VIP，并按饭店制定的接待规格及标准提供服务。

（四）根据入住时间划分

根据入住时间的长短，饭店宾客可以划分为短期住客和长期住客两种。

1. 短期住客　一次入住时间不足一定天数的客人均为短期客人，可根据上述不同类型客人的特点提供相应的服务。

2. 长期住客　饭店将一次入住时间超过一定天数（一般为30天）的客人列为长期住客，不少饭店也会将其等同贵宾来接待，或在房租上给予一定的优惠。除了根据上述不同类型客人的特点提供客房服务外，对长期住客还应注意以下几点：客房的清扫时间可与客人协商，尽量在每一天安排同一时间进行清扫；注意与客人之间的沟通联系，定期征询客人的意见，并按客人的意见进行及时调整；房间内的设施、物品供应应尽量满足客人的要求。

（五）根据宾客国别划分

根据国别，饭店宾客可以划分为外国宾客（外宾）、国内宾客（内宾）。

1. 外国宾客（外宾）　在生活习惯方面，外宾习惯于晚睡晚起，对窗帘的遮光效果要求较高；对客房的卫生设施、设备非常敏感，喜欢淋浴，24小时热水供应对他们来说是一种必需；对室内温度要求较高，大多数外宾夏天喜欢把室内温度调得很低，很多人一年四季食用冰块；在消费方面，习惯于享用饭店提供的洗衣服务、房内用膳服务、房内小酒吧服务等。从事外宾接待工作，对客房服务员的语言有一定的要求，同时还要求服务人员尊重客人的不同文化。

2. 国内宾客（内宾）　内宾一般以公务散客为主，观光旅游团队也占有一定比例。他们习惯于随叫随到的服务方式。相当一些内宾有午睡习惯，不希望在中午被打扰。此外，内宾喜欢在客房内会客，访客较多。

二、客房对客服务的特点

客房服务与饭店的前厅、餐饮等服务既有相同之处，又有很大区别，对其特点进行研究有利于提高服务的针对性。客房服务的主要特点是：

（一）体现出"家"的环境和气氛

由于饭店的宗旨是为客人提供一个"家外之家"，因此，能否体现出家的温馨、舒适、安全、方便，就成为客房对客服务成败的重要因素之一。在客房对客服务中，我们的客房服务人员扮演着"管家""侍者"的身份，因此要留意客人的生活习惯，以便提供有针对性的服务，给客人"家"的感受。

（二）对客服务的表现形式"明""暗"兼有

客房服务是有形服务和无形服务的综合体现。客房一旦被客人租用，就成了客人的私人领域。客人进入房间后，通过床铺的整洁度、地面的洁净度、用品的适用度、服务指南的方便程度等感受到客房服务人员的服务。客房对客服务的这一特点，使客房服务人员成为饭店的幕后英雄，但这并不表示没有面对面的服务。如取送客衣、客房清扫、输送物品等服务因客人的要求有时是需要面对面提供的，这些服务又是"明"的。因此，服务人员在对客服务时必须讲究礼节礼貌，体现高超的服务技巧。客房服务"明""暗"兼有的这一特点对客房服务人员的职业素养提出了较高的要求。

（三）服务工作的随机性

客房服务项目众多，工作十分琐碎，各服务项目之间没有非常明显的直接联系，客人没有固定需要某项服务的时间，服务的随机性很强，这给服务工作带来了较大的难度。滞后的服务会使客人感到服务不周、效率不高，甚至产生被怠慢的感觉，但过度热情的服务又会使客人产生惧怕，在一定程度上造成对客人的干扰。

（四）服务工作的不可重复性

客房服务大多是"生产"和"销售"同时进行的，这就导致了客房服务工作的不可贮存性。有些服务项目看似不与客人面对面接触，但从其服务项目的开始一直到完结都需要服务员与客人进行沟通，服务的任何环节出了问题都会给客人留下不好的印象，即使返工重做也无法挽回已经产生的不良印象。为此，客房服务工作必须认真细致，一次就要把工作做好，绝不允许有任何差错，也不可以有返工重做的心理。

（五）质量的不稳定性

服务人员因生活、学习、工作的环境不同，所具备的知识储存量与服务技能也各不相同；受不同的环境影响，每天的心情也不一样，因此在一定程度上造成了服务质量的波动。随着社会的发展、人民生活水平的不断提高，饭店的客源也变得越来越复杂，客人与客人之间既有经济上的差别、地位上的悬殊，又有文化上的差异、风俗习惯上的不同等，再加之旅行目的不同，他们对服务的需求与期望也存在很大的差异，即使对相同的服务也会有不同的体验和评价，造成服务质量的不稳定。

三、客房对客服务的要求

客人在下榻期间，逗留在客房内的时间最长，客房部对客服务水准的高低，在很大程度上决定了客人对饭店产品的满意程度。这就要求客房部的对客服务要以与其档次主题相对应的服务程序及制度为基础，以整洁、舒适、安全和具有魅力的客房为前提，随时为客人提供真诚主动、礼貌热情、耐心周到、准确高效的服务，使客人"高兴而来、满意而归"。

（一）真诚主动

服务人员对客人的态度，通常是客人衡量一家饭店服务质量优劣的标尺。真诚是服务人员对客人态度友好的最直接的表现形式。因此，客房服务首先要突出真诚二字，实行情感服务，避免单纯的任务服务。我们通常所说的提供主动的服务，是以真诚为基础的一种自然、亲切的服务。主动服务来源于细心，即在预测到客人的需要时，就把服务工作做到客人开口之前，如客人接待朋友时主动送上茶水等。这些看似分外的工作，却是客房服务人员应尽的义务，更是优质服务的具体体现。客房服务人员要把客人当作自己请来的朋友一样对待，这是提高服务质量的有效方法。

（二）礼貌热情

礼貌待客主要通过服务人员整洁的仪容仪表、自然亲切的语言、悦耳动听的语音语调、端正得体的举止、落落大方的态度等方面表现出来，热情待客会使客人消除异地的陌生感和不安全感，增强对服务人员的信赖。

（三）耐心周到

客人的多样性和服务工作的多变性，要求服务人员能正确处理各种各样的问题，必须经得起委屈、责备、刁难，要摆正心态，把对的让给客人，耐心地、持之以恒地做好对客服务工作。服务人员要掌握客人在客房生活期间的心理特点、生活习惯等，从各方面为客人创造舒适的住宿环境。通过对客人方方面面的照顾、关心，把周到的服务落到实处，充分体现出"家外之家"的真正含义。

（四）舒适方便

客房是客人入住饭店后长期逗留的场所，因此客人对客房的舒适性、方便性也最为重视。如服务人员应定期翻转床垫，以保证床垫不会产生局部凹陷；服务员应留意客用品的摆放，以方便客人的使用。

（五）尊重隐私

作为饭店工作人员，特别是接触客人时间最长的客房部员工，有义务尊重住店客人的隐私。服务人员应该做到不打听、不议论、不传播、不翻看客人的书刊资料等，要为客人保密。

（六）准确高效

效率服务是现代快节奏生活的需要，也是优质服务的保证。饭店服务质量中最容易引起客人投诉的就是等待时间过长。客房部应对所提供的服务在时间上进行量化规定，制定切实可行的标准，为客人提供快速而准确的服务。当然有时速度和质量是一对矛盾，在制定标准及具体服务工作中，要正确处理两者之间的关系，切忌只求速度不求质量。

任务二　熟悉客房对客服务模式

一、服务模式之一——楼层服务台

在客房楼层设立的服务台称为楼层服务台或楼面服务台，服务台配备专职对客服务人员（楼面值台）为宾客提供客房服务，服务台后面设有供客房服务员使用的工作间。楼层服务台一般设在靠近电梯或楼梯口的位置，提供24小时对客服务。楼层服务台具有客房服务中心的功能，受客

案例：
楼层服务

房部经理和楼层主管的直接领导，同时在业务上受饭店总台的指挥，如同前台互通信息、核对房态等。这种模式是我国饭店客房服务中最基本的传统模式。

（一）楼层服务台职能

1. 服务中心的职能　楼层服务台是为本楼层客人提供服务的基地，服务内容主要有：

（1）迎接客人。楼层服务台负责欢迎住店客人的到来，向客人介绍客房设施设备及酒店服务项目。

（2）送别客人。做好客人的离店服务，如叫醒、征求意见、运送行李、查房等。

（3）客人住店期间应其要求，随时为客人提供服务。如回答客人问询，为客人送茶水，收取客人待洗衣物，处理客人的委托代办事项、电话留言及其他有关事宜，为客人提供叫醒服务等。

（4）有需要时为楼层清扫服务员提供协助工作，或完成部门交代的其他任务。

2. 联络中心的职能　楼层服务台是客房部与饭店其他部门的联络中心。因工作需要，楼层服务台经常要与饭店其他部门发生联系。这些部门主要有：

（1）总服务台。一般情况下，客人办理入住、离店手续时，楼层服务台要与总服务台互通情况。当客人办理入住登记手续时，总服务台要通知楼层服务台做好接待准备；当客人离店时，楼层服务台要进行查房，查看客房物品有无丢失、设施有无损坏、是否有客人的遗留物品，同时查看房内小酒吧的使用情况，并将这些信息电话通知总台，总台接到这些信息后，方可为客人办理结账离店手续。另外，楼层服务员要立即通知客房清扫员，尽快将离店客人的房间打扫干净，经领班检查后及时报告总台以便再次出租该客房。有些饭店的楼层服务台设有房间指示器，直接与总服务台相连，显示客房是否已经清扫。此外，客人入住时间、住宿要求、住宿人数等的变动以及行李的进出等情况也都要与总台取得联系。

（2）工程维修部。当客房设施发生损坏或出现故障，如卫生间下水不畅、电灯不亮、空调失灵、电视图像不清等问题出现时，可由楼层服务台通知工程部维修。

（3）餐饮部。客人需要饮食服务时，有时会与楼层服务台联系，这时楼层服务台应及时准确地通知餐饮部，协助餐饮部做好饮食服务工作，特别是房内用餐服务。

3. 安全中心的职能　安全工作是饭店管理工作的一项重要内容。饭店安全事件大多出现在客房楼层。楼层服务台一般设在每个楼层的电梯或楼梯口，虽然目前不需要帮助客人保管客房钥匙（机械钥匙时期有这需求），但仍可以通过熟记客人姓名、特征、房号等信息，随时掌握本楼层人员的进出情况，密切关注楼层动静，及时消除不安全因素。

（二）楼层服务台模式的优点

作为一种传统的接待服务组织形式，楼层服务台在运行中有其特有的优势。

1. 有利于饭店与宾客之间的沟通，人情味浓　这是楼层服务台最突出的优点，也是最能体现、最能代表"中国特色"的优点。楼层服务台加强面对面的对客服务，突出人情味，有利于情感交流，使客人产生亲切感。试想每当风尘仆仆的客人一进入楼层就见到服务人员亲切的笑脸，受到服务人员热情的欢迎、亲切的问候与关怀，一缕温情必将涌上心头，更容易使客人产生"宾至如归"的感觉。

2. 有利于提高服务的时效性和主动性　客人一旦有疑难问题需要帮助，一出客房门就能找到服务人员，极为方便，这使客人心里感到非常踏实。同时服务人员还能够根据自己时时捕捉到的信息，预见客人的需求，主动及时地向客人提供服务。在以接待内宾会议客人为主的饭店里，甚至在一些豪华饭店里，楼层服务台仍受到客人们的欢迎。

3. 有利于保障客房安全　设立楼层服务台还有利于楼层安全管理。由于每个楼层服务台均有服务人员值班，因此对楼层中的不安全因素能及时发现、汇报、处理。

4. 有利于客房销售　对于客人入住、退房、客房即时租用等情况，楼层服务台能及时掌握，有利于与总台的信息沟通，方便前台进行客房销售。

5. 能加快退房的查房速度　客人一旦离开楼层，楼面值台就可以进房进行检查，不需要等待总台电话通知。这样可以缩短客人办理离店手续的时间，避免客人因等候过久产生不愉快的感受，提高工作效率，若有问题发生也有利于及时有效地进行处理。

（三）楼层服务台模式的缺点

楼层服务台在运行中有其特有的优势，但也存在一些不足之处。

1. 劳动力成本较高　由于楼层服务台均为24小时值班，要随时保证有人在岗，因此仅值台一个岗位就占用了大量人力，给饭店带来较高的劳动力成本。在劳动力成本不断提升的当下，这一模式不太适合现代饭店"开源节流"的趋势。

2. 管理点分散，难以控制服务质量　由于楼层服务台分散在饭店的各个楼层，工作独立性很强，值台员工往往是单独顶岗，加上客房服务的随机性也较强，每位楼面值台的职业素养多少有些差异，因此分布在每个楼层的服务台造成了管理幅度的加大。这给客房服务的质量保障带来了一定的困难，一旦某位服务员出现失误，将直接影响整个饭店的声誉。

3. 易使部分客人产生被"监视"的感觉　住店客人总希望有一种自由、宽松的住宿环境，尤其是一些西方客人对自身的各种权利非常重视，特别是个人的隐私权。如果某些饭店楼面值台对客人的服务缺乏灵活性和艺术性，语言、表情、举止过于机械化、程序化，容易使客人产生不快。这些都有可能使部分客人感觉不自在，从而产生被"监视"的感觉。

二、服务模式之二——客房服务中心

为了使客房服务符合以"暗"的服务为主的特点，保持楼面的安静，尽量减少对客人的干扰和降低饭店的经营成本，从20世纪80年代初期开始，随着国际饭店管理模式的引入，越来越多的饭店采用客房服务中心的服务模式。

客房楼层不设服务台，而是根据饭店的规模设立一个或几个对客服务中心，服务中心在形式上是不对外的，为了节约空间场地和人员的配置，不少饭店往往将客房服务中心与客房部办公室合二为一，服务中心员工同时兼有办公室文员的身份，做到一专多能。当客人需要提供客房服务时，可以通过内线电话通知客房服务中心。服务中心实行24小时值班制，在接到客人要求提供服务的电话后，联络员进行详细记录，或由客房服务中心派出专门的对客服务人员为客人提供服务，或通过饭店内部通信系统通知客人所在楼层的清扫服务员上门为客人服务。

作为从国外引进的一种服务组织形式，客房服务中心在实际运转中也有其利弊，研究其利弊对进一步完善这种形式，提高我国饭店住宿业的客房管理工作水平有着重要的意义。

（一）客房服务中心的职能

1. 信息处理的职能 凡有关客房部的信息，包括工作信息、服务信息、宾客信息等，几乎都要经过客房服务中心的初步处理，以保证有关问题能及时得到解决或传递；同时服务中心还承担着客房部与饭店其他部门之间的信息沟通、联络之责。

2. 对客服务的职能 客房服务中心，顾名思义，其最主要的职能就是对客服务，通过配备人力、物力满足客人的各种合理需求。客人通过电话将服务要求通知客房服务中心，联络员进行详细记录，并迅速派出中心服务人员或迅速转接有关楼层的服务员，从而完成对客人的服务。客人住店期间所需的各种日常零星服务，如送水、借用物品、送冰块、房内物品修理等都可以通过客房服务中心来迅速完成。客房服务中心24小时运行，联络员必须反应敏捷，善于协调，能妥善处理各种情况。

3. 负责员工考勤的职能 所有客房员工的上下班都要到客房服务中心签到、签离，这不仅方便了考勤的统一管理和对客服务工作的统一调控，还有利于加强员工的集体意识、纪律观念。

4. 钥匙管理的职能 客房部所使用的各种钥匙都集中于客房服务中心，由中心统一签发、签收和保管，每位员工每天上班前必须到中心领取自己的工作钥匙，下班时必须交回钥匙，并做好签字手续，这是客房服务和安全的重要保障。

5. 失物处理的职能 整个饭店的客人遗留和遗失物品的处理与保存都由客房服务中心负责登记造册、储存保管及失物招领，使遗留物品处理及失物招领工作做到统一规范管理。

6. 档案保管的职能 客房服务中心负责保存客房部所有的档案资料，并做到及时补充和更新整理，以保证有关档案资料的完整和详细，使管理和服务具有连续性。

7. 投诉处理的职能 接受客人投诉，并及时进行处理和汇报。

8. 协调与其他部门关系的职能 客房部的工作需要饭店其他部门的配合和支持，客房服务中心往往负有协调之责。

（二）客房服务中心模式的优点

客房服务中心这种模式在实际运行过程中有着自己的优点。

1. 降低了劳动力成本 由于采用服务中心的模式，取消了楼面服务台这一岗位，减少了楼层值台的人员配备，如每个楼层1天3个班次可省去3名员工，10个楼层就可省去30名，加上休息替班的人员就会远远超过这个数字。因此大大减少了客房部的人员编制，节省了人力，降低了劳动力成本。这在劳动力成本日益提高的今天是减员增效的有效方法之一。

由于客房服务中心联络员以电话服务为主，人数不多，所以招聘、培训及管理工作相对来说要容易得多。

2. 营造了宽松、自由、和谐、温馨的住宿环境 从对客服务的角度来看，客房服务中心最突出的优点就是给客人营造了一个自由、宽松的入住环境；同时，使客房楼面保持安静，减少了对客人的过多干扰。楼层没有固定的服务员，突出了客房服务"暗"的一面，让客人感到饭店处处都在为自己服务却又看不到服务的场面，如同在自己家里一样自由自在、无拘无束、方便舒心，增强了客人对个人隐私方面的安全感。

另外，由于客人的服务要求由专门的服务人员上门提供，能让客人感受到更多的个人照顾，符合当今饭店服务行业"需要时服务员就出现，不需要时就给客人多一些私人空间"的趋势。

3. 实现了客房对客服务管理的专业化　从客房管理工作的角度来看，采用客房服务中心这一模式加强了对客服务工作的统一指挥调度，加强了领班的监督检查职能，强化了服务人员的时效观念，提高了工作效率，实现了客房对客服务工作的专业化，服务质量也更容易控制。

除了提供电话服务以外，客房服务中心还承担着客房部与其他部门、客房部内部的信息传递、工作协调、出勤控制、钥匙管理、遗留物品管理、资料汇集等工作，这样便于信息、人员、物品等的集中管理和调配，有利于部门的专业化管理。

（三）客房服务中心模式的缺点

客房服务中心模式同样也存在着一些不足。

1. 亲切感较弱　由于楼层不设专职服务员，客房服务中心与客人之间也不是直接面对面的服务，弱化了服务的直接性，因此给客人的亲切感较弱。

2. 服务缺乏预见性　由于客房服务中心是根据客人的需求提供服务的，因此，服务人员往往缺乏对客服务的预见性。如果有些客人出现一些急需解决的困难，服务的及时性必将受到影响，使客人感到不便；遇到一些会议客人、团体客人时，他们的服务要求一般比较多，让客人不停地拨打服务中心的电话，必定会让客人心生厌烦。

3. 缺乏安全性　采用客房服务中心模式的做法对楼层上的一些不安全因素无法及时发现和处理，在某种程度上影响了客房及宾客的安全性。

4. 对人员和设施要求较高　由于客房楼层不设服务台，楼层上不安排专门的对客服务员，对客服务沟通方式由客人找楼层服务员转变为打电话给客房服务中心联络员，因此联络员必须有良好的沟通能力、反应能力和协调能力，能妥善处理各种情况，这对他们提出了较高的要求。同时对客房部的通信设施、服务设施和安全设施也有了更高的要求。

（1）饭店必须有比较先进的通信设备和服务设施。为了保证服务工作的效率，客房服务中心要有先进的通信联络设备，以保证信息的通畅。一般来说，应具备同时接听四个电话的能力，一部对客，一部对内联系，另两部电话与前厅接待和收银保持热线联系。同时，还要有快速灵便的传呼手段，需要建立一个独立的寻呼系统。

（2）饭店必须有较高的安全保障。饭店必须有比较先进的安全设备，有较高的安全系数。其一，饭店客人住的楼面与其他区域严格分开，职工通道与客人通道分开；其二，能通过设备或技术严格控制进入客房楼层的人员；其三，客房楼层出入口、走廊、电梯等处均应有安全监控设施，做到安全监控无盲点。

（3）饭店必须有较齐全的服务项目。服务项目多数在客房内设立，客人能自己动手，满足起居生活的需要。例如，热水供应、可饮用的冷水、电热水壶、服务指南、游览图等用品，都要一应俱全。

三、服务模式之三——客房服务中心与楼层服务台并设

饭店在规模、档次、风格及经营管理方式等方面的不同，决定了饭店运行过程中的软硬件条件，也决定了饭店会因此采取不同的对客服务模式。国外饭店多采取客房服务中心模式，楼层服务台模式较少。在我国，以前绝大多数饭店都采用楼层服务台模式，但随着改革开放，客房服务中心模式也逐渐被我国饭店采用。随着饭店（住宿）业的不断发展，不少饭店在单一设立楼层服务台和客房服务中心的过程中，逐渐感觉到这两种模式的不足，因而有越来越多的饭店采用既设立客房中心又设立楼层服务台的综合模式，在工作中做到扬长避短。当白天楼层事务以及对客服务工作任务较多，楼层服务员的工作量较为饱满时，楼层服务台配有专职服务员；而到夜间，大多数住客都在休息，对客服务的工作也较少时，一般不安排专门值台。如果客人需要服务，可致电服务中心，由服务中心夜班服务员负责落实。夜班服务员一般在客房服务中心待命，当客人打电话要求服务时，夜班服务员需立即前往相应楼层提供服务。当然具体情况应在服务指南中向客人说明，以方便客人。也有一些饭店则在某些楼层（如商务楼层）设服务台，其他楼层采用客房服务中心提供服务的模式，或将楼层服务台和客房管家有机结合起来，以便为宾客提供更具个性化的服务。

项目二 | 客房对客服务岗位及服务环节

案例导入

凯利饭店刚刚开业，就住进一位程姓客人，他享受着第一批客人的优惠价格政策，但程先生似乎对什么都不满意，还经常找借口拖付饭店的房租。饭店对程先生的一些无理要求都婉言谢绝了，还提示各部门对这位客人要十分小心，不要让他抓住任何把柄，以免引起无谓的投诉。果然不出所料，有一次这位客人要洗一条西裤，服务人员帮助客人填好洗衣单，送到洗衣房。这是一条需要干洗的裤子，干洗员洗涤以后，检查发现，右裤腿下部有一小块污渍没有洗干净，他用常规方法进行处理，效果不好，又添加了一种比较强的去污药剂，用高压蒸汽喷嘴进行处理，污渍很快除去。当日下午由客衣服务员送到客人手里，客人对裤子进行了仔细检查，发现右裤腿下部被处理的地方光泽有些异常，便问服务员是怎么回事，服务员回答说："原有一块污渍，我们给您做了特殊处理。"客人一听就火了，大叫："谁让你们处理的，叫你们经理来！"服务员一看客人火了，一句话也不敢说，赶快打电话给洗衣房。洗衣房经理来到客人房间，等待他的是同样的质问。洗衣房经理解释，客人不听，要求饭店按原价进行赔偿，赔偿价格达7000元，这是一条登喜路牌的裤

子。饭店本想赔偿洗衣费的10倍，但客人不接受这个解决方案，并威胁说："解决不了，我就在网络上曝光。"为了减少影响，饭店经过多次交涉，做了妥协，给客人减免了部分房费，并赔偿现金3000元，才平息了这场风波。

问题：

1. 程先生是一位比较挑剔的客人，服务员在服务过程中应注意工作方法和服务技巧，如果你是客房服务员，你会怎么做？

2. 从此事件中应吸取什么经验教训？

分析：

在这次纠纷中服务员有以下几个方面的失误：一是客房服务员帮客人填写洗衣单后未让客人签字确认，在收取客衣时未做仔细检查，未提前发现有特殊污渍等情况，也未将此情况向客人说明并在洗衣单备注栏内注明；二是洗衣房客衣服务员、干洗员在洗涤前都未做再次检查，未及时发现污渍，未提前与客人进行沟通；三是洗涤后发现污渍无法去除时未向客人说明，未征求客人的意见即擅自加大药剂处理。

随着宾客需求的不断变化，饭店客房部的服务项目和服务内容在饭店（住宿）业的发展进程中得到了不断的调整，不同类型、不同档次的饭店在服务项目的设立和服务标准的制定上也存在一定的差异，但针对宾客住宿的基本功能需求，客房对客服务工作仍应涵盖以下的基本内容。

任务一　了解客房服务岗位及职责

一、客房对客服务岗位

由于饭店规模、客房数量、管理职能与分工等因素有所不同，客房部的基本组织机构设置各异，对客服务岗位的设置也不尽相同。其基本岗位如图4-1所示。

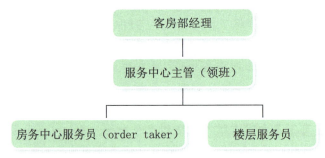

图4-1　客房对客服务岗位设置

二、客房对客服务岗位职责

客房对客服务岗位职责可参见模块一的相关内容。

任务二　熟悉客房对客服务的基本环节

根据客人在饭店的活动规律，完整的对客服务工作包含了四个基本环节，即客人抵店前的准备工作、客人抵店时的应接服务、客人入住期间的日常服务和客人离店时的送别服务。

一、抵店前准备工作

客人到达前的准备工作是客房接待服务的序幕，要做到充分、周密和准确，并于客人到店前完成。具体要求做到以下几点：

（一）了解客人的情况

客房服务中心或楼层服务台接到总台发来的接待通知单后，应尽可能详细地了解客情，包括客人的人数、国籍、抵离店时间、宗教信仰、风俗习惯、接待单位、客人生活标准、付费方式、活动日程等信息，做到"七知、三了解"：知晓接待单位、人数、国籍、身份、生活特点、接待标准、健康状况；了解客人到（离）店时间、车船或航班时间、了解客人宗教信仰，做到情况明、任务清。

（二）布置好房间

要根据客人的风俗习惯、生活特点和接待规格，调整家具设备、配齐日用品、补充小冰箱的食品饮料。对客人宗教信仰方面忌讳的用品要暂时撤换，以示对客人的尊重。同时，还要对室内家具、水电设备及门锁等再进行一次全面检查，发现有损坏、失效的，要及时报修更换。在客人到达前，应根据气候情况调节好客房室温。如果客人预计到店时间较晚，可根据饭店档次和服务规格提前做好夜床服务。

（三）做好迎接准备

做好各项准备工作后，服务员应在客人抵店前一定时间内在指定地点迎候客人。

二、抵店时应接服务

客人经过长途跋涉，抵达后一般比较疲惫，需要尽快妥善安顿，以便及时用膳或休息。因此，这个环节的工作必须热情礼貌、服务迅速，分送行李准确，介绍情况简明扼要。客人抵店时的应接服务的主要程序和内容如下：

（一）梯口迎接

客房服务员一般只在楼层迎接入住客人，因此客房服务的迎接工作一般是从梯口开始的。当客人乘电梯进入所住楼层时，服务员应站在梯口侧面等候；当电梯门开时，服务员应微笑热情问候，作自我介绍，手摁电梯按钮，使电梯门一直开着直至客人走出电梯，然后问清客人房号，引领客人进房。

（二）分送行李

若是团队客人入住，楼层服务员应协助行李员将客人的行李分送进房。若是散客入住且无行李员陪同，服务员应帮助客人提拿行李。

（三）引领带房

客人抵达客房楼层时，服务员应引领客人到其入住的客房，特别是第一次入住的新客人。服务员在引领时应走在客人的斜前方，与客人保持1米左右的距离，行走速度以客人的速度为准，转弯时应停住，面向客人伸手示意，待客人到所住房间时，按规程为客人开门，插上取电卡，请客人先进房间。

（四）端水送巾

视情况对入住客人及时送上茶水、香巾或饮料。

（五）介绍情况

进房后服务员可向客人简单介绍饭店的服务设施、营业时间、收费标准和房内设备使用方法等情况。如客人面带倦容或已再次入住则可不作介绍，只要告诉客人客房服务中心的电话号码即可，祝客人住店愉快，然后退出房间面向客人轻轻关上房门。

（六）记录

服务员回到工作间按要求做好相应的工作记录。

对客应接服务具有很大的灵活性，通常饭店会根据客人的不同接待规格和特殊要求进行有针对性的设置。此外，不设楼层服务台的饭店对普通客人的入住应接一般由行李员来完成。

三、入住期间日常服务

客人入住期间的日常服务工作量大、涉及面广，是对客服务质量的关键环节。日常服务的主要内容包括客房卫生清洁、客衣服务、客房微型酒吧服务、叫醒服务、租借物品服务、留言服务、客房用餐服务、访客接待服务、擦鞋服务、托婴服务等。随着社会的发展，越来越多的饭店设置了具有个性化、针对性的对客服务项目，如四季、万豪、君悦等国际著名品牌饭店向客人提供24小时贴身管家服务。

四、离店时送别服务

客人离店时的送别是最后一个服务环节，客房服务员应同样认真做好这一环节的服务，为客人留下良好的印象。其主要程序和内容包括：

（一）行前准备工作

服务员应掌握客人离店的准确时间，检查交办的事项是否完成，要主动征询客人意见，提醒客人收拾好行李物品并仔细检查，不要遗忘在房间。问清客人是否需要行李搬运服务，如果需要的话，应问清具体的搬运时间及行李件数，而后及时通知前厅行李组，以便早做准备。送别团体客人时，要按规定时间集中行李，放到指定地点，清点数量，并协同接待部门核实件数，以防遗漏。临行前，还应主动征求客人的意见。

（二）送别

客人离房时要送到电梯口，主动为客人按电梯按钮，协助行李员将行李送入电梯、放好。当电梯门即将关闭时，面向客人，微笑告别，并向客人表示欢迎再次光临。对老弱病残客人，要护送下楼至大门或上车。

有的客人因急事提前退房，委托服务员代其处理未尽事宜，服务员承接后要做记录并必须履行诺言，不要因工作忙而丢在一边。

（三）善后工作

客人离开楼层后，服务员要迅速进房检查，检查是否有客人的遗留物品、是否有设备损坏、是否有物品丢失，是否有未入账的酒水饮料等付费卖品，如有发现要根据规定进行及时而妥善的处理。最后做好客人离房记录，更新房态。

客人离店查房时发现情况应及时妥善处理。服务员前往客房检查时，如发现客人的房门挂有"请勿打扰"牌，应立即将此情况通知前厅收银员并注意该房情况；若房内有客人，应等客人出来后再查房；若该房客人已不在房内，则应通知领班一起进房查看；服务员查房时发现床罩、地毯有烟头烫痕或其他设备物品有损坏或遗失的，应保持原状，然后通知大堂副理查看现场并与客人协商赔偿事宜，当然，是否需要赔偿、赔偿标准等往往因饭店而异、因客人而异。

项目三 客房对客服务基本流程与技能

案例导入

"是房务中心吗？你们那儿有果盘吗？请你们送两份果盘来，我是6012房间的。"房务中心的小文接到电话后立即答道："请稍等，马上送来。"小文打电话到水果房请服务员提供两份果盘，服务员问："果盘通常有五款，分别为158元、88元、58元、38元、18元的，客人要的是哪一款？"这可把小文问住了，因为刚才小文压根儿就没问要哪一款的。"这样吧，就选58元的，做好后请你们送到6012房间。"小文回答道。

水果房服务员端着两份已做好的果盘敲开了6012房门，出来迎接服务员的是一位戴眼镜的中年男性顾客。他一看面前的果盘，立即皱紧眉头，眼神中透出一丝诧异，随即笑道："此果盘非彼果盘也。你们搞错了，我要的只是空果盘，我要送给隔壁房间的领导。你们怎么不问清楚就送水果来了？"说完又哈哈大笑。水果房的服务员也觉得有点尴尬，不由自主地也笑了，然后说："对不起，是我们搞错了。您要的两个空果盘，我们马上送来。"说完只好将两份水果端走。

为了这两份水果有人"买单"，水果房领班按酒店规定，请服务员把这两份水果送到房务中心，以成本价"卖"给了接听电话的小文。在场的同事听完小文讲述的水果的来历后，一个个都乐了——下班后可以分享小文"买"来的水果啦！

问题：

1. 宾客与饭店之间只是通过电话联系，这对服务是否有影响？
2. 对此存在的不足能否用其他的方式加以弥补？

小文之所以"买"下这"苦果"，缘于工作马虎，如果小文能够多问一句"您需要哪一个价位的"，我想就不会发生这种离奇的事情了。因此，服务员接受客人服务要求，切不可漏了"确认"这一环节。

类似于这种由于沟通不到位而铸成错误的事件不胜枚举。这里要特别提醒管理人员注意的是，在许多的服务程序中一定要设立确认这一环节，尤其是涉及与金钱相关的工作，而服务员在服务过程中也要特别注意严格执行这一确认环节。

任务一　熟悉对客服务项目及流程

一、宾客迎送服务

虽然由于饭店规模、类型、经营策略各有千秋，对于宾客到店和离店的迎送工作，各饭店在业务的具体分工归口上不尽相同，但基本的服务流程与技能均可参考本模块项目二的相关内容。

二、信息接收和传递

设立客房服务中心的饭店，客人的服务需求均通过饭店内线电话通知到服务中心服务员（order taker），由其进行服务信息的传达与服务工作的安排。当客人打电话到房务中心时，服务员应在铃响三声之内接起电话：首先向对方问好，报部门名称"客房服务中心，请问有什么需要帮忙的吗？"如遇外宾要说："Room center, may I help you？"问清客人的服务要求后，在工作记录本上做好电话记录，写清发话人（房号）、时间、地点、电话内容，并将内容复述一遍以便与客人进行核对。结束电话前要向客人表示感谢并礼貌道别："谢谢您的来电，请您稍等，再见！"如遇外宾要说："Thank you for calling."等对方挂下电话，再挂机。电话结束后将电话内容加以识别后马上再将信息传递到各相关场所的相关人员，要求他们在第一时间为客人提供服务，并做到礼貌、快捷、细心、周到。10分钟后再致电客人确认服务情况是否满意。最后将电话内容处理结果记录在工作记录本上。

服务中心接到客人要求开门、加床、换房等电话时，应礼貌地告诉客人要与总台联系，并帮助客人将电话转接到总台。

三、清扫服务

宾客住店期间，任何饭店都有责任为其提供清扫服务以保持房间的整洁。此项工作一般采用日常清洁保养与周期性清洁保养相结合的方式进行。客房服务人员不仅要按规程定时进房整理房间，而且还要根据客人的要求，随时进房提供清扫整理服务，做到定时与随时相结合。至于哪些内容安排为日常清扫项目，哪些安排为周期性清洁保养项目，是采取二进房的服务规程（即白天清扫和晚间夜床服务），还是一进房的服务规程（即白天一次清扫），各饭店应根据自身的实际情况而定。详细的服务规程与清扫技能可参考模块二的相关内容。

四、开门服务

饭店有时会出现客人不小心把房间的钥匙落在房内或其他地方，又或者因为饭店计算机系统问题而导致客人的房间钥匙失灵不能打开房门等无法进入房间的情况，这时需要服务人员为其提供开门服务。

（1）客人在楼层要求服务员开门时，应请客人到总台办理开门手续。注意不能打开任何房间给客人打联系电话。

（2）若客人坚决不肯去办理手续的，需查看客人的身份证、护照等有效证件，核对身份和照片，并与总台确认是否与开房客人的信息一致。

（3）服务员接到客房服务中心为客人开门的通知后，应先了解客人的姓名，待核对无误后方可帮客人开门。

（4）帮客人开门时也要注意操作规程，不能直接将房门打开，以防另有客人在房内。

（5）开门后做好记录。

（6）公安人员因办案要求服务员开门时，应由饭店保安人员陪同并同意开门。若无人陪同又因时间紧迫必须立即开门的，服务员应验明来者的有效证件后方可开门，同时应立即向上级报告。

（7）服务员应灵活处理开门事宜，注意语言技巧。如果遇到长住房客人和常客要求开门，必须经准确判断后方可开门。

五、洗衣服务

客房的写字台抽屉内或壁橱内放有洗衣袋和洗衣单。洗衣单有干洗、湿洗、熨烫三栏，客人可根据需要填写。洗衣单的内容包括不同衣物的洗烫价格、要求提供此项服务的一些注意事项，如加快洗衣的收费、衣物遗失或损坏的赔偿，以及客人的姓名、房号、送洗日期、送洗衣物的件数等。为方便客人填写，洗衣单采用无碳复写纸，一般一式三联：一联留给客人，一联送至前台收银处作为记账凭证，一联供洗衣房留底。

洗衣服务

洗衣服务有平洗服务和快洗服务两种。平洗是指在上午10点前收洗的衣服将于当天下午4点后送回，上午10点后收洗的衣服则在次日下午送回；快洗服务是指收洗的衣服将在4小时之内送回，但最后服务时间的规定各饭店不尽相同，有的为下午3点，有的为下午5点，有的则无最后时间的规定，但都要收取加快费用，一般为洗衣费的50%。

洗衣服务是客房日常服务中一项比较细致的工作，因此工作人员应该特别注意服务流程与工作技巧，为客人提供优质的洗衣服务。

（一）收取客衣

1. 收取客衣的方式 住店客人如有衣物要清洗，必须填写洗衣单并签名，然后将填写好的洗衣单连同需洗衣物放进洗衣袋。饭店收取客衣的方式有三种：一是客人打电话通知洗衣房客衣组，告知其洗衣服务的要求，由洗衣房客衣服务员直接前往客人房间收取客衣；二是打电话通知客房服务中心服务员上门收取客衣，如设有楼面服务台的饭店，客人也可以电话通知楼面值台或直接将衣物交给楼面值台，由其转交洗衣房；三是将洗衣袋放在门边或房内显眼位置，由服务员查房或清扫客房时取出转交给洗衣房。

2. 收取客衣应注意事项

（1）一般饭店都规定了正常的客衣收取截止时间，要求服务员每天在饭店规定的收取客衣时间之前去客人房间确认是否有客衣要洗，确保不漏收客衣，但不能打扰客人。

（2）凡是放在床上、沙发上等处没有放入洗衣袋，或未经客人交代而放在洗衣袋内却未填写洗衣单的衣物，均不能交到洗衣房洗涤，需征求客人意见后再做处理。

（3）收取衣物时应认真核对洗衣单上的房号、姓名、洗涤方式、送回时间等项目，检查衣物状况、口袋等，然后要仔细清点数量，并在"客衣收取记录表"上注明时间。

（4）有特殊要求的客衣，应在洗衣单上注明，并按饭店规定时间交洗衣房。

（5）填写收洗客衣记录，尽快将洗衣单传至总台入账。

（二）送还客衣

洗衣房送回衣服时，应按洗衣单逐件进行清点，不能折叠的衣物需用衣架挂放，并检查衣物有无破损、缩水、褪色等。

1. 送还客衣的方式　送还客衣的方式主要有两种：一是由客衣服务员直接将客衣送回客人房间；二是客衣服务员将客衣送至楼面服务台，再由楼面值台将客衣送还房间。

2. 送还客衣的注意事项

（1）将客衣包按楼层和房号顺序整齐地放进送衣车里，将挂件有序地挂到车上。客衣多时应分批送至楼层，避免摆放无序或超载等现象。

（2）到楼层后，按房号顺序将客衣送入房间：若客人在房内，应主动问候客人，说明来意，并提醒客人检查验收，征求客人意见后摆放在合适的位置，礼貌地与客人道别；若客人不在房内，应请客房服务员开门，按规定放好衣物。一般将用衣架挂起的衣物放进壁橱，袋装客衣放在桌上或床上，给客人放置好留言单，并再次核对所送的衣物是否与房号相符，以及件数是否正确。若客房挂了"请勿打扰"牌，一般将客衣交给客房服务中心服务员，并从客房门底放入"衣服已洗好"的说明卡，注意记下客人的房号。此外，要注意的是将衣物交给客房服务中心服务员时应做好交接手续。

（3）填写客衣送衣记录，以备查核。

（三）洗衣服务中特别事项的处理

1. 客人反映客衣送错　服务员首先应向客人道歉并了解客衣的数量、颜色和特征；与原有洗衣单进行核对；如果是整份搞错，应考虑是否写错房号或送错房间，然后检查当日送入其他客房的衣物。如是单件弄错，应先查看楼层其他房间客人有无反映送错衣物，应尽力帮助客人找回衣物。

2. 由于洗衣不当造成客人衣物损坏或遗失　服务员首先应向客人道歉，并征求客人的处理意见；若客人提出赔偿，应通知大堂副理与客人协商；按国际惯例，饭店一般规定任何衣物的丢失或损坏，其赔偿额不超过洗烫费的10～15倍。为显示公平，同时饭店亦不受太大损失，现在有的饭店提出保值洗衣的方法，即根据衣物价值提高洗衣费，若有意外，其赔偿额也相应提高。

3. 客人离店时客衣还未洗好　不管是何原因，服务员都应向客人道歉，将正在进行的客衣清洗情况告知客人，若来得及，应立即洗烫处理好送还客人；若来不及，一般应将衣物包好送到客人房间，并视情况给客人减免洗衣费。

六、客房小酒吧服务

客房小酒吧的设立既方便了客人，同时也能够增加饭店的经济收入，而中高档饭店的客房必须配备小冰箱或小酒吧，存放一定数量的软硬饮料、小食品及配套用品，如酒杯、饮料杯、调酒棒、杯垫、开瓶器等，还要在吧台的显眼处放置"客房小酒吧账单"（见表4-1），账单上应列出软硬饮料及其他物品的品种、数量、价格及有关注意事项，所有上述物品都应按固定的位置摆放整齐。目前，饭店所用账单多为无碳复写纸，一式三联。客房部还应研究客人的消费情况，根据客人的需求定期调整小酒吧酒水、食品的品种。

表4-1　客房小酒吧（mini-bar）饮料单

尊敬的宾客：
　　为了您的方便，特备此客房小酒吧供您使用。客房服务员将每日记录并补充各类饮品。请在消费栏上记录您所饮用的数量以便结账。为避免延误，当您离店结账时，请携带此单到柜台出纳。谢谢您的合作。

Dear Guest:
　　The mini-bar is supplied for your convenience. The contents will be checked and replenished daily by our room attendants. Kindly tick off the items consumed on the mini-bar check for inclusion onto your personal account. To avoid unnecessary delay when checking out, please take the mini-bar check down to the cashier for settlement on departure. Thank you.

房号 Room No.		日期 Date		
数量 Stock	项目 Item	单价 Unit Price	消费 Consumed	合计 Total Amount
1	进口白葡萄酒　Imported White Wine	60.00		
1	进口红葡萄酒　Imported Red Wine	60.00		
1	黑方　J. W. Black Label	60.00		
1	人头马　Remy Martin V.S.O.P	30.00		
1	金酒　Gordon Gin	30.00		
1	朗姆酒　Bacardi Rum	30.00		
1	伏特加　Vodka	30.00		

续表

房号 Room No.		日期 Date		
数量 Stock	项目 Item	单价 Unit Price	消费 Consumed	合计 Total Amount
2	生力啤 San Miguel	30.00		
2	青岛啤酒 Tsing Tao Beer	15.00		
2	可口可乐 Coke Cola	15.00		
2	雪碧 Sprite	15.00		
2	矿泉水 Mineral Water	15.00		
1	果仁 Nuts	15.00		
2	巧克力 Chocolate	15.00		
1	曲奇饼 Cookies	15.00		
客房服务员 Room Attendant		客人签名 Guest Signature		

加收15%的服务费（All prices are subject to 15% surcharge）。

（一）小酒吧的检查

1. 离店客人房间的检查　客房服务员接到客人结账的通知后，应立即进房查核小酒吧，并在房内拨打电话，将该房客人饮用的饮料品种及数量及时通知总台收银处。由于该过程需要一定的时间，有时客人会因等待时间过长而投诉。目前不少饭店特别是一些高星级饭店或精品主题饭店往往通过询问客人是否有小酒吧消费而直接结账，这样就大大提高了客人离店结账的速度。

2. 住店客人房间的检查　住店客人的房间通常由服务员在每日进房清扫时例行检查。如客人有消费，应核对客人是否填写账单。如果客人没有填写，应帮助客人填写；如果客人已填写，应收取相应费用；如填写有出入，应向客人说明、更正，并及时补充新账单。

3. 团队客房的检查　对于团队房小酒吧的检查，客房服务员应根据"团队客人离店通知单"，在团队客人离店前半小时，将该团队所有客房内的小酒吧查核一遍，开好饮料账单。客人离开楼层后，应再复查一遍，以防漏查。也有的饭店在接待团队客人时，根据接待单位或旅行社的意见，将酒水全部撤出或锁起，当客人有要求时再提供酒水或打开冰箱，费用由客人自理，不入团队总账。

（二）小酒吧的补充

客房小酒吧应根据当日客人消费情况，按规定数量及摆放要求及时进行补充，并要检查酒水质量和保质期。根据饭店业务的分工和组织机构的设置情况，客房小酒吧的补充工作可由楼层领班统一负责，也可由客房服务中心服务员或楼层服务员负责。

（三）小酒吧的盘点与损耗控制

1. 小酒吧盘点　客房部定期统计和盘点楼层的小酒吧，一般来说以周为宜；客房部应每月检查一次小酒吧供应品的保质期，更换快过期的饮料、食品。

（1）客房服务员将客房内小酒吧的消费和补充情况记录在工作报表上，填写客房小酒吧日消耗单，将其中一联交至客房服务中心。

（2）楼层中班服务员根据日消耗单填写客房小酒吧周消耗单，并盘点楼层备用饮料、食品等，对照备用定额，填写客房小酒吧补充单，交至客房服务中心。

（3）客房服务中心夜间服务员汇总小酒吧账单和客房小酒吧日消耗单，并与夜审进行核对。如有出入，要立即查明原因。确认无误后，分别将其装订成册。

（4）客房库房保管员审核小酒吧周消耗单及客房小酒吧补充单，按客房用品领发程序补充饮料、食品等，确保楼层供应。

2. 小酒吧损耗控制　客房小酒吧设立的最大困难在于酒水流失和报损的控制。这既有内部的原因，如管理不善、员工责任心不强、查房不仔细或私自饮用等，也有外部的原因，如客人逃账等。解决的方法一般有：

（1）客房服务员与前台收款密切配合，做好沟通联系工作，尽量使逃账率控制在最低范围内。前厅收款要求结账快，但应给予楼层服务员查房的时间，所以应在得知客人结账的第一时间通知楼层服务员或客房中心，并通过细致的服务如请客人查看账单等方式使客人略为逗留，客房服务员一般须在接到通知后3分钟内报账到前台收款。

（2）酒水逃账、漏账，若是客人原因，应做报损处理，由大堂副理签字认可。

（3）酒水控制应与员工考核相联系，以增强员工责任心。

（4）客房部应每月对客房小酒吧、楼层饮料柜内的饮料检查一次，如有接近保存期限的，应立即撤出与仓库调换。

七、托婴服务

托婴服务一般是高星级饭店向客人提供的一项服务。该服务可为携带孩子的客人提供方便，使其摆脱孩子的拖累而不致影响外出活动。

（一）对服务员的要求

饭店一般不设专门的人员负责托婴，此项服务大多由客房服务员在下班后承担。兼职的服务员须接受照料孩子的专业培训，具备照看孩子的专业知识，有一定的照看技能和照看经验，若略懂外语则更佳。

（二）对客人的要求

客人提出托婴服务的要求后，应按饭店要求填写"婴幼儿看护申请表"，包括：年龄、性别、国籍、饮食生活习惯、照看时间和要求等。

（三）托婴服务的要求

（1）在接受客人托婴服务时，应告知客人并就饭店的收费标准及有关注意事项向客人说明。

（2）报告客房部经理，由其在"婴幼儿看护申请表"上签字，根据客人的要求及婴幼儿的特点，安排专门人员提供看护服务。

（3）看护者在接受任务后，应提前5分钟到达客人房间，并要求客人离开时，留下联系电话，以备紧急情况时可以联系到客人。

（4）服务员要在规定区域内照看婴幼儿，严格遵照家长和饭店的要求看护，不随便给婴幼儿食物吃，不将尖利物品及其他危险物品充当玩具，不托付他人看管。

（5）在照看期间，若婴幼儿突发急病，应立即报告上级，以便得到妥善处理。

（6）服务结束时，看护人员应主动向客人汇报看护过程及婴幼儿情况，向客人收取保姆服务费，并向客人致谢、道别，交接完毕方可离开。

八、拾遗服务

住店客人或其他客人在饭店逗留期间或离店期间，都有可能会将客人物品遗忘在饭店客房或其他公共场所，饭店有责任为其妥善保管或处理遗留物品。

（一）遗留物品的发现

客人离店后留在饭店范围内的一切有价值物品，均属于客人遗留物品。比如，护照、身份证等证件；钱币、支票、信用卡、各种票券；名贵字画、金银首饰、照相机、手提电脑等贵重物品。

（1）如服务员在检查走客房时发现了客人的遗留物品，应及时跟总台联系，将物品交还客人；如客人已经离店，则应及时上缴。在客房范围内，无论何地拾到客人的物品，都必须尽快交到客房服务中心。

（2）如服务员在饭店公共区域发现了客人的遗留物品，应设法及时交还客人，不能交还时，按饭店遗留物品处理规程联系相关部门并登记上交。

（3）拾获者应按饭店规定填写"拾遗单"，写清楚日期、房号、拾到地点、物品名称、规格、颜色、牌号、式样、件数、拾物人姓名等信息，将物品整理好，与"拾遗单"的随物联一起装入透明塑料袋、封口，写上日期，交由客房服务中心保管。

（二）遗留物品的保管

（1）客房服务中心服务员在收到楼层服务员上交的客人遗留物品时，应仔细查对"拾遗单"和遗留物品，并在"客人遗留物品登记表"（见表4-2）上进行登记。服务中心接到失物后在失物招领登记本上登记：日期、编号、失物地点、名称、数量、特征、拾物人姓名、登记人姓名，然后再用失物招领二联单登记以上内容。

表4-2 客人遗留物品登记表

日期	时间	地点	拾得物名称及数量	拾交人	编号	联络员	保管员	领取人签名及证件号码	领取时间	备注

（2）用塑料袋或报纸将失物与其中一联登记单包起，在包裹的表面写上编号。

（3）按月份编号存入失物招领柜，贵重物品登记后交部门经理存入贵重物品保管柜。

（4）将剩下一联失物招领登记单存档备查。

（三）遗留物品的处理

1.无人认领的遗留物品

对无人认领的遗留物品，到保管期限即按饭店规定进行处理，一般保存3个月以上无客人来认领，将失物发给拾物者（旧衣服、鞋子按防疫要求处理）。平时要求每月清理一次。贵重物品需保存一年以上再酌情处理。身份证、信用卡、银行卡、病历等重要文件保存一年后统一交安全部，安全部联系派出所酌情处理。

2.有人认领的遗留物品

对有人认领的遗留物品，则应做好认领发放工作。具体工作步骤如下：

（1）客房服务中心接到客人查询失物的电话时应问清客人：入住日期、房号、结账日期、遗留何物，并请客人稍等片刻。

（2）立即查询失物招领登记本。

（3）将查询结果告诉客人，并与客人确认取物的时间，要求客人：如失主本人来取，需带上身份证；如失主委托别人来取，需带上失主的委托信和取物人的身份证。

（4）要求客人留下电话号码，以便随时联系。如失物招领登记本上查找不到相关信息，请客人留下联系电话，待仔细查找后再将结果致电客人。

（5）客人来领取失物，须重复一次失物内容、遗失时间、地点、特征等，核准后如数交还客人，并请客人在失物招领登记本和登记单上签名。将客人身份证或护照的复印件与原来存档备查的一联失物登记单夹在一起存档。

（6）通过他人认领时，失主应有委托信交给认领者或传真给客房服务中心，服务中心应验看客人委托书、复印来人身份证或护照，问清遗失地点、物品、遗失时间等，所有资料相符，方可将物品交给来人签名代收。

九、擦鞋服务

当客人长途跋涉，尤其是在雨雪天抵达饭店时，或将去参加重要的活动前，往往需要擦鞋服务。饭店客房内一般都为客人放置了擦鞋器或擦鞋纸，为了提高服务水平，还为客人提供免费擦鞋服务。

通常在客房衣橱内或床头柜下方放置鞋篮和鞋样，鞋样上写明进行擦鞋服务的方法以及联系电话，同时在房内的服务指南中告知客人。

擦鞋服务

（一）皮鞋的收取

（1）服务中心接到客人要求擦鞋服务的电话后，立即在电话记录本上做记录，并通知楼层服务员。

（2）接到服务指令后，楼层服务员立即去客人房间，将客人的皮鞋放在鞋篓内拿到工作间，并在纸条上写好房号放入鞋内，防止弄混客人的皮鞋（也有的饭店使用专用的擦鞋袋，袋上印有房号，可防止将鞋送错房间）。

（3）收取皮鞋时，应检查皮鞋的外观有无破损，若有破损，应请客人确认并签字。皮鞋收取后，要在报表上记录房号、颜色、款式、数量。

（二）皮鞋的擦拭

（1）擦鞋前，在地面铺上报纸或报废的床单，防止尘土或鞋油将地面弄脏，并备好合适的鞋油及擦鞋工具。

（2）按规范擦鞋，要擦净、擦亮。

（3）注意鞋带、鞋底和鞋口边沿要擦干净，不能有鞋油，以免弄脏地毯和客人的袜子。

（三）皮鞋的送还

在规定的时间内将擦好的皮鞋放在鞋篓内，送还客人房间。若客房挂有"请勿打扰"指示牌，可用留言信息单的形式通知客人。一般在一个小时之内，应将擦好的鞋送入客人房内，放在饭店规定的地方；对于急用的客人，应尽快按约定时间将鞋送回。

（四）擦鞋服务的注意事项

（1）当楼层无服务员时，客房服务中心的服务员应立即上楼为客人提供擦鞋服务。

（2）注意鞋油颜色的选择，翻皮皮鞋不可使用鞋油处理，不知如何处理的鞋面勿硬擦。

（3）楼层服务员在客房清扫时发现房内有脏皮鞋，应主动询问客人是否需要擦鞋服务；如果客人不在房间，可先将皮鞋收到楼面工作间，留一张擦鞋服务单于房门底部缝隙处，告知客人服务员正在为其擦鞋；如果客人将皮鞋放在客房门口或鞋篓里，服务员可直接将鞋拿到工作间按规程提供擦鞋服务。

十、物品借用服务

为了方便住店客人的生活起居，饭店一般备有电熨斗、万能插座、婴儿床、充电器、剪刀等物品，供客人临时借用，并在服务指南中标明此项服务，注明饭店准备的、可供借用的物品种类、性能等，同时申明损坏或遗失的赔偿规定。

物品借用服务

（一）服务程序

（1）客房服务中心接到客人要求借用物品的电话后，应礼貌问候客人，仔细询问客人需借用物品的名称、要求以及借用时间等，复述一遍进行记录并记下来电时间，告知客人物品送达客房所需的时间。

（2）填写两联"物品借用登记表"（见表4-3），详细记录外借物品的名称、编号、借出时间、借用者房号、经手人及应归还时间等，取出借用物品，检查借用物品的状态，然后将用品迅速送至客人房间或按约定时间送至客人房间。

表4-3　物品借用登记表

日期	房号	用品及序号	经手人	借用人	归还时间	接收人

（3）将物品交给客人，客人试用无误后请客人在登记单上签名，与客人礼貌道别，面向客人退出房间，轻轻带上房门。

（4）将借据一联送至前厅收款，另一联拿回服务中心存档。

（5）在借用物品登记本上登记房号、客人姓名、借用物品名称、离店日期等相关信息。

（6）接到客人归还物品的电话时，立即去房间取回物品并向客人道谢，面向客人退出房间，轻轻带上房门。回到服务中心时，应在物品借用登记本上登记，按规定进行处理后将用品归位保管，撕掉所存借据并通知前厅。

（7）经手服务员下班时若发现客人未将物品归还，应在交接记录上做好记录，以便下一班服务员继续服务；凡客人未通知归还的，应在客人离店前提醒楼层领班和服务员给予关注，防止遗漏。

（二）物品借用应注意的事项

（1）客人租借电器用品（如电熨斗等）时，应提醒其注意安全；借用剪刀、水果刀时问清用途，并在客人试用完毕后及时收回。

（2）注意收回租借物品，对于过了租借时间，客人仍未归还的物品，在客人离店前可主动询问客人，但要注意询问方式。

（3）借用物品收回后，要检查完好程度并清洁消毒，方便下次使用。

（4）常客借用物品时，可编入客史档案，在其下次入住前先放入。

（5）如客人需要租借某些收费设备物品（如电脑、麻将等）时，应事先向客人讲明租借价格标准及收取押金标准。客人同意后，将租借物品登记，客人签字后服务员将物品送入房内。

十一、加床服务

客人入住前或入住后都有可能提出加床的要求。客人入住前如有加床要求，应在客人到店前完成；客人入住后向楼层服务人员提出加床的要求，服务员应礼貌地请客人到总台办理有关手续，不可随意答应客人的要求，更不得私自向客人提供加床服务。

加床服务

（1）客房服务中心接到总台的加床通知后，必须在房间报表上记录加床的房号并及时通知楼层服务员，楼层服务员接到有关加床服务的通知后也应在工作单上做好记录。

（2）加床前先要将备用床擦拭干净并检查是否牢固稳当，按规程进房，将所加床铺送入房间安放好，准备好床上用品。如客人在房内，应主动询问客人并按客人要求铺好床。加床后应及时做好记录。

（3）同时应增加一套客用品，如杯酒具、面巾、浴巾、方巾、浴帽、牙具、茶叶、咖啡等。

（4）客人退房后，床铺要尽快收好归位，备用枕头、棉被等检查无误后，折叠整齐放回原位。

（5）如果客人临时取消加床，应及时通知服务中心和总台，并做好记录；如果客人的加床要求饭店无法满足，需耐心向客人解释，并为其提供其他解决方法。

十二、管家服务

（一）行政客房服务

国内的高星级饭店往往会设置一些行政楼层，以及专为行政楼层客人服务的接待区，该区域可提供以下服务：

（1）办理入住、离店手续，并提供问询、留言等服务。

（2）复印、传真、电脑出租、翻译等服务。

（3）小型会议、洽谈、会谈服务。

（4）餐饮服务，如免费的自助早餐、下午茶及饮料服务。

（5）阅览、休息场所。

（6）管家服务。

（二）客房管家服务

客房的管家服务也称为"侍者服务"（butler service），是高星级饭店或一些特色精品饭店提供的客房贴身服务，一般由客房部提供。客房管家除了提供例行的客房服务外，还提供客房内早餐早茶服务、开葡萄酒服务、行李整理服务、衣服熨烫服务等。此外，管家还须应客人的要求（一般客房内有服务呼叫装置），提供24小时的贴身服务。

对于顶级的重要客人，饭店一般会安排一对一的管家服务。专人的贴身管家服务内容还包括：准备个性化客房、订餐、点菜、留座服务、用餐服务、客房内结账服务、安排当地旅游计划、安排商务活动、接站、离店送行及其他各种代办服务，即客人在住店期间的生活起居甚至是商务游览等活动均由贴身管家一人负责，找到管家即能满足客人的一切合理需求。

十三、会议服务

有些饭店客房部还负责为在饭店举行的会议、会见、会谈及签字仪式等提供服务，有些饭店则将会议服务划归到餐饮部或专门的会议服务部，这主要是看饭店具体的业务分工。会议服务主要包括会前准备、会中服务和会后服务三个环节。

会议服务

（一）会议服务基本环节

1. 会前准备

（1）了解情况。根据"会议通知单"了解并掌握会议的有关情况，了解会议主办单位、会议名称、参加会议的人数、会议时间、茶水、水果、主席台等要求，做好会议服务的各项准备工作。

（2）场地清洁、准备。布置会议室前首先应按要求做好会议室、公共洗手间、衣帽间的清洁卫生工作；其次按会议规格要求，布置好主席台人员的会前休息室，按主办单位要求悬挂横幅（或显示屏、背景板）、布置好主席台、排好会议桌及座椅（或沙发）等。

（3）设备用品的检查布置。应根据会议的规模、要求等准备所需的设备，如话筒、电脑、投影仪、LED屏等，并应根据会议人数准备足量的热水瓶、茶杯、茶叶、毛巾、毛巾篮等用具，并按规定整齐摆放，如会议需用矿泉水等饮料，应准备相应的水杯或吸管；准备好会议主席台人员会前休息室的茶水、毛巾、水果等；卫生间内的各种卫生用品应供应充足，视情况可备小方巾、护肤品、梳子、擦鞋工具等；衣帽间应备足衣架、存衣牌等物品，并留专人守候服务。会议材料、文具用品、主席台席卡等应按主办单位要求事先制作并摆放好；如会议需用水果，应按主办单位要求的标准进行准备、摆放；如会议场所禁烟，则应准备好另外的吸烟场所和烟灰缸等物品。

（4）环境准备。会前半小时，服务员应打开空调，调节室温（一般控制在22～24℃），或视会务组的要求播放轻音乐等。

（5）迎宾准备。做好各项准备工作后，会议服务人员应提前15分钟在会议室门口做好迎宾准备。

2. 会中服务

（1）迎宾服务。会议开始前，服务员应站在会议室门外，面向客人到来的方向保持微笑。客人到会场外时，服务员应问候客人"您好，先生/小姐"，伸手示意大门的方向，"这边请"，做好领位服务；客人陆续到会后，服务员应热情为他们沏茶，操作时尽量不要发出声音，如意外打翻杯具，应诚恳地向客人道歉，然后赶快收拾台面。

（2）会中服务。会议开始时，服务员将大门关上，会议期间服务员应提供续水、换烟缸、换方巾等服务；服务间歇时，服务员也应随时做好为客人服务的准备；会议中场休息时，及时补充和更换各种用品，注意不要翻动桌面资料。若条件许可，会场外可设一个临时休息厅，供客人小憩。

3. 会后服务

（1）会议结束时，服务员打开大门，站在门内一侧，保持微笑，身体略微前倾，欢送客人。

（2）目送客人离场后，应及时检查会场，如发现客人遗留的物品，要及时交还。

（3）等客人全部离场后，迅速撤出茶饮用具，清理卫生，关闭照明和空调，恢复正常状态，以便再次出租使用。

（4）协助会务组做好其他工作。

（二）会议服务技巧

1. 茶水服务技巧

（1）宾主入座后，按"先宾后主"的顺序依次上茶或饮料，注意杯把要一律朝向客人右手侧，上茶时要热情。

（2）根据要求选择茶叶的种类与配套的茶具，根据茶叶的类别注意泡茶热水的温度。

（3）续水时可用左手的小指和无名指夹起杯盖，用大拇指和食指、中指握住杯把，将茶杯拿离桌面，侧身，腰略弯曲。注意续水时水温不可过高，也不要倒得过快、过满，以免开水溢出，烫伤客人或溢到茶几上。进入会议室续水时不宜敲门。

（4）一般间隔半小时左右续水一次，服务员不可频繁进出会场以免干扰客人。

2. 寻人服务技巧
当有人找客人时，服务员应问清需要见的客人的姓名及来访者的姓名、单位，如认识，服务员可直接去找；如不认识，服务员应找到接待联络人员，向其讲明情况，由联络人员视情况处理。

3. 其他技巧

（1）在会议服务中，服务员在做到规范服务的前提下，应注意随时观察了解会场气氛和客人表情。

（2）如客人不介意在会议当中提供续水、换香巾等服务，这时服务员的续水就可以勤一些；如果客人不希望在会议进行中有服务员在场，可为其准备充足的物品，尽量不进入会议室，以免影响会议的正常进行。

（3）会议服务过程中应做到"四不"：不听、不问、不说、不评，做好保密工作。

任务二　掌握特殊情况处理技巧

一、贵宾服务

贵宾（VIP）是指饭店客人中，有较高身份、地位或因各种原因对饭店有较大影响力，在接待中应得到饭店较高的服务礼遇的客人。对贵宾的接待，从客房的布置、礼品的提供，到客房服务的规格标准，都要高出普通客人，使其感到饭店对自己确实特别关照。

VIP服务

（一）迎客准备

客房部接待贵宾要提前做好充分准备：

（1）客房服务中心接到前台VIP入住通知单后，确认VIP房号、抵达时间、人数、客人的喜好以及是否有特别要求等有关接待事项，立即通知部门经理、主管及相关楼层领班。

（2）选派经验丰富的服务员，按照接待规格将房间进行彻底的清扫、布置；检查房间设施设备是否完好，各种客用物品是否齐全、摆放是否整齐得当；客人到达前还应检查房间温度是否得当，并提前开好空调。

（3）按规格配备其他物品，如在客房内摆放有总经理签名的欢迎信、总经理名片等，摆放好水果（配有洗手盅、水果刀、果叉、口布等）、鲜花，做夜床要放置夜床赠品。

（4）房间准备完毕后要由管理人员逐级进行严格检查、确认，必要时，总经理需亲自检查房间，以确保房间卫生质量、设施设备运行状态、客用品的规格品牌等。

（二）迎接客人

（1）负责VIP接待的服务员，提前做好茶水、方巾等相关准备工作，在客人抵达前15分钟和领班、主管、经理等在电梯口迎接客人。

（2）当电梯门打开时，即用礼貌服务用语对客人表示欢迎，最好能提供叫名服务，使客人感到亲切。

（3）客人走出电梯后，马上进行引领；到房门口按规程敲门、开门，站在门旁请贵宾先进房；等客人进房后，立即奉上香巾和欢迎茶，视情况介绍房间设施和服务项目。

（4）服务员为不打扰客人休息，要尽快离房，离房前要说"请休息，如有事请打××电话"。

（5）记录客人入住日期。

（三）住店服务

（1）楼层主管、领班应每天仔细检查房间设施、设备运行、水果、鲜花等情况，及时控制房间卫生清洁标准，必要时，经理也要检查VIP房间的卫生情况。

（2）服务员应按VIP标准仔细清扫房间，一般贵宾外出一次即进房小整理一次，随时留意客人动向、要求，给客人提供"满意+惊喜"的服务。

（3）洗衣房领班应特别留意VIP客衣，仔细检查每件客衣，对VIP客衣不论客人要求是快洗还是普洗，均按快洗服务处理，且由洗衣房领班亲自洗涤衣物。

（4）按照VIP优先的原则，根据贵宾的生活习惯和爱好，提供有针对性的服务。

（5）留意贵宾的喜好，做好记录并及时传递到相关部门，以便完善客史档案。

（四）客人离店

（1）贵宾离店前，客房部管理人员应主动征询贵宾的意见，询问是否需要叫醒、行李服务等，如有则应及时告知相关部门和人员；查询贵宾的洗衣服务、委托代办等事项是否已经完成。

（2）贵宾离店时，楼层管理人员、服务员一般送至楼层电梯口，并致离别祝愿。

（3）贵宾离店后，楼层服务员应立即进房检查，如小酒吧有消费应清点好消耗情况并填写好消费单，按贵宾接待流程进行处理；检查房间有无遗留物品，如有尽量及时归还，并做好记录。

（五）贵宾服务的注意事项

（1）及时准确，传递信息。保持信息传递的畅通和及时准确，是做好对客服务工作的重要环节，这在饭店贵宾接待中显得尤为重要。贵宾接待通知单是客房部接待贵宾的主要信息来源和依据，客房部一方面要保持与前厅部的有效沟通，确保饭店传达给本部门有关贵宾接待信息的及时准确，另一方面也要对接待单进行认真研究，将有关信息和接待服务要求及具体措施传达到本部门有关人员，确保贵宾服务工作的顺利开展。

（2）注意细节，精益求精。饭店管理和服务水平的高低，往往见于细节之中。因此，在贵宾接待服务过程中要特别注意细节，做到精益求精。如给贵宾房选用新的客房印刷品、棉织品及其他用品，将电视机频道提前调整到客人的母语频道，若贵宾晚上抵店则应提前做好夜床服务等。

（3）有效提供针对性服务。客房部管理人员在接到贵宾服务任务后，应认真查看客史档案和贵宾接待通知单，根据客人的习惯和偏好提供个性化的针对性服务，并根据贵宾档次和接待工作的具体要求，提供必要的定制化服务。同时要求服务人员在工作过程中细心观察、及时记录客人的生活习惯和爱好特点，为有效提供针对性服务积累信息资料。

（4）周到适度，尽量不打扰客人。在接待服务贵宾时要求比接待服务一般客人更为细致体贴，因此往往容易造成过度服务、过分关心的现象。看似服务很周到，实则给贵宾带来更多的打扰和不便。

（5）注意礼仪，注意安全保密。客房服务中心及楼层服务员要牢记客人的姓名，接听电话、遇到客人时均用姓氏、职位来称呼客人。平时密切关注楼层情况，协助安保人员做好安保工作，并注意为住店贵宾保密。

（6）协助前厅部选好客人用房。贵宾接待中，客房部一般根据前厅部的安排来准备贵宾入住的客房，如果前厅部对客房情况不了解，客房部管理人员在准备时发现客房状况达不到接待规格要求，结果就是浪费了宝贵的时间。因此，客房部管理人员应及时将客房状态告知前厅部，为其选房、排房提供帮助。

二、醉客服务

醉酒客人的破坏性较大，轻则行为失态，大吵大闹，随地呕吐；重则危及生命及客房设备，酿成重大事故。对醉酒客人的服务，既要耐心、周到，又要注意安全，包括客人的安全、饭店的财务安全和员工自身的安全。客房服务员在为醉酒客人服务时，应做好以下几个方面的工作。

（一）及时发现醉酒客人

（1）当服务员发现客人在房内不断饮酒时，便应特别留意该房客人动态，并通知领班，在适当情况下，与其他服务人员或领班借机进房查看，但切忌单独进房。

（2）客房服务人员在楼层发现有醉酒客人时，首先应证实其是否为住店客人。若证实其为外来游荡的醉客，应请其离开，或通知安全部人员将醉客带离楼层，并控制醉客的行为；若是住店客人，应立即报告部门管理人员和保安部，要求保安部加强关注，并请同事帮忙，安置客人回房休息。客人醉酒时服务员一般不能单独扶其进入房间，或帮其解衣就寝，以免客人酒醒后产生误会。

（二）视客人醉酒程度提供适当服务

1. 及时安置客人

（1）若客人已饮酒过量，难以自理，但尚清醒，应扶客人上床，征求客人意见后，为其准备好茶水、面巾纸、垃圾桶等物品，并将物品摆放在床头柜、床边等处，以方便客人使用。如客人酒后呕吐，服务员应及时清理房内地毯。

（2）安顿好客人休息后，房间要留灯，如夜灯或廊灯，然后轻轻退出房间，关好房门。

2. 注意客房动静

（1）将客人安置好后应密切注意房间的动静，以防客人醉后失态造成饭店财产损失，引起客房火灾，使客人生命面临危险等情况发生。

（2）对因醉酒而大吵大闹的客人要留意观察，在不影响其他客人的情况下一般不予以干涉，但若发现客人因神志不清而有破坏行为，则应通知保安部、大堂副理处理，若已造成设备物品损坏，应做好记录，等客人酒醒后按规定赔偿。

（3）若遇到客人倒地不省人事或有发生意外的迹象，如酒精中毒的客人等，应及时通知大堂副理，同时通知医务室医生前来检查，以保证客人安全。

（4）对醉酒客人纠缠不休要机警应对，礼貌回避，必要时可请求保安部帮助。

3. 做好记录
在"服务员工作日报表"上填写醉酒客人房号、客人状况及处理措施。

三、病客服务

如遇到住客生病，服务员应给予特殊关照，并体现出同情、关怀和乐于助人的态度，使客人感到温暖和满意。

（1）服务员发现客人得急病，应立即向部门主管、经理汇报，并说明具体地点。主管、经理接到报告后，第一时间赶赴现场，如情况紧急立即打120急救中心，并通知大堂副理、值班经理和医务室医生。

（2）如接到客人需要就诊的电话，应询问客人姓名、房号、性别和病情。若是一般疾病，请客人自己去饭店医务室就诊，告知客人医务室地点、电话号码。如客人行动不便，服务员应通知饭店医生到客房来为客人诊治。同时，做好记录（从发病开始，每天做好护理记录）。

（3）如发现客人患的是传染病，在病人送去医院后，立即封闭客房。通知医务室或卫生防疫部门对客房进行全面彻底的消毒处理。凡在本区域接触过病人的工作人员应在一定时间内进行体检，防止传染病扩散。

（4）客房服务中心对客人生病情况进行交接班，以便对客人做好针对性服务。

（5）客人在生病期间，楼层主管应代表饭店送鲜花慰问客人，祝客人早日康复，必要时客房部经理应亲自到客房向客人表示慰问。

四、客人死亡事件处理

（1）服务员一旦发现客人在客房内死亡，应立即通报楼层主管和部门经理。通报时说明发现的时间和地点，并保护好现场。注意保密，不得大呼小叫和随意告诉任何人，特别是住店客人。

（2）主管以上管理人员接到员工报告后第一时间赶赴现场，并立即通知保安部经理、医务室医生、大堂副理和值班经理。

（3）由部门经理和保安部经理向驻店经理、总经理报告。

（4）协助保安部和公安人员的调查问讯工作。

（5）遗体运出后，立即将客房封闭，等保安部通知后才可进入此房。

（6）通知医务室对此房进行全面消毒处理。

（7）将整个处理过程进行记录。

五、客人被关门内

（1）服务员一旦发现有客人由于卫生间门锁失灵而被关在门内，应立即设法协助客人打开卫生间门。如自己无法打开，应立即呼叫维修人员赶至现场以最快速度打开卫生间。

（2）如房门保险扣反扣而导致客人被关，应第一时间通知维修人员以最快速度赶至现场开锁。同时报告部门管理人员，管理人员应及时赶到向客人致歉。

六、对挑剔、脾气急躁客人的服务

（1）为这类客人提供服务时，服务员一定要有耐心，态度要友善，在不影响饭店利益的情况下，尽量满足他们的要求。比如，刚刚打扫好的房间，客人说卫生间不整洁或床单不干净要求重新清理时，服务员无须解释，应愉快答应，并当着客人的面再次进行清扫和更换。

（2）本着"客人永远是对的"原则处理客人意见，对客人提出的意见一定要认真听取、虚心改进。如果是客人一时的误会，服务员也不要急于辩解，要耐心等客人把话讲完，再与客人有效沟通，不能讲气话、急躁语等，注意语气语调和说话态度，以取得客人的谅解，并向客人表示感谢。

（3）脾气急躁的客人往往在情急时候会开口骂人，即使此时客人态度再差，只要其言行没有严重越轨，服务员就一定要保持冷静，耐心听取客人意见，真诚地检查自己工作的不足之处。等客人平静后再解释并道歉，在任何情况下不能与客人争吵。如果服务员已经尽了最大努力仍无法平息客人的怒气，应及时向上级管理人员汇报，由上级管理人员出面解决。

七、客房设备出现故障时的服务

饭店在任何时候都禁止将设备设施出现故障的客房出租给客人。如果是客人在住宿期间，设备设施出现了故障，客房部服务员应及时做好服务工作，以免影响客人的使用和对饭店服务质量的评价。

（1）客房服务员在工作过程中发现客房设备设施出现故障，或得到客人反映设备设施有故障时，应马上进房查看。如确认是自己不能解决的故障，应在第一时间汇报给客房服务中心。

（2）客房服务中心接到报告后，应按饭店规定的要求进行记录，将客房改为"OOO"（out of order）状态，填写"客房维修通知单"，将通知单送往工程部，并询问维修所需的时间；如果是紧急维修项目，可以先电话通知工程部，后填写通知单，等工程维修人员到达楼层时再补送通知单给他们。

（3）根据实际情况，为工程维修人员提供必要的服务，如开房门、撤客房用品、对地毯进行保护性覆盖等，并随时关注维修进展情况，及时做好和客人的沟通。

（4）已住客房设备设施出现故障，客房主管或领班应亲自到房间向客人道歉，并征求客人意见提前为其换房，如客人坚持不换房，则可为客人赠送免费果盘等；如果经过检查，确定不能在短时间内将设备设施恢复到完好状态，则应立即为客人换房，必要时可为其免费升级房间。

（5）一旦检修完毕，客房服务员应对维修结果进行检查，确保设备设施故障已完全排除修复，然后按清扫规程进行认真的清扫、检查，并及时修改客房状态，将"OOO"改为"OK"，以方便房间出租。

八、礼貌婉拒客人

在对客服务过程中，客人的要求有的是合理的，有的是不合理的；有的是正当的，有的是不正当的。不合理、不正当的要求是不能给予满足的，服务员要学会委婉拒绝客人。当要求被拒绝时，客人的内心一定会失望和产生不快，处理不好会在很大程度上影响他们对饭店的满意度和评价。因此，掌握委婉拒绝的技巧和方法对服务员来说也是非常重要的。

（1）客人的要求有一定的合理性，但受条件的制约和限制，无法满足其要求时，服务员应当先向其表示同情，然后委婉拒绝："您提的要求是可以理解的，让我们想想办法看，一定尽力而为。"

（2）当客人提出不合理要求时，服务员必须沉得住气，避免态度生硬、说话难听。

（3）在原则性、敏感性问题上，态度应当明确，不能违反饭店规定，应当体现出自身的职业修养，有礼有节，如"非常抱歉，我们只允许这样做。"

（4）借他人之口说"不"，比直接拒绝客人更容易让客人理解，也不失客人的面子。

九、学会处理客人投诉

引起客人投诉的原因很多，如设备设施运行不正常、有故障，清洁卫生工作马虎，客用品未及时更换、消毒、补充，服务过程中礼节礼貌不到位，不尊重客人的风俗习惯，接待客人不主动、不热情，未及时处理好客人委托代办的事项，损坏、遗失客人的物品，等等。

投诉产生后，追究其原因已经不再重要，重要的是该如何正确看待、面对客人的投诉，该采取怎样的措施来有效解决客人的投诉。对饭店而言，争取和留住客人都是不容易的事，如果不能正确对待客人投诉，不能及时有效地处理客人的投诉，让客人因不满而离开饭店，真正受损失的还是饭店。因为，有些客人对饭店心存不满时，不会选择向饭店投诉，而是把不满留在心里，拒绝再次光顾，或向其亲朋好友等宣泄，在更大的范围内影响饭店的形象和声誉。因此，无论客人出于何种原因进行投诉，我们都要理解客人，决不能与其争辩或不理不睬，要充分重视客人的投诉，设身处地地为客人着想，及时查明原因，改善服务，真诚地帮助客人解决问题，尽可能使其满意。只有这样，才能消除客人的不满情绪，重新赢得客人的信任和好感，改善客人对饭店的不良印象。

（一）对投诉的认识

正确对待客人的投诉，要做到态度友善、立场客观、情绪稳定、言语礼貌。当客人向我们投诉时，千万不能有"客人投诉就是找饭店的麻烦"、"投诉的客人都是刁民"等想法。客人投诉其实是帮助我们发现工作中存在的漏洞，是给我们改进工作方式方法、提高服务质量、改善宾主关系的绝佳机会。

（二）对投诉的处理

1. 接受投诉时的技巧

（1）注意用恰当的方式称呼客人。

（2）对不同方式投诉的客人应采取不同的方法与处理技巧：如现场投诉的客人，最好应礼貌地请客人就座，提供一些茶水，请客人慢慢说明事情原委及要求。如果客人情绪比较激动，可以请客人到比较偏僻的地方落座，不要造成对其他客人的困扰。

2. 投诉处理的一般程序

投诉处理的关键点就是要及时，因此接受客人的投诉后，应立即想办法解决投诉的问题。

（1）倾听。在接受投诉时一定要认真倾听，倾听时要保持与客人目光的接触，要边听边点头附和，要表示理解和同情，一定要耐心听完客人的所有讲话，期间不要进行任何解释。

（2）记录。不论事情大小都要认真做好记录，并将内容复述一遍，以得到客人的确认。如果客人是电话投诉，注意接听电话的礼节礼貌，要做到认真倾听，并表示理解同情，要边听边记录，等客人讲完后复述一遍。如果客人是通过宾客意见书或密函等方式投诉的，饭店接到投诉后，应立即与客人取得联系，具体处理方法和措施与其他投诉途径基本一致。

（3）处理。在处理时可以先征求客人的意见，把将采取的措施和所需时间告诉客人，如果双方意见相左，要心平气和地与客人协商，但要注意不能做任何不切实际的承诺。如果涉及其他部门，应尽快与相关部门取得联系，尽快帮助客人解决问题。如果客人始终不满意或涉及权限问题，应及时报告上级管理人员，由其处理。

（4）跟进。投诉处理完毕后，应及时跟进回访，主动了解客人对处理结果的反馈信息，确认投诉处理的效果。

（5）存档。做好每一位客人的投诉档案管理工作，要定期进行分类、分析、总结经验，以防类似投诉的再次出现。

任务三　了解客房服务的发展趋势

一、个性化服务的定义

个性化服务就是有针对性地满足不同客人合理的个别需求的服务。个性化服务起源于西方发达国家，被称为personalized service 或 individualized service。之所以提出这样一个服务新概念，主要是因为西方饭店业在近百年的发展过程中发现，在真正面对客人提供服务时，仅有规范化的服务仍然不能使不同的客人完全满意，造成这种状况的最主要原因就是服务对象——客人的需求实在是太过变化莫测，标准化的规范服务只能满足大多数客人表面上的基本需求，而不能满足客人更深层次的、尚未表达的个别需求；标准化的规范是死的，而这些深层次的需求却是即时的、灵活多变的。这就是为什么有时服务员完全按照规范为客人提供服务不但没有让客人高兴，反而使客人感到别扭，甚至大发脾气。在这种背景下，饭店经营者开始认识到，服务必须站在客人的角度、随客人之需而随机应变，个性化服务由此产生。所谓个性化服务，即以顾客需求为中心，在满足顾客共性需求的基础上，针对顾客的个性特点和特殊需求，主动积极地为顾客提供特殊服务，这是对顾客采取"量体裁衣"的定制式服务。服务员要以强烈的服务意识去主动接近客人，了解客人，设身处地地揣度客人的心理，发现客人的需求，特别是隐性的、潜在的需求。

二、个性化服务的内容

饭店如何在满足客人住宿与服务基本需求的同时，满足客人的个性需求，让客人感受到客房的温馨，并有"家"的感觉呢？个性化服务通常体现在服务员发自内心的与客人之间的情感交流，还要有设身处地地揣度客人心理，个性化往往取决于员工的主动性。个性化服务的内容很广泛，有时甚至显得很零乱、琐碎，归纳起来通常体现在以下五个方面。

（一）更具灵活性的服务

这是最普通的个性化服务。概括地说，不管是否有相应的规范，只要客人提出合理的要求，饭店就应尽最大可能去满足他们。比如，我们经常可以听到这样的对话，客人说："小姐（先生）还是让我（们）自己来吧。"服务员说："小姐（先生），对不起，我们饭店有规定，还是让我来吧。"此时，无论服务员的语气多么委婉、态度多么热情，可对客人来讲，他（她）的最初合理要求没有得到满足，甚至被拒绝。这种情况在我们今天的饭店服务中时有发生。更具灵活性的服务应该是让客人可以根据个人的喜好来自行选择的，给予客人更多自主权的。例如，绝大多数客人晚上休息时，喜欢将客房的遮光窗帘拉合好，才会睡得香甜，因而客房服务程序中规定对住客房间开夜床要求关闭遮光窗帘。但是，很多客人由于劳累了一天，在漆黑的环境中可能会睡过了头，为了不影响第二天的繁忙工作，希望将遮光窗帘中间留出一条缝，这就需要细心的服务员发现、分析、判断，在夜床服务时提供客人满意的服务，而不是一定要按照饭店的规定来做。

（二）能满足特殊癖好的服务

这是最具体、最有针对性的个性化服务。前面我们谈到客人的需求千差万别，有些客人的有些需求更是独特。例如以优质服务闻名于世的泰国曼谷东方酒店，往往会不遗余力地满足客人的需求。一次美国纽约交响乐团访问曼谷，酒店得知该团的艺术大师朱宾·梅特酷爱芒果和蟋蟀，便派人遍访泰国乡村，为他找来早已落市的芒果。接着又不惜通过外交途径，弄到了不久前刚刚举行的蟋蟀大赛的录像带。当然这样一来，就不难理解为什么梅特一行106人，竟会谢绝曼谷其他高级酒店的免费住宿的美意，而宁肯花钱下榻东方酒店了。所有这些癖好事无巨细，可能涉及方方面面，这就需要我们仔细观察，并做好记录存储起来，建立规范化的需求档案，满足客人这些非常有"个性"的需求。

（三）意料之外的服务

严格来讲，意料之外的服务不是客人原有的需要，但由于种种原因而意外变成了客人急需解决的问题，在这种情况下，雪中送炭式的个性化服务必不可少。它的内容包罗万象，如客人患病或受伤、贵重物品丢失、修鞋补裤、充当导游、助客理财，以及提供无烟客房、客房用餐、商务秘书、旅游信息等。此时，急客人之所急，在客人最需要帮助时服务及时到位，将会给客人留下深刻的印象。这就需要饭店能够事先预测到客人各种各样的需要，并对此做出全方位的反应。

一条太平鸟西裤

（四）自选服务

随着电脑技术的发展，发达国家的许多个性化服务通过电脑来实现，只要客人点击鼠标就可以很直观地通过网络进行客房产品与服务的定制。许多饭店已经把各种定制内容及项目输入电脑，无论是个人留言、查询消费账目还是叫醒服务、影视节目点播都可以由客人在房间内通过客房电视电脑系统自由选择并处理。客人定制完成后，电脑系统会报出综合标价，客人若不满意，还可以及时更改定制内容及项目。同时，为确保客房产品与服务定制化策略的顺利实施，饭店势必要努力去创造实施的前提条件，满足定制化策略实施的各种硬件设施和软件服务的要求，在这个过程中，饭店的服务质量和管理水平会得到较大提高。

（五）超越期望的服务

凡是能满足客人心理需求的任何个性化服务都将为客人带来极大的惊喜，这要求饭店服务人员有强烈的服务意识，主动揣摩客人心理，在客人向你提出之前为他想到并准备好。服务人员只有把自己的感情投入到服务中去，重视顾客的心理感受，真正把客人当作有血有肉的人，真正从心里理解他们、关心他们，才能使自己的服务更具有人情味，让客人倍感亲切，从中体会到饭店的服务水准。

三、个性化服务的要求

（一）态度到位

客人到饭店接受服务，他接触的服务员的态度在很大程度上影响着他对整个饭店服务的印象，并成为他评价饭店服务质量的重要因素。态度到位要求服务员提供客房服务时必须重视客人、尊重客人，充分了解客人的心态和需求，想客人所想、急客人所急。态度到位还强调服务时态度要诚恳，这是一种自然心态的流露。美国的喜来登饭店提出了"谦恭誓约"——对于每一位来到饭店的客人，都应用眼睛正视客人，面带微笑，眼带微笑，通过眼神向客人表达谢意。

（二）技能到位

服务到位仅有态度还不够，还必须有娴熟的技能技巧做保证，比如对外宾服务，就要求饭店员工有较高的外语水平。技能技巧体现于饭店服务的各个方面和各个环节，如沟通能力、协调能力、投诉处理能力、语言表达能力、预见能力、记住客人的能力、排除客房设备简单故障的能力、分析客人爱好的能力等。有了这些能力，服务员在服务时才能较好地满足客人对饭店所期望的基本要求和某些特殊的要求，从而使服务在实际工作当中得到有效落实。

（三）效率到位

效率到位在很大程度上体现在服务人员对服务节奏的把握上。随着人们生活节奏的加快，客房服务都在强调速度快、效率高，以减少客人的等待时间，提高客人的满意度。但服务节奏快慢也要根据客人的实际要求来进行调整。

（四）方式到位

一般来说，饭店都有自己习惯的提供服务的方式，但是，客人也有自己习惯接受的服务方式。因此，服务方式到位就要求饭店尽量按客人习惯接受的方式提供服务。

（五）细节到位

高质量的饭店服务都非常关注细节。细节到位往往能给客人留下深刻的印象，为客人口口相传打下较好的基础。比如，确定有客人过生日时，就通知有关人员送来一个生日蛋糕，并送上温馨的祝福；有客人肠胃不舒服时，服务员马上把一碗清淡的面条或稀饭送至房间；发现客人喜欢"高枕无忧"时，主动为客人增加枕头等，这些都是细节到位的表现。

随着饭店市场竞争的升级、服务对象的成熟，需要有一种新的、更加适应饭店发展需要的服务形式来代替传统的标准化服务形式。即从饭店生产什么客人消费什么，以一种模式面对所有客人，向客人需要什么就生产什么、提供什么转变。这是一种真正以客人为中心的服务形式。

"智慧住"酒店

这种服务形式要求员工既要掌握客人共性的、基本的、静态的和显性的要求，又要分析客人个性的、特殊的、动态的和隐性的需求。

思政园地

对班级、院系开展的"服务之星""微笑大使""星级班级"等活动与专业学习之间的关系，进行讨论、辩论，发表各自的看法和观点。

思考与练习

1. 试根据不同的标准对饭店宾客类型进行科学梳理，在此基础上对不同类型宾客的特点、客房服务需求进行分析，并提出有效的服务对策。

2. 常见的客房对客服务模式有哪些？试对这些模式进行分析和比较。

3. 结合实际谈谈你对某一客房对客服务要求的理解。

4. 熟练掌握每一项对客服务项目的服务流程，并训练基本的服务技能。

5. 通过参观饭店、观看视频资料等方式，了解会议服务的基本规程与技巧。

1. 以寝室为单位，分别扮演客人和客房服务员进行模拟练习，熟悉、掌握宾客到店、住店、离店环节各项对客服务的操作规程与质量要求，并由其他寝室学生交叉对其进行考核评分，作为教师平时考核的一部分。

2. 以规范化服务与个性化服务为题材，撰写一篇相关的小论文（字数在3000字左右）。

3. 假如你是一家五星级饭店的客房部经理，请你设计一份本部门的VIP接待方案，客人档次可自行设计，但工作内容、标准、要求等应尽可能详细具体（按小组完成）。

✎ 课堂测试

模块五　客房产品规划设计

项目一　客房产品设计理念与原则

案例导入

　　广州希尔顿逸林酒店坐落于越秀区，301间酒店客房分布在25层至41层。面积超过38平方米的高级客房简约宽敞，家具用品个性不失舒适。房间整体呈浅灰色，配备橘色地毯，加上灯光照射，格外明亮、柔美。全景玻璃窗光线充沛，客人可以饱览璀璨的城景和迷人的越秀公园美景。酒店客房提供温馨舒适的希尔顿逸林甜梦睡床（Sweet Dreams）：专门设计的长毛绒表面褥垫、蓬松舒适的羽绒枕、高纱织密度的精纺亚麻床品和酒店特有的招牌甜梦绣花枕垫伴人一夜好梦。床头配备可以连接iPhone的闹铃收音机以及智能控制系统，调控房间所有灯光。独立的办公桌满足商务办公的各种需求，高速的互联网连接及无线网络服务令沟通无界限。40英寸液晶电视收录了60多个国内国际电视频道。宽敞的衣帽柜内配有私人熨斗、熨衣板及保险箱服务。

　　高档浴室以温馨黄为主色调，由实墙改为玻璃，宽敞透亮。各功能区干湿分割合理，大理石的洗脸台盆高端大气，右侧淋浴房内配有热带雨林花洒，恭桶被设计在淋浴房右侧，避免了开门见恭桶的弊病。台盆左侧连接睡眠区的是带有人体工学设计的浴缸，前端设置有防护液晶电视，洗浴观影两不耽误，酒店采用Crabtree & Evelyn天然滋润系列沐浴用品，为肌肤带来春露般享受。贴心的布置和设计使客人倍感舒适和温馨。

酒店客房赏析

1. 酒店客房设计应考虑哪些因素？
2. 试分析广州希尔顿逸林酒店客设计的成功之处。

分析：

客房是宾客住店期间的主要活动空间，客房收入是饭店收入的主要来源，在宾客需求不断变化、崇尚个性化的时代，饭店产品的设计就显得极为重要，客房产品的设计也不例外。饭店客房设计在很多人看来是一项简单的工作，不就是弄些地面地毯、墙面墙纸吗？其实不然，客房产品的设计不仅要适应和满足宾客卫生、安全、舒适等生理功能的需要，还需要满足宾客的心理文化需求，包括宾客至上的服务理念的体现、饭店文化氛围的营造、客房档次的确立、客房设施设备用品及室内环境的设计与选择等。

任务一　树立科学的设计理念

客房产品设计的目的是为住店宾客创造一个良好的室内环境，专业客房部管理人员往往要负责客房的室内装饰，因此必须懂得正确的客房产品设计理念和设计原则。同时，客房部管理人员应了解客房产品的流行格局，研究客房装潢用料、家具及其他装饰品的创新趋势，只有这样，饭店才能营造出受顾客欢迎的客房环境和氛围。

一、客房产品与客房产品设计

（一）客房产品

客房产品是饭店（hotel）之所以成为饭店而不是餐馆、酒楼（restaurant）的重要标志之一，是体现饭店为客人提供硬件服务最重要的地方。现代客房产品由硬件设施与软件服务两方面构成。硬件设施主要由客房的设施与装饰（facilities & decoration）组成，软件服务主要由客房服务（housekeeping）以及客房与饭店内其他部门的服务连接（integration）而成。

（二）客房产品设计

客房产品设计的内涵非常丰富，包括以顾客为上帝的服务理念、当地文化特色、客房档次、人体功能学、室内装饰设计、客房设施设备及用品的配置等。本模块所述的客房产品设计主要体现在客房硬件设施与装饰设计方面，包括客房功能设计、客房设施设备及用品配置、客房类型设计、客房室内设计与装饰等内容。

如今饭店的经营管理者已越来越注重对客房产品的设计与更新改造，目的就是让住店宾客感觉常住常新。因此，客房的经营管理者必须懂得客房产品的设计理念和设计原则，了解目前客房产品的发展趋势。

二、客房产品设计理念

（一）以人为本

对于饭店来说，客房产品的各个方面都必须是尽善尽美的。为此，饭店在设计装修之初，在每一个环节上都应该注重"以人为本"的理念，根据自身实际情况在宾客的舒适感受与使用便捷上下功夫，充分体现人性化，为客人营造一个舒适的家外之家。

（二）体现个性特色

客房是饭店的核心产品，与客人的联系也最密切。可以说除了前厅以外，客房也是饭店给客人留下深刻印象的主要场所。随着社会的发展和科学技术的进步，饭店（住宿）业的竞争越来越激烈，实现客房产品的创新是必然趋势。客房产品的创新应以"个性化"为导向，依据客人的需求，结合饭店的实际情况，为宾客提供具有自身特色的客房产品与服务，实现"人无我有，人有我新，人新我优"的设计创新理念。为此，"完美"和"创新"应该是饭店客房工作永无止境的追求。

随着饭店（住宿）业的快速发展，竞争将会越来越激烈，饭店要获得生存和发展，如何根据自身的情况与特点，形成自己的特色，是饭店经营管理者应着重考虑的一个问题。

（三）利于饭店经营管理

客房设计具有完整、丰富、系统和细致的内容，客房设计并非只是室内设计师的工作，而是饭店管理者与设计师共同智慧的结晶。随着时代与技术的进步，饭店面临着不断的变革与新的需求，因此在客房设计上必须既体现出创新与特色，又有利于饭店经营管理。虽然设计师不是管理者，但他们只有学会站在管理者的角度上去分析问题、理解问题，才能营造出为客人提供至尊服务的饭店客房。

任务二　遵循适用的设计原则

一、影响客房产品设计的因素

客房是饭店的服务根本，也是饭店收入的主要来源，所以客房产品的设计极为重要。但是饭店客房产品也不是越豪华越好，在设计时还受到多种因素的制约。

（一）宾客需求

宾客需求是影响客房产品设计的首要因素。宾客入住饭店后，他在餐厅用餐的时间可能会有1～2小时，在康乐区域娱乐的时间可能会有4小时，但是他在客房内逗留的时间会远远超过这些区域。因此，客房的功能设计、室内装饰、设备用品配置、房间舒适度等都会对客人产生深远的影响，是宾客选择入住的重要因素，而且在很大程度上也成为决定宾客是否再次入住的主要因素。

（二）饭店定位

饭店定位是影响客房产品设计的重要因素。饭店定位的内容包括饭店的类型、规模、档次和目标顾客群等，在客房产品设计上应针对饭店定位的需要，为顾客提供品质卓越的临时住宿生活场所。比如，旅游度假型饭店在客房产品设计上要充分考虑到顾客的休闲娱乐需求，商务型饭店一般应具有良好的通信、办公条件，以满足客人的商务需要。

（三）饭店的经营管理

饭店客房产品设计必须考虑饭店的经营管理需要。设计师必须从经营管理的角度考虑问题，在产品设计中，满足饭店的经营活动及日常管理活动的需要，为管理者设计出富有效率、经济实用的客房产品。客房产品是设计师与饭店管理者共同智慧的结晶。

考虑到上述几个主要影响饭店客房产品设计的几个因素以后，优秀的客房产品设计就具有了先决条件。为了保证客人及饭店的利益，客房产品设计还应遵循一定的原则，方能成就完美客房产品。

二、客房产品设计的原则

（一）安全原则

安全性是"健康、舒适、效率"的前提。饭店客房设计的安全原则主要表现为客房产品应满足防火、治安和客房私密性等方面的要求。

1. **防火**　统计资料显示，城市公共建筑中以饭店的火灾发生率最高，造成死亡人数也很大。饭店火灾很大比例是由客房内客人在床上吸烟引起的。客房空间小，火灾发生后客房内容易充满烟雾而使人窒息。因此，客房产品设计时首先要把重点放在预防火灾上。饭店在设计环节必须严格遵守《中华人民共和国消防法》及相关的法律法规，并在建设、装修、运营等环节加以落实。

2. **治安**　饭店客房治安的重点是加强门窗的安全控制。在设计门窗时除了要考虑到饭店整体建筑风格、通风采光、客房节能降耗、保护客人隐私等方面的需要之外，还必须考虑安全的需要。如窗户的设计要考虑尺寸大小、形状，并要配备合适的窗帘装饰，房门配备电子暗码锁及与其相匹配的电子磁卡钥匙、房门闭合报警器等。同时，客房应配备的其他安全设施也必须加以周密设计，如门禁、防盗链、客用保险箱等。

3. **客房私密性**　饭店客房是私密性场所，要求安静，不受人干扰。因此，在设计时应采取一些办法增强客房的私密性，以提高宾客的心理安全感。如走廊对面客房采用错开房门的设计，也可采取葫芦型走廊的设计，拉大客房房门之间的距离，使客房门前形成一个较安静的空间。

（二）健康原则

环境直接影响人的健康。噪声公害危害人的听觉健康，照度不足影响人的视觉健康，生活在全空调环境内，会因新风不足、温湿度不当而损害人的健康。因此，客房产品的设计必须遵循健康原则，充分重视客房环境中的隔音、照明及温湿度、新风量等要素的设计。另外，客房建筑装修及家具材料等所带来的污染问题也不能忽视。

1. **隔音**　客房常处于多种噪声之中，噪声的来源归纳起来不外乎两类：一是来自客房内部的噪声。客房内部的噪声主要是指设备设施运行和使用过程中产生的噪声，如上下水管流水、淋浴、空调器及冰箱等声响。客房室内噪声允许值一般不得超过50分贝，夜晚一般不得超过35分贝。二是来自客房外部的噪声。客房外部噪声最主要是指来自饭店内外部的噪声，如客房窗外传来的各种城市环境噪声；来自饭店空调机房、排风机房及其他公众活动用房的噪声，来自相邻客房的电视机、音响设备、电话、门铃、说话、门窗开关等的声音；来自客房走廊开关房门、走廊里客人及服务员谈话、服务小车的推动、吸尘器的声响等。对于上述可能出现的噪声，在客房设计时都应考虑加以控制，以保证客人能够得到良好的休息。

2. 照明 客房是客人在饭店逗留时间最长的私人空间，且大部分都是晚间时间，因此客人对客房的照明要求通常比较高。客房照明设计的主要出发点是要在满足功能需要的前提下营造客房"家"一般的温馨。因而客房的照明应以亲切、温暖、宁静为基调，照明设计的基本功能要求是照度适当，使客人在住宿期间和服务员服务过程中均能看得清、看得舒服，看得不费劲、不刺眼，既能满足整体照明的需要，又可以达到局部照明的要求。

3. 客房小气候 客房小气候主要是指客房内温度、湿度、新风量、风速等，要求上述因素给人体带来舒适、愉悦的感觉。现代饭店为了克服多变的气候带来的不舒适感，多采用人工气候，即采用饭店空调系统来保持一定的温度、湿度和气压，以保证客人的健康。国际上的饭店客房普遍采用风机盘管系统。

空调温湿度设计标准与室外气候有关，各国均有各自的国家规范或标准。我国《旅游饭店星级的划分与评定》对此也有具体明确的规定。由于空调系统大量耗用电能，各饭店应根据我国国情及饭店的实际情况设计不同的空调参数。

新风量是空调设计中的另一个重要问题，其实质是解决二氧化碳浓度的问题，同时还可以减少建筑装修带来的污染。

（三）舒适原则

客房是客人休息的场所，是客人在饭店停留时间最长的地方，因此客房的舒适性是饭店客房设计追求的主要目标。"舒适"由无数主观评价组成，不像声音、温度那样有具体的测定数据。来自不同国家、地区的客人因生活习惯不同，对客房舒适性的主观评价也不同，因此在客房空间反映的舒适感、家具与装修创造的舒适感、现代设备提供的舒适感等方面，均需要依据住店客人的习惯进行设计。

（四）功能和效益相结合原则

客房设计的好坏，不仅会影响服务质量，还会直接影响客人的心理感觉，并最终影响客人印象中的服务质量。因此在进行客房设计时有必要充分地考虑建筑空间的处理、家具的制作和摆放、工艺品和电器的选择，以及照明的辐射范围等，这是首先要考虑的。但是客房的设计也不能盲目地追求功能上的齐备与豪华，而应该根据饭店的目标市场和饭店的档次灵活地把客房的功能和实用性结合起来，兼顾饭店的实际和效益，做到功能与效益的有机融合。

（五）文化传承与时代特色相统一原则

饭店的客房产品设计离不开一定的文化沉积，这种文化性能够体现出客房设计的高品位，它也是当今顾客所追求的一个内容。不同的地区和民族有着不同的历史和文化背景，包括乡土气息、地方风格、民族特色等。中国是个拥有悠久历史文化积淀的国家，很多地区和民族都有其独特的风土人情特色，一幅画、一幅剪纸、一个泥塑都体现着不同的文化内涵，如果在客房产品的设计中能融入这些文化元素，饭店便会富有独特的文化魅力。

　　文化不是一成不变的，它必须在发展中才更有意义和价值。如今，科学技术、人们的生活观念和行为方式都发生了很大变化，饭店的客房产品设计必须把文化特色和这种时代特征相统一才更符合顾客的需求。文化传承和时代特色是客房设计中对立统一的两个方面，过分强调或忽视任何一方都是不可取的。在当今旅游日趋大众化的时代，客源成分日益复杂的情况下，设计具有中国文化特色和时代风貌的客房产品显得尤为重要。

特色文化主题饭店

项目二　客房功能设计

案例导入

　　仅凭一张特殊的智能卡，VIP客人一进入饭店即可被系统自动识别，无须办理任何手续即可完成入住；客房会自动按照客人的习惯进行设置，如自动调节温度等，使其能够马上在自己熟悉的舒适空间里工作和休息；互动电视系统和IP电话系统可以自动获取客人的入住信息，主动欢迎客人入住，如自动选用客人的母语作为默认语言，系统的背景画面和音乐可以随节日、客人生日及特殊场合而自动更换等；当门铃响起时，客人再也不必走到门前才能知道是谁来访，访客图像将主动跳转到电视屏幕上……这些高科技设施设备已经在杭州黄龙饭店实际应用，给入住宾客带来前所未有的舒适体验。

　　黄龙饭店是改革开放后杭州最早建成的中外合资饭店之一，是对外接待的窗口，众多国内外政要和境内外明星都曾下榻于此，常年保持着较高的入住率，20世纪80年代的房价就达到千余元。然而在亚洲金融风暴后，这个老牌饭店经营却江河日下，房价一度跌至三四百元。为摆脱经营困境，黄龙饭店所属杭州旅游集团有限公司斥资10亿元对黄龙饭店进行大规模升级改造，使之一跃成为中国规模最大的饭店之一，并且为之量身打造设计出一整套"智慧酒店"解决方案，完善了饭店宏伟的"智慧酒店"目标。这个老牌的五星级饭店以全新的面貌出现在世人面前，成为全球第一家智慧饭店。

　　问题：

　　1.你认为黄龙饭店的改造有哪些方面值得借鉴？

　　2.客房设计的核心目的是什么？

　　分析：

　　饭店客房设计主要包括以下三方面的内容：功能设计、风格设计、人性化设计。功能设计有缺陷，其他方面再突出也是"短命"的。黄龙饭店在这次升级改造中，将设施设备的服务功能作为首要考虑，让客人获得与众不同、便利舒适的体验，带来最大化的舒适和便捷。同时，智能化设备能节能降耗，符合当前饭店业绿色低碳的趋势，能够提升员工的工作效率和服务品质。

客房设计的好坏首先取决于对客房功能、空间的设计。客房是宾客住店期间的主要活动场所，其功能、空间如何在一定程度上决定了客房产品的品质，直接关系到宾客需求的满足程度。因此客房设计首先应根据宾客的活动规律及客房运营的要求，充分考虑其功能设计与空间布局。

任务一　楼层客房功能设计

一、楼层功能设计

在进行客房功能设计前，首先应对饭店客房楼层功能与空间布局进行科学合理的设计。为了满足宾客住宿与饭店运行的要求，客房楼层应具备住宿、交通疏散和客房服务等方面的功能，并据此进行有效合理的空间布局。

（一）楼层的功能

1. 住宿功能　可供客人住宿的功能就是由每一楼层的客房单元来承担的。客房单元是客房楼层中的营利区域，它由客房、客房内小走道、卫生间、壁橱与墙体等组成，即每一楼层所拥有的所有客房。这些不同类型的客房按不同的楼层建筑结构分布在每个客房楼层区域，各客房单元通过走廊连接。

2. 交通疏散功能

（1）交通。楼层交通主要指平面交通和垂直交通两个方面。饭店客房楼层的平面交通枢纽主要是指走廊。低层饭店的垂直交通一般以主楼梯为交通枢纽，高层饭店客房楼层的客房交通则以电梯为交通枢纽，两者都通过走廊与各客房单元连接。按消防规定，高层建筑疏散楼梯前须有防烟前室，还需设置消防电梯。

（2）疏散。安全是饭店经营最基本的问题之一。造成饭店失火的因素较多，宾客又多处在陌生环境之中，一旦失火，容易因惊慌失措而造成重大损失，所以客房楼层的疏散设计十分重要，楼层应具备良好的疏散功能。在客房楼层达到一定长度时必须有疏散楼梯，以备急用。

3. 服务功能　为了保证客房服务的效率和效果，客房楼层必须具备服务的功能，并在空间、设施设备、用品等方面提供有效的保障。由于饭店管理模式的不同，客房楼层服务的内容与方式也不尽相同，客房楼层服务台的设置与否是比较突出的一个表现。不论是否设置客房楼层服务台，都必须在每个楼层设置工作间、洗消间、布草备品仓库、配电机房与员工卫生间等；如果在楼层设有服务台，还必须再增加服务台的工作空间。

客房服务工作区域的设计需保证工作效率，又不干扰宾客休息，因此楼层服务区域最好与疏散楼梯或服务电梯结合在一起，形成一个组团；为缩短水平距离，提供均等服务，服务区与交通枢纽最好位于客房楼层的核心，同时服务路线应与宾客的人流路线分开，客房要求具有双向疏散的条件。

客房楼层的建筑类型是饭店设计时要研究的主要问题。设计时不仅要考虑饭店的场地、环境、内部布局等因素，还要考虑楼层结构对饭店能源消耗、客房服务员行走距离以及客人的影响。客房楼层的建筑类型一般有板式、塔式和内天井式三种，但不论采用哪种建筑类型，客房楼层设计均应满足上述各项功能的要求，并按功能要求进行合理的空间布局与分割。

● 客房楼层建筑类型

（二）楼层空间布局

1. 客房　为了满足客人住宿的需求，饭店楼层的绝大部分空间被划归为客房区域，根据饭店的规模、档次、经营特点等确定客房的类型、风格、大小等。

2. 走廊　低层饭店的客房层在平面展开，交通路线较长。多层、高层饭店的客房层在竖向叠合，每层交通路线较短。客房层走廊的宽度，使用上应满足停放服务车时人可通行的尺度要求，一般为1.4～2.0米，从交通枢纽电梯厅（或主楼梯）到最远客房的距离最好小于60米。有时为了节约面积，采取葫芦走廊的方法，即局部拓宽走廊，有利于出行和服务功能的发挥。低层饭店客房层走廊两边的客房门错开，有利于隔音，减少干扰，并增加了客房私密性。

3. 电梯厅　电梯对于高层、超高层饭店是十分重要的垂直交通工具。楼层电梯厅是指楼层的电梯门外宾客等候电梯的区域，是高层客房的交通枢纽，应大小合适、位置适中。客房层电梯厅电梯数量、排列方式及电梯厅的面积大小对宾客及员工的活动影响很大。电梯数量设计在不同等级的饭店要求有所不同，我国《旅游饭店星级的划分与评定》规定，高星级饭店至少每70间客房应配备1台客用电梯。电梯排列方式与电梯厅的宽度设计应以面积紧凑、使用方便为原则。根据饭店建筑空间的不同，以及电梯数量的差异，电梯的排列有多种形式：若电梯数量不超过4台，一般呈一字形并列布置，电梯可平行于走廊，也可垂直于走廊；超过4台则一般采用内凹或贯通的方法呈巷道式排列。单台电梯或多台（4台以下）电梯单侧排列的电梯厅，其宽度一般不小于电梯轿厢深度的1.5倍；多台电梯双侧成巷道式排列的电梯厅，其宽度应大于相对两电梯的深度之和，一般不超过4.5米；供残疾人使用的电梯其宽度不能小于1.5米。电梯厅应保证人流畅通，不宜兼作休息厅之用。

4. 疏散通道　疏散楼梯与消防电梯的设计应符合我国现行消防规范，疏散楼梯的位置应考虑人在火灾发生时可能疏散的方向。常见的位置有两种：一种是客人习惯的、常用的交通路线，靠近交通枢纽；另一种是使客人有双向疏散的条件，布置在客房层的两端。疏散楼梯靠外墙布置将有利于排烟、防火。高层饭店的客房层还需设置有排烟前室的消防电梯，以方便消防人员在火灾发生、普通客梯停止运行后，可乘用消防楼梯迅速抵达火灾现场施救。疏散楼梯均上通屋顶、下达首层，并有直接通至室外的出口。超高层建筑设置避难层时，疏散楼梯可向避难层疏散。我国消防规范规定，高层建筑疏散楼梯的宽度不小于1.1米，低、多层建筑疏散楼梯的宽度不小于1.0米。

5. 服务工作区　我国饭店的客房服务工作区内一般设置服务台、工作室（供应开水或兼作小备餐间）、洗消间、清洁工具室、布草备品仓库、配电机房与员工卫生间等。这些服务用房常与疏散楼梯（或服务电梯）结合在一起，形成一个组团。服务的路线需与客人的人流路线分开。服务部门应保证服务工作区内有停放手推工作车的位置及设置布草管道与垃圾管道的位置。对于客房内更换下来的布草与客人需要洗涤的衣物以及清扫客房后的垃圾，可以采用管道抛投方式送至洗衣房与垃圾间，也可以采用专用小车由服务电梯运下。采用专用小车方式时，需有停放专用小车的位置。

二、客房功能设计

客人入住客房后一般都会有盥洗、贮存、睡眠、办公、起居等方面的需求，因此，在客房产品设计时，首先应将客房相应地划分为盥洗、贮存、睡眠、办公、起居等基本空间区域，并通过设备设施及用品的配置，使客房具备上述功能，尽可能满足客人的住宿需求。

（一）客房功能设计

根据客人入住饭店的消费需求，客房一般应具备睡眠、盥洗、贮存、办公、起居这五项最基本的功能。

1. 睡眠功能　客房是客人休息的主要场所，睡眠是宾客入住饭店的主要需求，因此不论何种档次和类型的客房，睡眠功能是必不可少的首要功能，相对应地就应在客房内划分出睡眠区域。这个区域的主要设备是床和床头柜。床的数量与规格不仅影响其他功能区域的大小与构成，还体现了客房的等级与规格。一般来说，床的尺寸越大，客房等级越高，饭店等级也越高；反之亦然。床的质量直接影响客人的睡眠质量。单间客房可以摆放一张双人床，也可以放置两张单人床。

2. 盥洗功能　客房卫生间是客人的盥洗空间。卫生间是客房不可缺少的部分，也是显示饭店等级的一个重要方面。客人可以在卫生间通过洗漱消除一天的劳累，恢复体力。一般饭店均有设置浴缸、恭桶与洗脸台三件卫生设备的卫生间。浴缸有铸铁搪瓷、铁板搪瓷、工程塑料与人造大理石等多种材质，以表面耐冲击、易清洗与保温性良好者为最佳。浴缸尺寸有大、中、小三种规格，如表5-1所示。

表5-1　常见的浴缸尺寸

浴缸	长（mm）	宽（mm）	深（mm）
大	1680	800	450
中	1500	750	450
小	1200	700	550

目前饭店一般采用中型浴缸，等级高的饭店常采用大型浴缸，不少中、低档饭店则采用小型浴缸。浴缸底部的防滑问题值得注意。不少制造厂商为了防止人们在洗澡时滑倒，在浴缸底部采取了凹凸的或光面毛面相间的防滑措施。

有的客人习惯淋浴，故浴缸上多数附设淋浴器与固定喷头以满足客人的需要。经济型饭店也有不配置浴缸而采用淋浴装置的。近年来，高级浴缸应运而生，冲浪式浴缸就是其中一种。一些国家的女士习惯使用妇洗器，因而高级豪华饭店与一些精品饭店、特色文化主题饭店、颇具个性民宿的卫生间里常设有四件卫生洁具，即浴缸、恭桶、妇洗器与洗脸盆。

3. 贮存功能　贮存功能主要依靠设置壁柜或箱子间来实现。壁柜一般设在客房过道侧面，当客房开间比较狭小时，也有设在卫生间侧面墙处的。壁柜可存放衣帽、箱子等。壁柜一般深550～600mm，衣服可垂直墙面挂放，可挂数量较多。有的单人客房或等级较低的饭店客房的壁柜深度不够，衣服只能平行墙面挂放，可挂数量较少。壁柜宽度平均每人不小于600mm。

壁柜门在过道开启，由于外开门会有碍走道交通，故设计做成推拉门或折叠门更好。随门开启而亮的壁柜灯光也是一个十分理想的贴心设计。

4. 办公功能　单间客房的书写、阅读空间一般设在床的对面，也有的设在窗前。在这个空间里，一般沿墙设计一长条形的多功能柜桌。台面上有台灯、文件夹、服务指南、电脑等，如果不设单独的电视机柜，电视机则放在写字台一侧的台面上，写字台的另一侧常作为固定行李架，供客人摆放、整理行李物品之用。写字台也可兼作化妆台，这时墙面上应添加镜子，镜子上沿离地高度不小于1700mm。如果房间有足够的进深距离，写字台也可单独设在窗前；行李架也可改用折叠式的，以减少空间的占用。

5. 起居功能　饭店等级不同，客房的起居休息空间也不同。单间客房的起居活动区域一般在窗前。这里常放置软座椅、小餐桌或沙发与茶几，供客人休息、会客、看电视、看书等。

（二）客房室内空间布局

客房一般应具备睡眠、盥洗、贮存、办公、起居这五大功能，因此，在空间布局上，也就相应地划分为五个基本空间。一般套间客房可根据不同的房间设计不同的功能，而单间客房则要在有限的单一空间中，通过设备设施的配置，用品的摆放，色彩、光线、照明的设计与运用，达到空间分隔的效果，使单一的空间同时具备上述多项功能。下面以单间客房为例加以说明。

1. 客房空间的构图　高低、大小不同的空间，能给人以不同的感受，如大空间使人感到宏伟开阔，而低矮、小巧的空间只要设计得好，也能使人感到温暖、亲切。若客房空间比较狭窄，则空间构图应重点考虑运用客房的设施、设备，营造科学的室内氛围，既避免压抑感，又做到亲切、细腻。

人们对空间的主观印象，即对空间高低、大小的判断，主要是凭借对视野所及的墙面、天花板、地面所构成的内部空间形象的观感来体察的。客房室内空间构图可以采用不同的艺术处理手法来丰富空间形象，其主要艺术处理手法如下。

（1）抑扬。"抑扬"的处理手法一般适用于室内空间构图的过渡。当客房空间较小时，为了给客人营造宽敞的感觉，可以将客房楼层过道设计成较低矮的天花板，装上较暗淡的灯光。客人通过楼层过道进入客房后，会有一种突然变大、变亮的感觉，先抑后扬、由小变大、由暗变亮，能够在客人心理上产生一种积极的效果。

（2）延伸。"延伸"的处理手法可以使低矮空间的客房获得较为开阔的视野。客房一般可以利用窗户将室外景物和室内环境结合起来，不仅开阔了室内空间，而且能使客人在客房内欣赏到美妙的风景。近年来，新建的客房一般采用大玻璃窗户，原因就在这里。同时，还可以凭借墙面、天花板和地面的延伸处理，在视觉上改变室内空间比例尺度。延伸的具体处理手法很多，其重点是尽量利用墙面、天花板、窗户，形成一个诱导视野的面，把室外的景致延伸至室内，使室内外景物互相延伸，丰富观赏层次，形成美好的空间构图形象。

（3）围隔。"围隔"的处理手法一般适用于双套间、三套间或多套间等客房。室内空间大，则围隔的手法便可以多种多样。为了给客人呈现一个舒适、典雅、亲切的空间构图形象，根据需要可以采用墙壁、帷幔、折叠门，将卧室和会客室隔断；也可以用屏风、家具、花草、灯光等手法，打造一个独立的空间，便于客人促膝谈心。三套间客房可以用家具、屏风等将会客间和书房的某一局部空间围起来，使会客、写字、阅读的空间分隔。同时注意和墙面、天花板、地面的艺术处理手法结合起来，以便形成一个温馨、舒适的空间。

（4）渗透。"渗透"的处理手法一般适用于单间客房和卫生间等小尺寸的空间。一般通过借用镜面的照射功能等手段，给人以空间扩大的错觉。如卫生间面积较小，室内空间有压抑感，可以在墙面安装大镜子，室内空间就似乎增加了一倍，给客人以开阔、舒适的感觉。单间客房在写字台前安装较大的镜面，不仅方便客人梳妆，而且也将室内局部景物加以"渗透"，丰富了室内的空间构图。

2. 客房空间的分区和均衡　客房室内空间可以根据功能的不同而分为几组不同的活动区域，它们既有自己局部的艺术特色，又相互联系，成为一个完整的空间构图形象。这样既有利于提高内部空间使用效率，又可以使几个空间交隔布局。客房内的空间设计在功能分区的基础上，还要注意各个分区之间的均衡感。由于各个分区之间的面积较小，因此，空间均衡感有赖于室内各个分区面积的分配，以及各个分区家具的形体、色彩、质感等所表现出的轻重、体量及适当的陈设布置；有赖于各种家具、设备本身形体的均衡；有赖于整体风格、结构体系的一致性。它们都以整体的存在作为自身存在的基础，同时又以本身的体量作为总体空间构图的一部分。

3. 客房的重点空间设计　在进行客房室内空间设计时，为了强调室内功能，常常要通过某些艺术处理手法突出重点空间，形成空间的特殊氛围。客房卧室空间设计的重点在客人的睡眠区和靠窗户的客人起居活动区。睡眠空间内主要有床和床头柜，在设计时不仅要做到舒适，而且要均衡、美观，若是双人间则两个床位之间的通道尺度要合理。起居空间往往是客人休息、阅读、谈话的地方，因此要留出一定的空间，摆上茶几、扶手椅，再配上落地灯，形成一个温馨、舒适的氛围。卫生空间设计的重点在洗脸台。洗脸台设计要合理、美观，墙面安装大玻璃镜及照明灯具，一方面方便客人梳洗、化妆，另一方面可使空间在视觉上更宽大。

◎ 客房小景设计

任务二　客房设备及用品配置

客房空间的划分设计，只是为客房功能的发挥提供了一定的条件，要想客房真正具备盥洗、贮存、睡眠、办公、起居等功能，还需配置必要的设施设备及用品。客房设备主要包括家具、电器、洁具、安全装置及其他配套设施。

一、客房设备的配置

（一）家具

家具是人们日常生活中必不可少的生活用具，也是客房室内布置的主要内容。在室内除了建筑部分外，从功能、数量和所占空间来看，家具都占有主导地位。现代饭店客房在进行室内装饰时，对家具在尺度、数量、位置以及风格上都要有精心的设计与规划。

1. 客房家具的种类

（1）按用途分，客房家具可分为以下两种：一种是供客人休息、活动的家具，如沙发、座椅、茶几、床、床头柜、化妆台、小餐桌等；一种是贮存物品用的家具，如客房壁柜、微型酒吧、多套间书柜、酒柜等。

（2）按材料分，客房家具有木制、竹制、藤制、金属制、塑料制家具等。木制家具造型丰富，有亲切感，在客房中使用最广泛。竹制家具清新凉爽。藤制家具质地坚韧、色泽素雅，造型多呈曲线。金属制家具轻巧、灵活，适用于工业化大批量生产，在经济型饭店中偶有使用。

（3）按功能分，客房家具可分为实用性家具和陈设性家具两大类，其中以实用性家具为主，如床、床头柜、写字台、软座椅、小圆桌、沙发、行李架、衣柜等。

2. 客房家具的选择　选择家具是客房家具布置的准备工作。选择客房家具，既要考虑功能，又要注意美观，还要考虑后续的清洁保养。家具功能选择的原则是：实用舒适、尺度合理、质地坚实、易于清洁。家具选择的原则是：格调统一、色彩协调、式样美观、体量适中。客房家具选择还要考虑区分等级规格、绿色环保等要求。不同类型、档次、主题的客房对家具的数量、质量、类型的要求都不相同。

3. 客房家具的布置　家具布置设计的原则：一是要有疏有密。疏者，留出人的活动空间；密者，以家具组成人的休息、使用空间。二是要有主有次，即突出主要家具、设备或陈设，其余作为陪衬。以标准客房为例，家具通常按照宁静区、明亮区和通道三个区域来摆放。宁静区布置睡眠用的床和床头柜；明亮区布置会客、起居用的沙发和茶几；通道区布置长条形多功能柜。

（二）电器设备

客房内的主要电器设备有：

1. 照明灯具　客房内的照明灯具主要有廊灯、顶灯、夜灯、台灯、吊灯、床头灯、阅读灯等，它们既是照明设备，又是装饰品。

2. 电视机　电视机是客房的高级设备，可以丰富客人的娱乐生活。现多配置平板电视，根据客房空间大小，电视机可安放在电视柜（组合柜）上，也可挂在墙上。

3. 空调　空调是使客房一年四季都保持适当的温度和调换新鲜空气的设备。各房间的墙面上都有空调开关，在不同季节可以调节室内温度，出风量有"高、中、低"之分。

4. 音响　一般在床头柜内安装音响装置，供客人收听有关节目或欣赏音乐。一些高档饭店往往在卫生间也有同步的音响装置。

5. 电冰箱　为了保证饮料供应，有些客房内设有小酒吧，在冰箱内放置酒品饮料，客人可根据需要选择饮用。

6. **电话**　房间内一般设两架电话机，一架放在床头柜上，另一架装在卫生间。这样，客人就不会因在卫生间而影响接电话。

7. **网络设备**　为宾客提供方便快捷的上网设备已是当今酒店必备的硬件设施。酒店客房内一般设有网络设备，Wi-Fi上网已经必不可少。

（三）卫生设备

卫生间的设备主要有洗脸台、浴缸、恭桶等。洗脸台上一般装有面镜。浴缸边上有浴凳、浴帘，下面铺有胶皮防滑垫，有冷热水龙头和淋浴喷头（热带雨林花洒）。饭店里一般有恒温器，能自动提供热水。卫生间里还会设有手纸架、毛巾架及通风设备等。

客房卫生洁具

（四）安全装置

为了确保宾客的生命、财产安全，预防火灾和其他安全事故，客房内一般都装有烟雾感应器，门上装有窥镜和安全链，门后张贴安全指示图（走火图），标明客人现在的位置及安全通道的方向。不少饭店在客房内配有保险箱，客人可自行设置密码来存放随身携带的贵重物品。客房楼道内装有保安电视，可以监视楼层过道的情况，还装备自动灭火器，一旦发生火灾，安全阀即自动熔化，水从灭火器内自动喷出。另外，还装有安全指示灯、自动报警器等。

二、客房用品的配置

为了满足客人在客房中生活的需要，饭店在客房中除配备各种家具、设备之外，还应配置各种用品供客人使用，真正为客人创造一个舒适、方便的生活环境。同时，这也能提高客房的吸引力和规格，不仅让客人感到饭店对其住店生活的关心，还能使客人更容易接受饭店的房价，有"物有所值"之感。另外，饭店通常在客房用品上印有饭店的名称、标志、地址及电话等，使之成为宣传饭店、扩大饭店社会影响的销售手段之一。

客房用品包括客房供应品及客房备用品两类。客房供应品是指供客人一次性消耗使用或用于馈赠客人的物品，如香皂、信封、明信片、针线包等，因此也称为客房消耗品。客房备用品是指可供多批客人使用，客人不能带走的客房用品，如布草、衣架、茶杯等。下面以一个标准间客房为例，介绍客房内应配置的供应品及备用品，具体如表5-2、表5-3所示。

表5-2　房间用品配置

放置部位	备用品	供应品
床	床单、毛毯、枕芯、枕套、床罩、羽绒被、靠垫等	
床头柜	电话使用说明	便条纸、笔、晚安卡
书桌	饭店介绍、服务指南、安全须知、房间用菜单、烟灰缸	信封（航空及普通）、信纸、明信片、电传及传真用纸、笔、行李箱贴、宾客意见书

续表

放置部位	备用品	供应品
小酒吧	茶杯、电茶壶（热水瓶）、水杯、酒杯、起瓶盖器、冰桶	杯垫、纸巾、调酒棒、小酒吧使用计费单、茶叶、火柴
软座椅桌	花瓶、烟灰缸	
壁橱	衣刷、鞋拔、衣架、浴袍、浴衣等	购物袋、洗衣袋、洗衣登记单、拖鞋、擦鞋布（纸）

表5-3　卫生间用品配置

放置部位	备用品	供应品
洗脸台	皂碟、口杯、面巾、手巾、烟灰缸、体重秤	牙具、面巾纸、香皂、浴帽、梳子、护理包、剃须刀片（套盒）等
坐便器旁	废纸篓	卫生纸、卫生袋
浴缸边淋浴房	浴缸垫、防滑垫、浴巾、地巾	肥皂、淋浴液、洗发水、护发素

除上述用品外，客人或许会提出要一些较特殊的用品。对此，客房部可备些这样的用品供客人租借使用。表5-2和表5-3所列的客房用品只是标准间客房所应配置的，在普通套房、豪华套房、总统套房内，还应配置相应的特殊用品，在此不一一列举。不同饭店的各类客房由于等级、规格、风格不同，在配置客房用品上可根据各自的经营决策及实际需要进行增减，形式、规格也可不求一致，但不能违背经营原则，不得降低规定的标准，要从满足客人需求出发，使客房的"价"与"值"保持一致。

三、客房设备用品的配置趋势

客房作为饭店出售的最重要的有形商品之一，设备用品是构成其使用价值的重要组成部分。科学技术的发展及宾客要求的日益提高促使饭店客房设备用品的配置出现了一些新的变化趋势，这些变化趋势主要体现在人本化、家居化、智能化和安全性等几个方面。

（一）人本化趋势

作为现代化的饭店，在客房设备配置上应体现"科技以人为本"的原则。以人为本就是要从宾客角度出发，使客人在使用客房时感到更加方便，感受更加舒适。比如，传统的床头控制板正在面临淘汰，取而代之的是"一钮控制"的方式，也就是说，客人晚上睡觉时只需按一个按钮就可将室内所有需要关掉的电器、照明灯关掉。又如，客房中的连体组合型家具不但使用起来不方便，而且使得饭店客房"千店一面"，而分体式单件家具可以使客房独具特色，而且住宿时间稍长的宾客还可按照自己的爱好、生活习惯布置家"居"。

（二）家居化趋势

饭店客房不仅在设备用品的配置上体现家居特色，更是通过客用物品的材质、色调等来增强家居感。比如，多用棉织品、手工织品和天然纤维编织品，普遍放置电烫斗、烫衣板，卫生间浴缸与淋浴分开，使用电脑控制水温的带冲洗功能的恭桶等。另外，度假型饭店更是注重提供家庭环境，如客房能适应家庭度假、几代人度假、单身度假的需要，儿童有自己的卧室，电视机与电子游戏机相连接等。

（三）智能化趋势

可以说智能化趋势的出现将人本化的理念体现得更为淋漓尽致。因为在智能化的客房中，宾客可以体验如下美妙感受：客房内将为客人提供网上冲浪等服务，客人所需一切服务只要在客房的电视（电脑）中按键选择即可，客人更可以坐在屏幕前与商务伙伴或家人进行可视的面对面会议或交谈，客人可以将窗户按自己的意愿转变为美丽的沙滩、辽阔的大海、绿色的草原等，还可在虚拟的客房娱乐中心参加高尔夫球等任何自己喜爱的娱乐活动，房间内的光线、声音和温度都可根据客人个人喜好自动调节。

（四）安全性日益提高

安全的重要性是不言而喻的，但这需要更加完善的安全设施加以保障。比如客房楼道中的微型监控系统，客房门上的磁卡门锁系统，客房将以客人指纹或视网膜来鉴定客人的身份，客房中安装红外感应装置，使服务员不用敲门，只需在工作间通过感应装置即可知客人是否在房内，但却不会显示客人在房间中的行为。另外，床头柜和卫生间中安装紧急呼叫按钮，以备在紧急情况下，饭店服务人员与安保人员能及时赶到。这些设施大大增强了客房的安全性，同时不会过多打扰客人，使客人拥有更多的自由空间而又不必担心安全问题。

项目三 ┃ 客房类型设计

案例导入

你知道客房有哪些类型吗？请尝试为下列三种饭店配置不同类型客房：

1. 经济型饭店

位置：无限制。

接待对象：大众观光旅游者、中小商务旅行者。

特点：设施简单；注重功能性；加盟或特许经营；客房为核心产品；价格低廉。

2. 度假型饭店

位置：海滨、山区、湖泊、森林等。

接待对象：主要是度假旅游者。

特点：淡旺季明显；开设丰富多彩的娱乐、休闲及体育活动；娱乐、疗养设施齐全。

3. 会议型饭店

位置：大都市、政治中心、经济中心，交通便捷的游览胜地等。

接待对象：会议团体。

特点：除了基本的餐饮和住宿设施之外，还要足够数量的、多种规格的会议厅和展览厅；有会议设施；高效率的接待服务。

问题：

1.饭店一般可设计出哪些类型的客房？

2.在设计饭店客房类型时应考虑哪些因素？

分析：

常见的客房类型在不同的饭店中有不同的设置。

经济型饭店基本上以标准间和单人间居多，以接待出差的商务客人为主，要求经济、便宜。饭店出于成本考虑就要在同样的面积上多出房间，以此来分摊每个房间的出租价格，进而来获得最大的效益，客房面积大多在15m²以下。

度假型饭店以接待休闲度假游客为主，大多建在海滨、乡村、湖泊、温泉等自然风景区附近。度假型饭店基本上以家庭单位为主，因此要适度增加大床房和家庭房的数量，客房设施豪华舒适，面积多在25m²以上。

会议型饭店基本上以标准间居多，因为接待的客人多是参加会议的商务客人，需要配套相应的商务设施，客房面积多在20m²左右。

不同类型、档次的饭店，为满足不同客人的需求，往往会设置不同类型的客房。一般来说，大型饭店、高档饭店客房种类设置较多，而小型饭店、低档饭店相对客房种类较少。客房类型可以从以下环节设计。

任务一　不同类型客房设计

一、基本类型客房设计

饭店客房大致分为单间客房和套房两种基本类型。由一间客房所构成的"客房出租单元"，称为单间客房。由两间或两间以上的客房构成的"客房出租单元"，称为套房（套间客房）。

（一）单间客房设计

由一间客房所构成的"客房出租单元"，往往设计成单间客房。为满足不同客人的需求，房内可配备一张单人床，设计成单人间，供从事商务旅行的单身客人居住；或配备一张双人床，供夫妇旅行者居住，也适合商务旅行者单人居住；也可配备两张单人床，成为饭店的"标准间"，此种类型的客房较受团体、会议客人的欢迎。有的饭店在双床间内配置两张双人床，以显示较高的客房规格和独特的经营方式。在一些经济型饭店也可配备三张单人床，供三位客人同时入住。随着家庭旅游、自驾旅游、二孩家庭比例的增高，在客房内还可以有一张双人床加一张单人床或加高低床的配置。

（二）套间客房设计

由两间或两间以上的客房构成的"客房出租单元"，称为套房。根据其使用功能和室内装饰标准，套房又可细分为双套房、三套房、多套房、豪华套房等。①双套房一般为两套间，要求具有两个建筑开间、两个独立卫生间。其中一间为卧室，配有一张大床，并与主卫生间相连；另一间为起居室，设有盥洗室，内有坐便器与洗脸盆。②商务套房是专为从事商务活动的客人设计布置的。其空间布局与普通套房类似，但在设备设施、用品配置、装饰装修上比普通套房更有针对性一些。③双层套房也称立体套间，其布置为起居室在下，卧室在上，两者用室内楼梯连接。④连接套房也称组合套间，是一种根据经营需要专门设计的房间形式，两间相连的客房用隔音性能好、均安装门锁的两扇门连接，并都配有卫生间。需要时，连接套房既可以作为两间独立的单间客房出租，也可作为套间出租，灵活性较大。⑤豪华套房的特点在于重视客房装饰布置、房间氛围及用品配备，以呈现豪华气派。该套间可以为两套间布置，也可以为三套间布置。三套间中除起居室、卧室外，还有一间餐室（或会议室）兼书房，卧室中配备大号双人床。⑥总统套房又称特套房，一般由五间以上的房间组成，包括男主人房、女主人房、会议室、书房、餐室、起居室、随从房等。其装饰布置极为讲究，造价昂贵，通常在豪华饭店才设置此类套房。

二、特殊类型客房设计

客源的多元化需求，使得饭店除拥有各种基本客房类型以外，还必须配置各种特殊客房或楼层来满足不同宾客的要求。应该讲，随着客人要求的提高，有多少种需求就可能有多少种客房类型出现。因此在客房产品设计过程中，客房经营者还必须把眼光投向特殊类型的客房。特殊类型客房的设计、生产、销售，满足了市场上一些特殊类型宾客及普通宾客的特殊要求，如主题客房、女士客房、无障碍客房、老年人客房、无烟客房、智慧客房、个性化客房等。详细内容可参见模块一相关项目。

任务二　不同类型客房数量配比

一、客房类型配置的原则

客房的类型很多，其中在一家饭店中占据绝大多数比例的客房被称为重点客房，销售时重点客房出租率的高低在很大程度上影响着整个饭店的客房出租率。那么，到底以哪种类型的客房作为饭店的重点客房呢？在饭店建设项目立项之初，未来的饭店经营者就应该考虑这个问题。一般来讲，饭店在客房类型配置时应该重点注意以下原则。

（一）符合饭店定位的原则

饭店自身类型的定位决定了饭店的功能，如旅游型饭店、商务型饭店等。市场定位不同的饭店，其客房的使用功能也有很大的差别。在配置饭店客房的类型时，应以饭店目标市场定位为首要原则，从饭店的实际经营需要出发，有针对性地设计饭店客房的类型。

（二）满足宾客需求的原则

确定客房类型配置应遵循满足宾客需求的原则，即通过市场分析，研究各种细分市场客源对饭店客房的需求来确定，并随着市场的变化和客人需求的变化适时做出调整。

（三）优化资源配置的原则

除了以目标市场定位需要为首要原则以外，还应考虑市场的竞争状况，即同类客房在同一地区的供求是否饱和，以避免资源的浪费。另外在设置时避免盲目追求高档次的客房而造成不必要的浪费，如五星级饭店常设有总统套房，一般饭店则不必设置此类套房，只需拥有豪华的多套间即可。

二、不同类型客房数量的配比

在客房类型配置中，一般来说，标准间占多数。单人房的设置数量与饭店类型直接有关。商务型城市饭店单人客房需求量较大。目前，在日本与美国的不少城市中，商务型饭店的单人间与标准间数量之比已达1∶1。而一般城市饭店的单人间约占客房总数的10%～15%。客房套间在饭店也是需要的，一般等级越高的饭店套间数量也就越多。我国《旅游饭店星级的划分与评定》对不同星级饭店的套房在种类和数量上都有一定的要求。饭店如果需要参与旅游饭店星级评定，则必须符合相应的要求；如果不参与星级评定，则完全可以根据饭店的经营策略来决定。例如，美国近年来出现的全套间型饭店，每个套间均由起居室和卧室组成，由于经营有方，其出租率超过了一般饭店；杭州悦榕庄则是"全套房+别墅"的设计。

项目四　客房室内装饰设计

案例导入

人类在穴居时代已开始用反映日常生活和狩猎活动的壁画作为装饰；古埃及神庙中的象形文字石刻，中国木结构建筑的雕梁画栋，欧洲18世纪流行的贴镜、嵌金、镶贝等都是为了满足人的视觉需求。中国古代人常称屋内的家具及摆件为"肚肠"，由此可见，前人已经意识到室内陈设在家居环境中的重要地位。自从地球上有了人类，人类就开始不断地把自己的意识加于周围的一切事物之上，使其更好、更美地为自己服务，这就是其他动物无法比拟的人类陈设活动。随着时代的发展，陈设活动逐渐与艺术结合演变成当今的装饰艺术。

随着市场竞争加剧，千篇一律、毫无个性和特色的酒店客房将被市场所抛弃，有文化品位、有鲜明个性和特色的饭店将受到客人的青睐。因此，客房在装修、布置和服务方面，将注重文化、艺术品位，追求个性和特色。

任务一　客房色彩设计与运用

一、色彩的概念

在人们的视觉感知过程中，色彩是比形体更令人注意的现象，它能影响人的情绪，制造氛围、情调。因此，如何创造生动而协调的饭店客房室内的色彩效果，是饭店经营者必须研究的一个重要课题。

（一）色彩分类

色彩可以分为无彩色系和有彩色系两大类。无彩色系是指白色、黑色或由白黑色混合而成的各种深浅不同的灰色。有彩色系又称彩色系，是指不同明度和纯度的红、橙、黄、绿、青、蓝、紫等颜色，即视知觉能感受到的单色光特征的色彩都属于有彩色系。

（二）色彩的三要素

自然界的色彩千变万化，但仔细分析，不外乎三个基本要素，即色相、明度和彩度。但只有有彩色系的色彩具有这三个基本要素，即三种属性。无彩色系的颜色则只有一种基本属性——明度，它们不具备色相和彩度。

1. 色相　色相是指色彩的相貌（或叫色别），是区别各类色彩的名称，一般来说，能确切地表示某种颜色色别的名称，都代表着一种色相。色相差别是由光波波长的长短产生的，光谱中有红、橙、黄、绿、蓝、紫六种基本色光，而自然界中可以用肉眼辨别的颜色有180种之多。但最基本的只有红、黄、蓝，色彩学上称为三原色。原色之间按一定比例可以调配出各种不同的色彩，而其他色彩无法调配出原色。仅两种原色调出的色彩，称为间色，如红加黄产生橙色，红加蓝产生紫色，黄加蓝产生绿色。三种原色成分都包含的色彩称为复色，如棕色、土黄色、橄榄绿等，自然界中以复色居多。

2. 明度　明度是指色彩的明暗程度，也称色的亮度、光度、深浅度。不同色相有明度区别，如光谱中黄最亮，明度最强；紫最暗，明度最低。同一色相也有明度区别，如同样是红，深红比浅红明度低；同样是绿，深绿比浅绿明度低。在客房室内配色中，一般房顶明度最强，墙面次之，地面明度最低。浅色能使房间显得大，而深色则相反。

3. **彩度**　彩度是指色彩的饱和度，即纯净程度，因此也称为纯度。一种色彩越接近于某个标准色，越醒目，彩度也越高。标准色加白色，彩度降低而明度提高；标准色加黑色，彩度降低且明度也降低。过高的彩度容易使人眼睛疲劳，因此只有标志或点缀物才采用高彩度的色彩。

（三）色调

色调就是色彩倾向，比如偏红的称为红色调，偏蓝的称为蓝色调，还有冷、暖色调区分，像蓝、绿、紫色系就属于冷色调，红、橙、黄色系就属于暖色调。暖色能给人带来温暖、亲切、热烈、活跃的心理效果；冷色则能给人带来宁静、遥远、轻快的心理效果。朝北的房间由于缺少阳光，一般需用明快的颜色，而朝南的客房则需要较冷的颜色。

二、客房的色彩设计与运用

（一）色彩的选择

客房美化装饰给人舒适的感觉主要来源于色彩的选择。客房内色彩的构成因素繁多，一般有家具、纺织品、墙壁、地面、顶棚等。为了平衡室内错综复杂的色彩关系以达到总体协调，可以从同类色、邻近色、对比色及有彩色系和无彩色系的协调配置方式上寻求其组合规律。由于客房空间的有限性，在客房色彩选择上往往较多地使用调和色的协调方式。

1. **家具色彩**　家具色彩是客房色彩环境中的主色调。常用的有两类：一类是明度、纯度较高的色彩，其中有淡黄色、浅橙色等偏暖色彩，还有象牙白色、乳白色等偏冷色彩，这些色彩明快光亮、纯洁淡雅，使人领略到人为材料的"工艺美"。这些浅色家具体现了鲜明的时代风格，已蔚然成风，越来越受人们欢迎。另一类是明度、纯度较低的色彩，其中有表现贵重木材纹理色泽的红木色（暗红）、橡木色（土黄）、柚木色（棕黄）或栗壳色（褐色）等偏暖色彩，还有咸菜色（暗绿）等偏冷色彩。这些深色家具具有华贵自然、古朴凝重、端庄大方的特点。

家具色彩力求简单，最好选择一色，或者两色，既强调本身造型的整体感，又易和室内色彩环境相协调。如果在家具的同一部位上采取对比强烈的不同色彩，可以用黑、白或金、银等光泽色作为间隔装饰，使家具过渡自然，对比协调，既醒目鲜艳，又柔和优雅。

2. **纺织品色彩**　床罩、床裙、床巾、窗帘等纺织品的色彩也是客房内色彩环境中的重要组成部分，一般采取明度、纯度较高的鲜艳色，以此渲染室内浓烈、明丽、活泼的情感气氛。在与家具等的色彩配置时，可以采用色相协调，如淡黄的家具、米黄的墙壁，配上橙黄的床罩、床巾、靠垫等，构成温暖、艳丽的色调；也可以采用邻近色作为对比，起到点缀装饰的作用，获得绚丽悦目的效果。纺织品的色彩选择还应考虑到环境及季节等因素。对于光线充足的房间或是在夏季，宜采用冷色系的窗帘；对于光线暗淡的房间或是在冬季，宜采用暖色系的窗帘，写字台、茶几等处可铺冷色系装饰布，以减弱视觉干扰和视觉疲劳。

3. 墙壁、地面、屋顶色彩　这些色彩通常充当室内的背景色、基调色，以衬托家具等物的主色调。墙壁、屋顶的色彩一般采用一两个淡的彩色，有利于表现室内色彩环境的主从关系、隐显关系及空间整体感、协调感、深远感、体积感和浮雕感。在客房室内配色中，一般房顶天花板的明度最强，墙面次之，地面的明度最低。浅色能使房间显得大，而深色则相反。

（二）色彩的对比

两种颜色并列相映的效果之间所能看出的明显不同就是对比。在观察色彩效果的同时，可以有差异很大的七种不同类型的对比，即色相对比、明暗对比、冷暖对比、补色对比、同色对比、色度对比和面积对比。在客房的装饰中，色彩的对比运用主要有以下三方面。

1. 色相对比　色相对比就是因色彩之间的差别而形成的对比。这种色彩运用的特点就是表现鲜明突出，色彩能够相互作用和相互影响。在实际运用中，如果让一种色相起主要作用，少量其他色相作为辅助，那么就会得到非常有趣的效果，着重使用一种色彩会提高它的表现性。

2. 明暗对比　白昼与黑夜、光明与黑暗，这种规律在人类生活和自然界中具有普遍意义。黑色与白色是最强烈的明暗对比，它们的效果在所有方面都是对立的，在它们之间有着灰色和彩色的领域。如配有白色沙发、墙面和顶棚的客房，配上暗色的茶几、门窗以及黑白相间的挂画，构成明暗对比十分强烈的明快爽朗的环境气氛。

3. 冷暖对比　很多试验证明，人们对冷暖色的主观感觉相差很大。人们在和谐的色彩搭配空间中，感觉舒适度和消除疲劳等方面也有很大的区别。如人们在蓝绿色等冷色系房间里工作，15℃时就感觉到寒冷，而在橙红色等暖色系房间里，11～12℃时才感到寒冷。因此，在客房设计时应根据饭店所处的不同区域，针对客房的不同功能空间，设计不同的颜色，尽量给客人创造温馨舒适的氛围。

（三）色彩的协调

协调的色彩给人以舒适、轻松、愉快的感觉，反之则使人不满、烦闷甚至失望。色彩的协调方式有调和色的协调与对比色的协调两种，前者使用较多。

1. 调和色的协调　调和色是指由同种色相改变明度与彩度而得来的系列色。将这些色彩用于同一室内很容易获得协调的效果。而若干种低彩度、不同色相的色彩同时用于室内往往也能获得调和色的协调效果。

2. 对比色的协调　对比色有红色与绿色、黄色与紫色等。"万绿丛中一点红"就是生活中对比色协调的例子，其原因在于对比色的运用必须有一定的面积差。在客房室内设计中，往往采用大面积的背景色彩，然后在局部地方采用小面积的强烈的对比色，这样可取得十分协调的效果。

任务二　客房照明设计

光是创造室内视觉效果的必要条件，为了进一步创造良好的客房室内视觉效果，体现室内空间，增加客房室内环境舒适度，必须对饭店客房照明进行科学设计。

客房照明设计就是根据客房不同使用功能的空间所需要的照度和照明质量、所需要创造的室内空间气氛，在尽可能节约用电的前提下，正确选用光源品种和灯具，确定合理的照明方式和布置方案，创造出良好的室内环境。

一、照明概述

（一）客房光源

1. 自然光源　光源可分为自然光源和人工光源两大类。自然采光是将自然光引进室内的采光方式。自然光除了给人亲切感、舒适感之外，还具有节能的优点。室内自然采光一般有侧面采光与顶面采光两种方式，虽然顶部采光照度比侧面采光照度高三倍，但由于客房的建筑格局，多采用侧面采光，客房门窗是侧面光的主要通道，因此在客房自然采光的设计中，必须科学、有效地进行客房门窗的设计。

2. 人工光源　人工光源即人工照明，包括各种电源灯。现代照明光源几乎都是以电能作为能源。用于照明的电光源，按发光原理可分为白炽灯和荧光灯两大类。白炽灯是通过灯内的钨丝升温而发光的，由于钨丝的长短粗细不一而产生不同的光，其光色偏于红黄，属于暖色。荧光灯是靠低压汞蒸气放电而产生紫外线，紫外线再刺激管壁的荧光物质而发光的。荧光灯的光色分为自然光色、白色和温白色三种。自然光色是直射阳光和蓝色空光的混合，其色偏蓝，给人以寒冷的感觉；白色的光色接近于直射阳光；温白色的光色接近于白炽灯。随着科技的迅猛发展与节能降耗的需要，智能LED灯正逐步进入饭店各个场所。

（二）照明方式

照明方式是指对照明灯具或光源进行布置的方式。不同的照明方式可以营造出不同的照明效果，不同程度地提高和改善视觉功能。

📁 照明方式

1. 按灯具的散光方式划分　按灯具的散光方式划分，照明可分为直接照明、间接照明、混合照明和散射照明等方式。

（1）直接照明。直接照明无间隔，不靠反射，其特点是发光强烈，投影清楚，使物体产生鲜明的轮廓。对一些艺术品采用直接照明方式可以产生特殊的效果，但作为生活照明，应避免直接对着人的眼睛。

（2）间接照明。间接照明依靠反射发光，灯光一般照在天花板或墙角，然后反射到房间，很少有投影，不刺激眼睛，且产生天花板与墙变高的感觉。

（3）混合照明。混合照明是直接照明与间接照明相结合的一种照明方式。如以直接照明为主，称为半直接照明；如以间接照明为主，称为半间接照明。

（4）散射照明。散射照明的灯光射到各个角度，光线亮度大体相等，光线柔和。

2. 按灯具的布置方式划分　按灯具的布置方式划分，照明可分为一般照明、分区一般照明、局部照明、混合照明。

（1）一般照明。灯具比较规则地布置在整个场地的照明方式称为一般照明。一般照明可使整个场地都能获得均匀的水平照度，适用于对光的投射方向没有特殊要求、工作点密集的场所，如仓库、办公室、会议室等。

（2）分区一般照明。根据不同区域对照度要求的不同需要，分区采用一般照明的布置方式称为分区一般照明。在歌厅、台球室等场所经常使用该种方式。

（3）局部照明。局部照明是指不考虑周围环境而只为满足某些部位的特殊光照要求，在较小范围内或有限空间内，采用辅助照明设施的布置方式。局部照明主要是为了满足非常精细的视觉工作的需要。在室内需要强化或突出，引起人们注意的视觉中心都需要采用局部照明方式，如酒吧吧台等场所。

（4）混合照明。混合照明是指为了改善一般照明和局部照明的不足，由一般照明和局部照明组合而成的一种照明方式。混合照明适宜于照度要求高、对照射方向有特殊要求、工作位置密度不大而单独设置一般照明不合理的场所，如饭店大堂、客房、餐厅等。

二、客房照明设计

（一）照明设计原则

1. 适用性原则 适用性主要是指需满足客房不同功能空间的照明要求，具体表现在达到照度要求和照明的舒适感方面。

2. 安全性原则 安全性主要是指照明设施（灯具）的安全性，维护和检修的便捷性，运行安全可靠，客人使用过程安全，能有效防止火灾和电器事故的发生。

3. 经济性原则 照明的经济性是指在确定光源、照明灯具、照明设备时应根据实际要求，以最小的投入获得最好的照明效果，同时在设计中应采用相应的措施提高照明的节能水平。

4. 先进性原则 技术先进是指所选择的光源在额定电压和额定电流下工作具有最好的效果，即在额定电流下所消耗的额定功率少，光源在工作时发出的光通量高，使用寿命长，光色好等。

5. 艺术性原则 照明设计除了关注以上因素外，还应注重饭店客房空间的装饰及环境美化的作用，通过照明设计丰富空间层次，充分展示被照物体的形式美、材质美；充分利用光色与空间色彩的搭配烘托客房氛围、美化空间环境；充分利用光影的变化，创造特有的室内意境以增加客房的艺术感染力。

（二）照明设计要点

饭店经营管理者不仅要了解照明设计的基本原则，还应了解照明设计的工作要点：确定照明方式、照明种类，正确选择照度值；选择光源、灯具类型，并进行合理的布置；计算照度值，确定光源的安装功率；选择或设计灯光控制器等。本书重点关注以下几个方面。

1. 照明方式、照明种类的选择 客房内照明一般有整体照明、局部照明和混合照明三种方式。整体照明是指对整个室内空间进行照明的一种方式，又称主体照明或一般照明。在选择主体照明时，应注意，一间15m²的房间只需一只60W的白炽灯或一只40W的日光灯即可。面积不超过20m²的客房，不宜采用较大的灯具。采用主体照明方式时，灯具一般选用吸顶灯、吊灯等。

客房不同区域的照明要求不尽相同，局部照明就成为客房常用的照明方式，即局限于某个部位的固定的或移动的照明，它只照亮一个有限的客房区域。客房一般在床头、写字台、座椅、衣柜、过道、穿衣镜和化妆镜等处都设有局部照明的灯具。

混合照明是指将整体照明与局部照明相结合的照明方式，也是普遍采用的一种方式。现代客房对这两种照明方式的结合要求越来越高，客人希望在主体照明把房间室内照亮的同时，又能根据客房空间使用的不同要求，利用台灯、壁灯、落地灯、筒灯等进行局部照明，还可利用射灯等对画、花、工艺品进行重点照明，使室内明暗层次丰富，产生多重空间效果。这样的灯饰布置，既满足了使用要求，又能渲染出神秘、含蓄、宁静、高雅等客房气氛。

2. 灯具的选择与布置　灯具的选择一要与客房空间环境的体量、形状相协调，要考虑到客房空间的用途；二要与饭店的整体风格、特色相协调，与客房室内装修风格相匹配；三要注意安全可靠，要方便日常清洁保养与维修；四要注意灯具的利用效率，注意节能；五要有助于提高饭店客房设计的艺术感染力。

灯具的布置就是确定灯具在饭店客房内的空间位置，它对照明质量有着重要的影响。光投方向、照度与照度的均匀性、眩光、阴影等都直接与灯具的布置有关。灯具布置时要注意灯具的间距、灯具的悬挂高度、灯具与墙的距离，还要注意灯具与顶棚的距离。

3. 光线的设计　光是创造室内视觉效果的必要条件，为了进一步创造良好的客房室内视觉效果，展现室内空间，增加客房室内环境的舒适感，必须对饭店客房的光线进行设计。

（1）照度的确定。照度是指物体单位面积上所获得光通量的多少，单位是lx。客房照度包括房间照度和卫生间照度两方面。按照国际照明学会标准，客房照度一般为100lx，近年来备受青睐的客房照度标准为50～100lx。客房的照度可低些，以营造静谧甚至懒散的气氛，而卫生间的照度要求则越来越高；某些区域的局部照明则应该提供足够的照度，比如梳妆镜前的照明、床头阅读照明等可取300lx的照度值；易被忽略的写字台的书写照明则要求达到200lx照度值。

（2）光色、色温设计。光色是指人眼观看光源所发出的颜色，通常指灯光的颜色。光色取决于光源的色温。不同的光源色温具有不同的环境气氛。低照度水平的白炽灯色温低，具有温馨、宁静、亲切的气氛；高照度的荧光灯色温高，具有凉爽、活跃、振奋的感觉。人们对光色的舒适感程度还与照度水平有关，一般低色温、高照度的灯光有闷热感，而高色温、低照度的灯光又有阴晦的气氛。因此适宜的光色应根据客房空间的不同功能、所需创造的环境气氛进行选择。如客房色温一般要求在3000K左右，卧室可用3500K以下的光源，洗手间可用3500K以上的光源；卧室需要低色温，给人以温暖的感觉，洗手间需要高色温，以营造清洁和爽净的氛围。

任务三　客房陈设设计

客房艺术品的点缀不仅能够增加客房的美感，还能从视觉效果上增加客房的整体空间感。客房艺术品陈设主要是以摆设品和挂件陈设为主。

一、客房布草和装饰织物

客房布草和装饰织物主要指床上用品、窗帘、帷幔、地毯等。客房装饰布置时应通过这些物品的色彩、质感、式样等的对比或协调来提高客房室内构图的美感，增强客房室内装饰的艺术氛围。布草和装饰物品的色彩、质感、式样等要与客房装饰风格和谐，大小要与客房空间、家具等设施的体量相衬，做到式样美观、色彩协调、位置合理。窗帘的作用在于屏蔽外来光线、御寒遮阳，所以一般应有两层：外层要求质地厚实，能遮光御寒；内层要求质地薄透，可以调节光线、美化房间。床罩（床巾）要求有一定质感，色彩与客房主色调相衬。地毯的选择要考虑图案和色彩，这样才能起到烘托空间气氛、聚集室内陈设的作用。帷幔有多种功能，是客房室内装饰的中心，它不仅能调节光线、隔断空间，还能协调室内色彩、营造温馨浪漫氛围。

二、客房工艺品

客房陈设工艺品的主要目的是点缀空间、烘托气氛、增加情趣、提高客房等级规格和文化品位。目前，客房陈设的工艺品主要是指墙饰品和摆件。

墙饰品主要有绘画、壁毯、条幅、玉石镶嵌等，在处理手法上要突出主墙部分，使之成为装饰的中心和焦点。目前客房墙饰品以绘画类居多。

摆件是一种相对挂饰而言的平面安放之物。其中有纯观赏性质的，也有兼具实用价值的，一般是制作精良的工艺品。客房的摆件主要有古玩、现代工艺品、玩具、纪念品等。在我国，摆件更多的是为了体现中国古代和现代文明，有的是某一时期某种文物的复制品，有较高的文化内涵和欣赏价值；有的则极具中国独特的工艺和特色，充满浓厚的现代生活气息。

三、绿化饰品

绿化饰品可以调节室内气候、降低噪声，提高客房的环境质量，并且还有提高宾客礼遇规格、表达情意的作用。因此绿化饰品越来越受到饭店经营者和客人的欢迎。客房绿化装饰的手段主要有盆栽和插花两种。不论选用盆栽还是插花，都要做到造型优美、净化室内、安全无害，同时还要注意避免花粉对敏感体质客人造成的伤害。

客房室内设计与装饰发展趋势

东呈国际集团旗下的中高端酒店品牌——瑾程酒店，以自省内驱、谦和节制、拥有气度眼界的东方新雅仕为目标客群，以这厢有礼的定制茶饮，极具东方韵味的客房、三省茶舍以及景观走廊等设置，提供张弛有度的礼遇式、知礼式服务。

瑾程品牌以东方文化内涵为核心，以西方呈现模式为形态，从设计、服务到细节主打新中式风格，在西式奢华中处处洋溢着东方情怀。无论是建筑设计的风格和材质，家具、器具等软装的甄选，还是餐饮、茶艺的配套服务，都将东方生活美学渗透到每一个细节中。比如，客房内设有中西合璧的器物和摆件，预设情景灯光，在东方禅意角泡一壶好茶，放慢快节奏的都市生活，或阅读，或听乐，或静思，或小饮，或相谈，让心绪自由沉浸在东方美学的静谧与美好中（见图5-1）。

图5-1　瑾程酒店

■ 思考与练习

1. 结合上例，瑾程酒店成功的原因是什么？它体现了客房产品设计哪些发展趋势？

2. 如何理解客房产品设计的原则？客房产品设计应包含哪些方面的内容？

3. 豪华套房数量标志着饭店的等级与档次，所以应配置得越多越好，对吗？为什么？

4. 如何进行客房功能的设计？

5. 以某饭店为例，请分析其客房色彩设计方面的成功或不足之处。针对不足你有何改进的方法与措施？

6. 试分析某饭店客房照明方面存在的主要问题，并提出你的设计理念和整改方法。

■ **综合训练** --

用所学知识为某度假型饭店和某商务型饭店各设计一间标准房。

实训要求：

（1）设计内容涵盖本模块介绍的客房所有功能区域，客房设备用品能满足客人所需。

（2）设计风格新颖，色调温馨舒适，富有创新思想。

（3）必须用文字对设计的思路和方法加以说明，并配有客房设计结构简图。

✎ 课堂测试

模块五
客房产品规划设计

模块六　客房产品质量控制

学习目标

知识目标：
▶ 了解客房产品质量的构成要素，明确质量管理的重要性
▶ 遵守职业、法律规范，树立正确的产品质量控制观念
▶ 掌握产品质量控制的基本思路与基本理论

能力目标：
▶ 具备基层管理能力，初步掌握客房产品质量控制的基本方法
▶ 注重科学管理，增强辩证思维能力，能处理客房运营中发生的质量问题
▶ 关心同事，爱护员工，注重合作共赢

　　客房是饭店的基本设施和不可或缺的组成部分，客房产品是饭店的核心产品，客房产品质量不仅对提升客房本身品质有着重要影响，而且对提升饭店的整体服务质量、品牌建设及经营效益都有着非同寻常的影响。

项目一　客房产品质量构成要素

案例导入

给客人以惊喜

　　临近春节，客房服务员萧静发现住在702房间的常驻客人金先生表情严肃、心事重重，进进出出也不再理睬服务员的微笑和招呼。他每天按照习惯去多功能餐厅自助用餐，吃完后回房。服务员为其整理房间时，常常看到他在打电话，似乎是韩国长途。一天，金先生按惯例到自助餐厅用餐，当他吃到一半的时候，忽然，餐厅的灯光暗了下来，自助餐厅里响起了柔和的音乐，多功能舞台上出现了几位身着韩国传统服装、正在翩翩起舞的女孩子。这时一位女主持人用甜美的声音说道："尊敬的各位贵宾，今天是远离家乡的金先生的生日，饭店特意送上一支韩国舞蹈，表示对金先生的祝贺。"在场的客人纷纷鼓起掌来，金先生也显出颇为感动的样子。服务员适时送上一个生日蛋糕和一束鲜花，金先生手捧鲜花，露出久违的微笑，连连鞠躬并说"谢谢、谢谢"。原来金先生在外已经半年，他非常希望这个生日可以回家过，但恰恰此时公司业务难以脱身，心情难免有些不愉快。客房服务员观察到客人的心情不悦，又通过前台了解到客人生日将至，于

是将该情况向管理者进行了汇报。而饭店恰好在为春节联欢准备节目，于是在管理人员的精心策划下有了先前的一幕。金先生在回国后，又打来电话再次来向饭店表示感谢，并称下次一定再来入住。

问题：

1. 假如是你碰到类似的情况，你会想到对金先生做进一步了解、发现他的困惑（或心事）吗？

2. 从本案例，你能得到哪些启发和收获？

分析：

饭店服务工作好坏的最终评价，来自客人的感受及其满意程度，而客人满意程度的高低取决于饭店服务是否适合并满足其需求，是否给宾客带来享受，这是饭店每位员工都必须明确的事情。而要让客人满意，饭店必须在常规服务之外，提供能满足客人特殊需要的针对性服务，只有这样才有可能让客人满意+惊喜，才有可能培养出忠诚客人。本案例中的客房服务员萧静，通过日常工作中的仔细观察，发现客人心事重重，又通过调查了解到客人生日临近，所以及时向饭店管理人员汇报情况。最后，饭店为身处异乡的孤独客人庆祝生日，给客人以完美的感受，达到了饭店以真诚服务感动客人的目的，这样的客人无疑会成为饭店的忠诚客人。

众所周知，饭店的服务质量主要由硬件质量和软件质量构成。硬件质量是指与饭店设施设备等实物有关的并可用客观指标度量的质量，软件质量则是指饭店提供的各种劳务活动的质量。作为饭店主要产品之一的客房，其质量也同样由硬件和软件两部分构成，具体如图6-1所示。

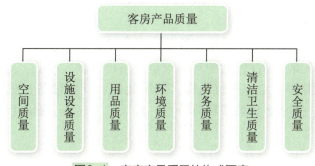

图6-1　客房产品质量的构成要素

一、客房空间质量

舒适度是衡量客房产品质量高低的重要因素之一，而舒适度与客房空间大小有着非常直接的关系。高低、大小不同的空间能给人以不同的心理感受，不同等级的饭店对客房的空间要求也不一样。一般来说，空间越大、越宽敞，客房的舒适度就越高，表示饭店档次越高，客房产品的质量就越好。

二、客房设施设备质量

饭店是凭借其设施设备为客人提供服务的，设施设备是饭店及客房服务必不可少的物质依托，客房设施设备既是饭店设施设备的重要组成部分，也是决定饭店和客房服务质量高低的重要因素。

饭店设施设备包括客用设施设备和供应设施设备两大类。客用设施设备也称前台设施设备，是指直接供应给宾客使用的那些设施设备，如客房设备、康乐设施等。客房设备主要包括客房家具、电器设备、卫生设备、安全设备等，要求做到设置科学、结构合理、舒适美观、操作简单、性能良好。客房设施设备的质量控制一方面在于设施设备的选配、采购，另一方面在于设施设备的日常维护与保养。

供应设施设备是指饭店经营管理所必需的不直接和宾客见面的生产性设施设备，如供电供气设备、制冷供热设备、厨房设备、消防设备、监控设备等。供应设施设备也称后台设施设备，要求做到安全运行，保证供应，否则也会影响到服务质量。

三、客房用品质量

客房产品可直接满足客房运营过程中宾客的消费需要或员工的服务需要，其质量高低也会影响客房产品的质量。根据用品的使用对象和使用场所，客房用品可分为客用品和服务用品两类。客用品是指提供给客人住店期间消费的各种生活用品，包括一次性消耗品和多次性消耗品。客用品的质量应与饭店星级和客房档次、规格相适应，要求数量充裕、供应及时、安全卫生，能够满足宾客的需求。服务用品是指客房部在提供服务过程中供服务人员使用的各种用品。如清洁剂、清洁工具（如抹布）等，它们是客房部提高劳动效率、保证服务效果、提高客房产品质量的必要条件，要求品种齐全、数量充裕、性能优良、使用方便、安全卫生。

四、客房环境质量

客房环境质量就是指客房的服务气氛给宾客带来的享受感和满足感。客房区域是供宾客休息的场所，因此客房的环境气氛应当是宁静、和谐、舒适、温馨、典雅的。构成环境氛围的要素有建筑结构、装潢装饰、设施设备、员工形象、空气质量、声光环境等，要求客房装潢独具特色、通风采光良好、湿温度适宜、员工端庄大方等。

五、客房劳务质量

客房劳务质量是指客房部一线服务人员为宾客提供的服务本身的质量，包括职业道德、礼节礼貌、服务态度、服务项目、服务效率、服务时机、操作技能等。

（一）职业道德

职业道德是人们在一定的职业活动中必须遵守的行为规范的总和。在对客服务中，许多服务是否到位不仅取决于员工的服务技巧，在很大程度上还取决于他的责任心和敬业精神即职业道德水平。作为客房部员工，应自觉遵循"热情友好，真诚公道；信誉第一，文明礼貌；不卑不亢，一视同仁；团结协作，顾全大局；遵纪守法，廉洁奉公；钻研业务，提高技能"的职业道德规范，真正做到敬业、乐业、勤业。

（二）礼节礼貌

礼貌就是要求服务人员在为宾客提供服务的过程中，时时处处表现出对宾客的尊重和友好；礼节就是表达这种尊重和友好的形式或程序，具体可从员工的仪表仪容、服装服饰、言谈举止、表情眼神等方面得以体现。同时服务人员还应了解各国、各民族的风俗人情等，掌握国际国内已经约定俗成的礼节，避免在无意间做出伤害客人情感的事情。

（三）服务态度

服务态度是指饭店服务人员在对客服务中所体现出来的主观意向和心理状态。其好坏由员工的主动性、创造性、积极性、责任感决定，要求员工具有"宾客至上"的服务意识，能主动、热情、诚恳、耐心、周到地为宾客提供服务。而态度也是宾客关注饭店、关注服务的焦点，特别是当服务过程中出现问题时，服务态度往往成为解决问题的关键。因为宾客可以原谅员工的工作失误，但不能忍受员工恶劣的服务态度。因此服务态度是软件质量的关键所在，直接影响到客房产品的质量。

（四）服务项目

服务项目是指为满足客人的需要而设定的服务范围和数目。客房服务项目的多少，一方面反映了饭店和客房部的服务档次，另一方面直接关系到宾客的便捷程度。客房服务项目的设置切忌攀比、赶时髦、摆花架子，应从宾客的需求角度出发，从饭店的实际情况出发，实实在在地帮助客人解决实际问题。《旅游饭店星级的划分和评定》（GB/T 14308—2010）对服务项目就有明确的规定和要求。

客房对客服务项目

（五）服务效率

服务效率是指员工在服务过程中对时间和工作节奏的把握，要求做到及时、快速、有效。 服务效率一般有三类表示方式：一是用工时定额来表示固定服务效率，如清扫一间走房30～40分钟、夜床服务5～10分钟等；二是用时限来表示，如租借物品服务，客房服务员应在5分钟（有的饭店规定3分钟）内送到客人房间，接听电话不超过10秒等；三是无明确时限规定，仅凭客人感觉来衡量，如为客人代购物品、代维修物品等。

（六）服务时机

服务时机就是指在什么时候为宾客提供服务，如为宾客提供房间整理等服务的时间，它在一定程度上反映了服务的适应性、灵活性和准确性。

（七）操作技能

操作技能是指饭店服务人员在不同场合、不同时间为不同宾客提供服务时，能根据具体情况灵活恰当地运用其操作方法和作业技能以取得最佳服务效果，从而显现出服务人员的技巧和能力。它是饭店提高服务质量的技术保证。操作技能的高低取决于服务人员的专业知识、操作技术以及一定的悟性与灵性，在掌握丰富的专业知识和娴熟的操作技术的基础上，服务人员能根据实际情况灵活多变地加以运用，使服务具有艺术性，给宾客以颇具美感的服务体验。

六、客房清洁卫生质量

虽然客人入住饭店的动机不尽相同，但他们对饭店客房的清洁卫生要求却大同小异。由于客房是宾客入住饭店期间主要的逗留场所，因此客房的清洁卫生直接影响到宾客的身心健康及他们对服务质量的评价，必须高度重视。

七、客房安全质量

从某种意义上讲，饭店客房才是宾客的"家外之家"，是宾客的私密空间。客房产品必须保障宾客、员工及饭店本身的安全，并通过制定严格的安保制度创造出安全的客房氛围，给宾客以人身、财物及心理上的安全。

依据前述客房产品质量的构成要素，抓好上述环节的质量就可以使客房产品的整体质量得到保障。由于客房空间在饭店建造完工后的一定时期内相对固定，客房设施设备与用品质量、客房环境质量在相关模块有专门的论述，本模块主要从清洁卫生、客房劳务、安全管理三个方面介绍客房产品质量控制的基本原理和方法。

项目二　清洁保养质量控制

保险柜不是空的

某饭店935房间的客人离店了，服务员将房间打扫干净，领班检查后按OK房报出。第二天，该房间又入住了一位齐先生。当齐先生有些私人贵重物品想放入客房保险柜中时，却发现保险柜是锁着的打不开。于是齐先生找服务员要求打开保险柜。客房中心收到客人的请求后，马上汇报到保安部，由保安部在有关人员在场的情况下，按程序将该房间的保险柜打开。保险柜打开后，发现里面不是空的，而是有一些首饰和10000元现金。所以，虽然935房间的卫生是合格的，但是齐先生仍然认为他入住的不是一间完好的OK房。

问题：

1. 你认为本案例的主要问题是什么？

2. 如果你是领班，你会怎么做？

分析：

客房是饭店出租给客人的商品，既然是商品它就有质量标准和质量要求，如果将不符合标准的客房出租给客人，就是损害了客人的利益，就会对饭店的品牌信誉产生不良的影响。OK房是饭店产品质量的承诺。服务员在清扫客房时不但要保证卫生质量达标，而且要认真检查客房设施设备的完好程度，如果发现其中有问题就应按程序立即报修或调试。服务员清扫完后，作为领班应认真细致地对客房进行检查，如果发现问题应请服务员返工，以确保客房的整体质量。因此客房部员工必须全面认识客房产品质量的构成要素及标准，必须保证出租的客房都是真正的OK房。

　　美国一家机构曾经对客人选择饭店的各种要素的排列顺序做过调查，其结果显示：卫生因素的得分率为63%，服务因素的得分率为42%，设备因素的得分率为35%。在客人选择饭店的诸因素中，卫生因素首当其冲。也有研究机构专门对宾客是否初次或再次选择一家饭店的诸多因素进行了排序，发现清洁卫生质量均排在第一位，详见表6-1。由于客房部通常承担饭店大部分区域的清洁保养工作，因而饭店的清洁保养水平往往取决于客房部的管理。要做好清洁保养工作并使之始终保持在较高的水准，不论是客房管理者还是服务员，首先都必须对清洁保养的质量标准和要求有明确清楚的认识，并在此基础上掌握必要的清洁保养与管理的方式方法和技能技巧。

表6-1　宾客选择饭店时的考虑因素

排名	宾客初次选择一家饭店的因素	宾客再次选择一家饭店的因素	宾客不再选择一家饭店的因素
1	清洁	清洁	不够清洁
2	合理的价格	合理的价格	不够安全
3	便利的位置	便利的位置	员工不关心顾客/不礼貌
4	良好的服务	良好的服务	噪声
5	安全保险	安全保险	房价太高
6	名声/声望	名声/声望	床上用品不相配
7	公司/家庭折扣	公司/家庭折扣	缺乏维修保养
8	预订服务	其他	温度控制问题
9	其他	预订服务	毛巾不够用
10	推荐	娱乐设施	其他
11	娱乐设施	个人护理用品	个人护理用品太粗劣
12	个人护理用品	推荐	缺乏娱乐设施
13	连锁常客奖励计划	连锁常客奖励计划	缺乏商务设施
14	商务设施	商务设施	—

任务一　树立清洁保养意识

　　意识决定行为，正确的意识有利于清洁保养质量标准、清扫规程的制定，有利于员工发挥其工作的主动性，有利于在实施过程中管理目标的贯彻和执行。因此树立正确的清洁保养意识是饭店做好清洁保养工作、提升饭店清洁保养水准的首要任务。

一、专业化意识

清洁保养应从饭店开业前开始。树立专业化意识要做到以下几点：首先，要对清洁保养理念有深层理解。清洁保养包括清洁与保养两个方面，清洁是指清除饭店各种设备设施和物品表面的尘土、油污等各种脏迹，以保持其整洁；保养是指通过对各种设施设备和用品的保护调养，使其处于正常完好的状态。这两者不是完全孤立而是相辅相成、互为作用的，即清洁的同时必须考虑到保养，保养则又以清洁为前提。其次，要充分了解预防与及时除渍的重要性，不要以客观因素为托词。最后，要发扬探索精神，不断寻找彻底解决清洁保养问题的办法，成为清洁保养方面的专家。

二、全员化意识

清洁保养要强调全员化意识。从清洁保养工作本身而言，客房部应该是专业部门，但只靠客房部是难以取得满意效果的，它与饭店内的每一位员工都有关，不论是总经理还是服务员，都应具备清洁保养意识，都有责任保持饭店环境的整洁。全员化意识要求饭店各部门注重整体的配合，客房部管理人员则必须善于与其他部门进行沟通和协调，以共同做好此项工作。

任务二　制定清洁保养规程与标准

为了使饭店的清洁保养工作有章可循、有据可依，客房部应根据清洁保养的区域范围、客房类型、设备设施配置状况、面层材料的特点，制定科学合理的清洁保养规程与质量标准。

一、制定清洁保养规程

规程就是指工作的程序和规则，即工作的具体步骤、方法和要求等。它是饭店进行员工培训、清洁保养质量控制的依据，也是进行规范化、制度化管理的基础。因此，制定的规程应尽可能详细、具体，可操作性要强，要方便客人、方便员工、方便管理。清洁保养规程主要包括日常清洁保养规程和周期性清洁保养（计划卫生）规程两方面。

（一）制定客房日常清洁保养规程

客房区域日常清洁保养规程应包括客房清扫准备规程、进房规程、客房清扫的基本方法、不同状态客房（走客房、住客房、空房等）的日间清扫规程、客房晚间整理（夜床服务）规程、客房及用品消毒规程等方面的内容。具体的日常清洁保养规程可参见模块二的有关内容。

（二）制定周期性清洁保养（计划卫生）规程

在日常清洁保养的基础上做好科学的周期性清洁保养（计划卫生）工作，既可确保饭店清洁保养的质量，又可在一定程度上实现部门的成本控制，可谓一举两得。具体的周期性清洁保养规程可参见模块二的有关内容。

二、制定清洁保养标准

标准是对重复性事物和概念所做的统一规定，它以科学、技术和实践经验的综合成果为基础，经有关方面协商一致，由主管机构批准，以特定的形式发布，作为共同遵守的准则和依据。要进行质量控制，首先应有一个标准，有了标准就使清洁保养工作有了明确的目标，检查和评价也就有了一定的依据。

客房清洁保养标准主要包括三方面的内容：一是时效标准，主要用于对工作进程的控制；二是操作标准，主要用于对工作过程的控制；三是功能性标准，主要用于对工作结果的控制。

（一）时效标准

为保证应有的工作效率和合理的劳动消耗，客房部应规定清洁保养工作的时效标准，实行定额管理。如规定清扫一间客房（不同的房态有不同的要求）的时间，客房服务员每天应打扫的客房数量等。时效标准的制定，可以激发员工的积极性、主动性和责任心，也方便管理人员的检查、督导、控制和对员工工作表现的评价。时效标准的制定受诸多因素的影响，归纳起来主要有以下几个方面。

1. 服务模式　由于各饭店客房部在服务模式的选择上有所不同，服务员所承担的工作职责、工作定额也有所区别。如采取客房服务中心模式的饭店，其楼层不设专职的对客服务员，服务工作往往由楼层清扫员兼做，这就要考虑其他服务工作所占用的时间，客房清扫定额就应相对降低。

2. 客房状况　不同类型、不同档次的客房，在结构面积、设备设施及用品配备等方面都会有所区别，因此清扫不同类型、档次的客房所需的时间也不一样，那么清扫定额也应有所区别。客房分布情况及工作区域的环境，对服务员清洁保养的时效也有影响：如果客房分布相对集中，服务员在清扫过程中浪费的时间就少，清扫定额就可适当增加，如果服务员需要跨楼层清扫，则路途消耗时间就多，在制定时效标准时必须予以考虑。因此在楼层客房数量设计时就应提前考虑到这些问题。

3. 客源情况　住客的来源、身份、地位、生活习惯等都会在很大程度上影响饭店清洁卫生的状况及清扫整理的时间、速度。

4. 劳动器具的配备　劳动器具是做好清洁保养工作非常重要的因素之一。劳动器具种类数量是否齐全足够、功能是否先进、操作是否便捷，在很大程度上影响着工作效率和效果。

5. 服务员个人素质　服务员是否敬业爱岗，是否具有良好的职业习惯和娴熟的工作技能，也是影响其工作效率的因素之一，对时效标准也有一定的影响。

（二）操作标准

与清洁保养有关的操作标准有多方面的内容，它们都应以饭店的经营方针和市场行情为依据。

1. 进房次数　进房次数是指服务员每天对客房进行清扫整理的次数，是客房服务规格高低的重要标志之一。按以往国内饭店的传统做法，大多数实行一天三进房的做法，即上午进房彻底清扫一次、午后进房小整理一次和晚上做夜床一次。一般来说，进房次数多，不仅能提高客房清洁卫生水准，还能提高客房服务规格。但这并不是说进房次数越多越好，因为进房次数与成本费用、客人被打扰的概率也成正比。因此，在确定进房次数时要综合考虑饭店档次、客人接待规格、住客的生活习惯、成本费用标准等因素。目前饭店采用二进房和一进房的较多，二进房就是白天进房清洁整理一次、晚上做夜床一次；一进房就是只提供白天一次进房彻底清扫。当然在具体执行时还应有一定的灵活性，通常只要客人有需要，饭店就应尽力予以满足。

2. 操作标准　操作标准一般包括操作步骤、方法、技巧、所用工具用品等。为了使清洁保养工作有条不紊地进行，尽可能避免清洁器具用品和劳动力的浪费，防止安全事故的发生，方便管理人员对工作进程的控制，确保清洁保养的质量，饭店应制定出一整套操作标准，并根据饭店的发展和宾客需求的变化加以不断的修订和完善。标准制定好并不表示万事大吉了，制定出标准后，饭店应用最有效的方式方法帮助员工熟悉和掌握标准，使员工养成良好的符合规范的职业习惯。

3. 布置规格　布置规格是指客房及其他区域设备设施与用品的布置要求，设备设施、用品的品种、数量、规格及摆放位置、摆放方式等都必须有明确的规定和统一的要求。布置规格总的要求是实用、美观、安全，具有饭店特色并方便客人使用和员工操作。具体标准可用直观和量化的方法加以规定和说明，如将布置规格制成图片、视频、图表和文字说明等，并发布到相应的微信群或张贴在员工活动区域等。

4. 费用控制　为有效控制客房成本，获得理想的经济效益，饭店应根据自身的档次、房价、客人的接待规格等具体情况制定费用标准。

（三）功能性标准

功能性标准是指清洁保养工作要求达到的效果，即清洁必要的质量标准。其总体要求是要体现饭店及客房的档次与服务的规格，满足客人的需求。具体标准包括两个方面：感官标准和生化标准。感官标准，是指饭店员工和客人通过视觉、触觉、嗅觉等感觉器官能直接感受到的标准，但因个体感受不同，感官标准只是表面现象；生化标准，是指由专业卫生防疫人员通过专门仪器设备和技术手段采样与检测得到的标准，通常包含不能被人的感觉器官直接感知的标准，如洗涤消毒标准、空气卫生质量标准、微小气候质量标准等。与感官标准相比，客房清洁卫生质量更深层次的衡量标准是生化标准。

任务三　制订清洁保养工作计划

清洁保养工作计划，有助于所需服务标准的建立和保持，有助于清洁保养工作的组织和安排，有助于清洁设备和用品的确定，有助于人员需求的确定和培训的开展，有助于工作质量和成本的控制，有助于工作信息的有效沟通，有助于考核奖励机制的落实。因此，清洁保养工作计划的制订，是饭店清洁保养工作的一个重要环节。但是清洁保养计划的制订必须建立在有效调查和确定时间标准的基础上，不能凭借主观想象或简单地搬用其他饭店的计划。

一、有效调查

调查是制订清洁保养工作计划的重要步骤，它可为计划的制订提供最真实可靠的依据。

（一）调查的内容

调查首先应从饭店主入口开始，按顺时针（或逆时针）方向，有序地对饭店的建筑区域进行调查。调查时不能只依赖于建筑平面图，必须进行实地勘察，因为饭店的实际情况此时也许已发生了变化，功能、人流量、货流量等都可能发生了变化。在每一区域进行调查时，应完成以下工作内容：

1. 地面 首先用尺子量出地面面积，画出草图；再确定地面的用材及处理方式，记下目前的状况与保养方法。

2. 天花板、墙面 先测算出天花板、墙面及窗户的面积，再确定所用材料的种类、特质及目前的状况与保养方法。

3. 设备用品 详细列出被调查区域内所有的家具及其他设备和物品的种类、数量、材质、使用情况与保养要求等。

4. 其他 此外，还应记录各区域的人流量、供电插座及水源情况，这些都会影响到清洁工作量的确定与清洁设备、清洁保养方式的选择。

（二）统计

根据调查的相关内容和数据，列出现有的清洁设备和器具，统计出清洁设备储藏间、工作间及相关设施的数量，然后对需特别注意的问题进行了解，如相关部门对清洁保养工作的内容、标准、频率等方面的要求等。

（三）制作清洁任务说明书

调查、统计完成后就需要制作清洁任务说明书，以反映各个区域每项工作的具体内容、要求、频率等。清洁任务说明书拟定后要经饭店其他部门同意，达成一致后，说明书就成为今后清洁保养工作的依据，客房部管理人员可依此来制订客房部的清洁保养计划、排班计划以及部门预算等，说明书也可作为客房部与其他部门进行沟通和部门进行督导考核的依据。

二、确定清洁保养时间标准

调查和说明书完成之后，客房部管理人员就可计算出清洁保养所需的时间及工时。

（一）确定标准时间

标准时间一般由基本时间和补贴时间组成。

1. 基本时间 管理人员首先需要确定每项具体工作所需的基本时间，各饭店可根据自身的设备设施及清洁保养要求计算出每项清洁保养工作所需的基本时间。

按以下公式可以计算出完成每项工作所需的基本时间：

$$基本时间 = 数量 \times 单位综合时间 \times 频率$$

或

$$基本时间 = 面积 \times 单位综合时间 \times 频率$$

其中，单位综合时间可从各饭店设计的综合数据表中获得，频率则要视某项任务的具体计划而定，有的以天为单位，有的以周为单位，有的尽管频率达不到以周为单位，但仍然可以以周计。如某项任务，每年的频率是4次，我们可以用4除以52来计算其频率。

2. **补贴时间**　补贴时间是指在完成某项工作时因各种因素的耽搁而花费的时间。补贴时间主要有以下几种情形：

（1）休息补贴时间。休息补贴时间是为了消除工作给员工带来的影响，使其从生理上和心理上得到恢复，也给员工处理个人事宜提供方便的时间。

（2）意外耽搁补贴时间。意外耽搁补贴时间是考虑到工作中一些意外的情况，而使工作延误所补贴的时间。

（3）特别补贴时间。特别补贴时间是指为完成那些不作为正常工作的一部分，但必须做好的事情所补贴的时间。

（4）学习补贴时间。学习补贴时间是专为培训生设定的，是指直到他们掌握必需的技能、达到标准要求所补贴的时间。

（5）培训补贴时间。培训补贴时间主要是补贴培训者的时间，因为他们要花一定的时间来指导培训者。

上述基本时间加上补贴时间即为完成某项清洁保养工作所需的标准时间。即按以下公式可以计算出完成每项工作所需的标准时间：

$$标准时间＝基本时间＋补贴时间$$

补贴时间可按照基本时间的一定百分比来计算，补贴时间应加在各单位基本时间上，而不应加在总的标准时间上。

（二）确定实际工作时间

按以下公式可以计算出完成每项工作所需要的实际工作时间。

$$实际工作时间＝标准时间 \times R$$
$$R＝标准工作表现得分/实际的工作表现得分$$

例如，某项工作的标准时间是100分钟，实际的工作表现是75分钟，那么实际的工作时间即为$100 \times （100 \div 75）＝133$（分钟）。

（三）确定实际工作时间的总数

将各项工作任务的实际工作时间相加即可计算出客房部清洁保养实际工作时间的总数。

三、制订清洁保养工作计划

清洁工作时间标准确定后，就可以准备制订清洁工作计划了。清洁工作计划也称为工作计划、清洁计划、保养计划。计划的具体细节内容应随具体的情况而制订，但主要内容应包括：区域或工作地点、需完成的工作任务、工作的频率、允许的时间、各项工作的完成时间、所使用的清洁剂、所使用的清洁设备等。

清洁工作计划确定后，客房部管理人员可根据计划进行人员安排，并在日后的工作中对计划的落实进行检查，确保清洁保养工作按质按量完成。

任务四　控制清洁保养质量

客房部管理人员应根据清洁保养的计划、规程和标准，安排、督导员工正确使用各种清洁设备及清洁剂，认真做好各项清洁保养工作，以确保饭店的清洁保养质量。

一、提供良好的清洁保养条件

饭店清洁保养工作应具备三个必不可少的条件：清洁器具、清洁剂和服务人员，三者缺一不可，否则均会严重影响清洁保养的整体效果和质量。

（一）配备好清洁器具和清洁剂

清洁器具主要是指清洁保养工作中需要使用到的清洁设备和清洁工具，清洁设备和清洁工具两者之间的分别主要体现在价值（采购价格）和使用年限上，但它们都是清洁保养工作必不可少的条件。因此管理者应根据饭店的具体情况（如空间大小、客房数量、设施配置、材质特点、保养要求、质量标准等）科学选择、配备精良适用的清洁设备和安全适用的清洁剂，为饭店清洁保养工作创造必要的物质条件。

（二）做好对员工的培训

清洁器具和清洁剂是由服务人员使用和操纵的，员工对器具和清洁剂的认知、使用是否到位、规范、熟练等都会影响到清洁保养的质量。但员工也不是天生就会做清洁保养工作的，即使是老员工，虽然他们已具备一定的技能技巧，但在饭店不断创新、不断追求特色、不断更新改造的当下，会出现大量的新材料、新设备、新用品，管理者应不断对他们进行专业化的培训与指导，使其能够熟练掌握清洁保养的各种专业知识和技能，并养成良好的清洁保养理念和职业习惯。

二、加强清洁保养质量的检查

（一）建立清洁保养检查制度

有了标准，只是使清洁保养工作有了明确的规范和目标，但并不意味着清洁保养工作就一定能达到这些标准。因为不是所有的员工在任何时候都具有执行标准的态度和能力。因此，建立相应的检查制度、采取科学的检查办法和手段、加强监督与指导就显得格外重要。

数字赋能

1.建立客房部内部逐级检查制度　完善的检查制度和检查体系是维持高水平清洁保养管理工作的重要保证，其主要目的就是通过系统的多级检查，确保清洁保养的质量，提升饭店产品的服务品质。客房的逐级检查制度主要是指对客房的清洁保养质量实行服务员自查、领班全面检查和管理人员抽查的检查制度。

（1）服务员自查。服务员每整理完一间客房，就应对客房设备的完好状况、客用品的补充布置和清洁卫生状况等做自我检查。自查有利于加强员工的工作责任心和质量意识，有利于提高清洁保养的合格率，同时有利于减轻领班查房的工作量，增进工作环境的和谐。为促成员工养成自我检查的良好习惯，在制定客房清扫规程时就应予以考虑，并在程序中明确做出规定。

（2）领班全面检查。服务员整理好客房并自查完毕，由楼层领班对所负责区域内的每间客房进行全面检查。领班查房是服务员自查之后的第一道关口，往往也是最后一道关口，因为饭店往往将客房是否合格、能否再次出租的决定权授予楼层领班，只要他们认为客房是OK的，就能报前台将客房向客人出租。领班查房可以起到拾遗补漏、指导帮助和督促考察的作用，还可以成为一种有效的员工在岗培训。所以，楼层领班是客房产品质量控制的关键，一般情况下，楼层领班应专职负责楼层客房的检查和协调工作，以加强领班的监督职能，防止检查流于形式。

通常，领班每天检查房间的数量是所管辖客房的100%，即对其所负责的全部房间进行普查，并填写"楼层客房每日检查表"（见表6-2）。但有的饭店领班负责的工作区域较大、工作量较重，一般做不到每个房间都检查，但每天至少应检查90%以上的房间，即除了对住客或优秀员工所负责的房间进行抽查外，其他客房仍要全面普查。领班查房时如发现问题，要及时记录并加以解决：对于不合格的项目，应出具做房返工单，令服务员返工，直至达到质量标准；对于业务尚不熟练的服务员，领班查房时要给予指导和帮助，这种检查实际就是一种在岗培训。

表6-2　楼层主管查房记录

楼层：　　　　楼层主管：　　　　　　　　　　　　　　　　日期：

房号	房型	房态	宾客姓名	人数	入住日期/时间离店日期/时间	预订状态	具体事项	清扫员

注：此表由PMS打印，酒店在应用客房通、房务宝等软件后，此报表不需要打印，可个性设计表单记录系统无法记录的问题，如卫生、设施等。

由于设施设备等条件的不同，饭店客房检查的具体项目和标准也不尽相同。随着饭店业的发展，检查表的内容会更丰富。在实际操作中，有的饭店嫌检查表烦琐，采用笔记本的形式进行检查，这对楼层领班的要求非常高，即要求他对检查的内容和标准相当熟悉。不论采用表格还是笔记本形式进行检查，楼层领班对检查出的问题都应及时做好记录，并请服务员及时返工，以确保客房清洁保养的质量。

（3）主管抽查。在设置主管职位的饭店中，客房主管是客房清洁保养工作的主要指挥者，加强服务现场的督导和检查是其主要职责之一。为了加强对领班的督导管理，合理分配调节日常工作，还必须保证主管抽查客房的最低数量，一般为领班查房数的10%以上。除了必须抽查10%以上领班检查过的房间外，主管还必须仔细检查每间贵宾房、计划卫生房和维修房。

（4）经理抽查。客房部经理每天要抽出一定时间到楼层巡视抽查，以掌握员工的工作状况，了解客人的意见，不断改进管理方法。同时客房部经理还应定期协同其他有关部门经理对客房内的设施进行检查，确保客房部正常运转。

2. 建立饭店级检查体系 饭店级检查体系形式多样，但归纳起来可以分为饭店内部检查和外部检查两大体系。饭店内部检查体系主要有大堂副理检查、总经理检查、质检部门检查或部门联合检查等；外部检查体系一般有同行检查和专家检查等。

（1）饭店内部检查体系。①大堂副理检查。大堂副理一般代表总经理对客房进行检查，特别是贵宾房，以了解客房清洁保养状况，保证客房的质量标准和接待服务规格。②总经理检查。饭店总经理也要定期或不定期地亲自抽查客房，通过检查可以了解客房状况、员工思想状况、工作表现、宾客意见或建议等，对加强沟通、掌握第一手情况、改善管理、控制服务质量都有很大帮助。③部门联合检查。饭店定期由总经理办公室或质检部召集饭店有关部门对饭店进行全面检查，其中包括对客房的抽查。联合检查有利于统一思想、统一标准，便于各部门之间的沟通和协调。

（2）饭店外部检查体系。饭店可以定期或不定期地邀请店外同行、专家明察暗访，帮助饭店"挑毛病、找问题"。他们有时以普通消费者（神秘客人）的身份通过在饭店的消费体验，对饭店的硬件设施和软件服务进行全面的检查；有时则公开身份进行检查。由于同行或专家经验丰富，看问题比较客观，往往能发现饭店自身不能发现的问题。

（二）确定清洁保养检查的内容与标准

清洁保养质量检查的内容一般包括清洁卫生质量、物品补充摆放情况、设备设施运行状况和客房的整体效果。具体检查标准可参考模块二有关清洁保养的质量标准。

（三）采用科学的检查程序与方式方法

1. 检查程序 清洁保养质量检查的程序与前述清洁保养的程序、方法基本一致。一般采用按顺时针或逆时针方向，从上到下、循序检查。简单地说就是：顺着你的左手或右手绕客房或检查区域一周，眼睛要扫到从天花板到地面的每一个角落。按一定程序检查可以避免疏漏，还可以提高检查效率。

2. 检查方式

（1）自我检查。自我检查是控制客房清洁保养质量的第一道关口，由负责清扫客房的服务员来承担这一工作。

（2）日常检查。日常检查的目的是使客房清洁保养工作达到饭店所规定的质量标准，客房楼层领班的查房即为日常检查。

（3）抽查。抽查可以起到以点带面、保证并提高客房清洁保养质量的作用，客房楼层主管、客房部经理一般采用抽查的方式来了解、控制客房清洁保养质量。

（4）突击检查。突击检查是一种没有事先通知的检查方式。饭店经理级管理人员或质检部门管理人员往往会采用这种方式进行检查，以确保客房清洁保养质量的真实性，有助于及时、准确了解客房部的实际工作状态。

（5）重点检查。饭店会对一些特殊状态的客房如贵宾房、计划卫生房、维修房等进行重点检查，也会根据饭店运营或有关部门的管理要求，对客房进行重点检查。

（6）定期检查。定期检查是一种公开性的检查，一般会事先有明确的布置和要求，事先确定检查人员、检查地点等，其目的是制造声势、营造氛围，防止出现差错，促进部门工作。

（7）暗查。暗查就是不公开的检查，如前面所提的邀请神秘客人、同行、专家等，他们以普通客人的身份入住饭店，通过消费、体验，不仅要检查饭店清洁保养质量，还要对饭店功能设计、空间布局、氛围设计、设施配置运行状况、用品品质与完好程度、员工职业形象、服务技能等进行全面的检查，一般在事后需向饭店管理方提供一份检查报告。用这种方式检查，最能发现问题，也最真实，有利于饭店进行有针对性的整改和提升。

（8）客人检查。客房清洁保养质量如何，不仅要看饭店从业者的评价，更要看客人是否满意。客人是饭店产品的最终检查者，也是最权威的评判者，因此必须关注客人对饭店清洁保养质量的评价。

3. **检查方法**　为提高客房检查的效率，保证客房检查的效果，饭店各级人员可以通过看、试、听、嗅、摸等方法进行检查。

（1）看。看是客房检查的主要方法。检查时要看家具等设备是否完好无损、物品是否配备补充齐全、摆放是否符合规范要求、客房整体效果是否达到要求等。

（2）试。除查看以外，还需要用"试"的方法进行检查，如卫生间洁具、电器等客房设施是否正常完好。

（3）听。在看、试的同时，还要通过听来检查客房内有无异常声响，以判断设备设施是否存在故障、噪声是否在控制范围内。

（4）嗅。客房内空气是否清新、是否有异味等，需要靠嗅觉来判断。

（5）摸。检查客房是否清洁卫生，最好的办法是用手摸，特别是不易查看或难以查看清楚的地方。

领班查房

三、做好工作记录与考核

（一）加强原始记录管理

客房部在日常运行中离不开对原始记录的管理。原始记录就是用一定的表单形式或文字说明将客房商品生产过程中所发生的具体事实进行最初的记录。它具有经常性、广泛性、真实性、群众性等特点，是客房部进行经营管理的原始依据，对提高客房部管理水平和效益有着重要的作用。客房部大量的原始记录采用表单的形式，因此，原始记录管理实际上就是表单的管理工作。表单管理，首先要根据客房部的运营特点及要求对各个岗位、环节所需的表单进行设计，设计既要注意科学性，又要注意实用性和针对性；其次应通过制度约束、管理者的检查督导等方式要求员工如实填写；最后对所有的表单分门别类按一定的期限加以保管。

（二）严格考核

考核就是对员工工作表现和实际绩效进行评定。对员工进行考核，有利于加强员工的责任心，同时为其他工作如分配奖金、评优、定级、晋升等提供真实的依据。根据饭店清洁保养的性质和特点，对客房部员工清洁保养工作进行考核时，必须依据"100−1=0"的原则。

项目三 ▎对客服务质量控制

案例导入

张小姐是一位高级白领，她对任何事都要求极高，经常出入各饭店，对饭店管理略知一二，因此对饭店服务水平、管理水平也时常评价，这家员工素质差，那家管理不到位，只有少数的饭店能得到她的认可和满意。一次，她因公住到了一家五星级饭店，到客房后，她把带来的一枝玫瑰花插到了客房的小花瓶里，过了两天，玫瑰花开始凋谢，花头低垂，花色暗淡。服务员发现张小姐的情绪似乎随着花儿的凋谢也开始低落，心里记下了这事，下班时向领班反映了情况。客房部经过商量，商定了一个处理方案。第二天，张小姐办完公回到房间，一开门，发现一朵娇艳欲滴的玫瑰花插在花瓶中，她精神顿觉一振，走近一看，书桌上有一便条，上面写着："张小姐，送您一枝玫瑰花，祝您永远像鲜花一样漂亮。祝您工作顺利、开心、愉快。客房部全体同仁。另，您原来的那一枝玫瑰花，我们将它放在服务指南册中，可制成干花永久存放。"张小姐一看，眼眶湿润了，她确实此次工作有些不顺，看到花儿凋谢，又引发了人生苦短的感慨，本想买一枝来换上，又没时间，再加上那花是临行前男友送的，又担心花儿扔掉不能见花思人。没想到服务员却看出了她的心思，一举两得，让她如何不感动呢？

问题：

1. 你觉得客房服务员的做法是否多此一举？

2. 假如你遇到这样的情形，你会怎么做？

分析：

此案例充分体现了客房服务员真诚、细致、周到的工作作风，收到了很好的效果。

客房是宾客在外居住时，停留时间最长的休息场所，客房服务是饭店服务的重要组成部分，客房服务的水平在很大程度上决定了饭店的服务水平。客房服务一方面要满足宾客物质上的需要，另一方面又要满足其精神上的需要，给宾客"物有所值"甚至是"物超所值"的享受。因此，客房部对客服务质量的控制就显得尤为重要。

任务一　选择客房服务模式

科学选择对客服务模式，对服务质量的控制有着积极的作用。客房服务主要有楼层服务台、客房服务中心两种基本模式，当然还有将两种模式有机结合起来的做法。不同的服务模式在岗位设置、人员配备及服务规程上都有较大的区别，因此，客房部管理者应根据客人的需要及饭店自身的实际情况，选择合适的客房服务模式。

尽管饭店选择哪种服务模式很难有绝对的依据，但比较理想的应该是既能体现饭店自身的经营特色又能受到绝大多数客人的欢迎，具体可考虑以下的因素。

一、考虑饭店的实际情况

选择服务模式时，首先应考虑饭店自身的实际情况，如饭店规模、建筑特色、客源结构、经营策略等。一般来说，如果饭店是单体高层建筑，客源以外宾、商务散客为主，比较适合采用客房服务中心的模式；如果饭店建筑分散，以接待内宾、会议团队客人为主，则采用楼层服务台的模式更合适；如果客源构成比较复杂，则可考虑将两种模式结合起来；如果是特别豪华的饭店，为进一步提高其服务规格，往往会在一部分楼层（如行政楼层）提供楼层服务台，或将管家服务与楼层服务台有机结合起来，所提供的服务项目和服务规格要多于也高于一般的楼层服务台。

同时还应考虑本饭店设备设施的配置状况和饭店所在地区的社会安全状况。一般来说，客房服务中心对饭店安全、通信、服务等设施都有较高的要求。地区安全性高、饭店安全设施完备、服务设施完善的饭店，采用客房服务中心模式较合适；反之，则采用楼层服务台模式较好。

二、考虑本地区的劳动力供应情况及成本的高低

选择客房服务模式要考虑本地区劳动力素质、劳动力供应及饭店和本部门对劳动力成本控制的要求。如果饭店所在地区劳动力供应比较紧张，员工整体素质较高，饭店采用客房服务中心的形式就比较多；反之，则采用楼层服务台的比较多。对劳动力成本控制要求不高的饭店，也比较适合采用楼层服务台这种形式。当然这样的情况也不尽然，在一些大城市由于当地劳动力供应情况，每年都会使用一定数量的旅游院校学生作为实习生。由于院校生整体素质较高、实习期较长，饭店承担的劳动力成本相对较低，因此仍有不少饭店采用楼层服务台的模式或将楼层服务台与客房服务中心相结合的模式，但为了确保整体服务质量，实习生的占比要控制在一个合理的范围内。

任务二　设立客房服务项目

在确定好客房服务模式的基础上，有效设立服务项目，一方面体现了饭店满足客人需求的能力和饭店的档次，另一方面也有利于客房部对对客服务质量的控制。

一、设立客房服务项目原则

客房服务项目的设立，既要考虑客人的需求，同时还要考虑饭店的档次，即遵循"适合"与"适度"的基本原则。

（一）适合原则

适合原则就是要求饭店在设立客房服务项目时，必须适合客人以下的基本要求。

1. 求整洁　清洁卫生是构成客房商品质量的重要组成部分，卫生不合格的客房是绝不能成为商品出租给客人的；客房的清洁卫生是客人最重视的需要，它能使人从心理上产生安全感和舒适感，因此，力求做到客房内外清洁卫生是客房服务的首要任务。

2. 求宁静　从心理角度来看，宁静的环境能使客人感到平和、舒适，能减轻疲劳并起到催眠作用。客房是客人的主要休息场所，因此，每位进入客房区域的饭店工作人员应时刻提醒自己保持"三轻"，即说话轻、走路轻、操作轻，以保证客房的宁静环境，满足客人追求宁静的需要。

3. 求安全　客人的人身、财产、心理安全能否在住店期间得到保证已成为客人选择饭店的又一依据，这主要体现在客房设备设施的安全、防火、防盗、卫生标准，保密、对客人隐私的尊重等方面。

4. 求方便　客人在选择饭店时除对饭店的位置、交通等有便捷性需求外，对饭店内部尤其是客房内的便捷程度同样有较高的要求。特别是当今许多高新技术设备广泛地应用到饭店客房里，这些设备的操作应尽量简单易行，并备有一目了然的使用说明。另外，房间内物品的摆放是否美观、是否方便客人拿取，同样是客房服务工作不可忽视的问题。

5. 求尊重　尊重是人际交往中应遵循的一项基本原则，前面提到的满足客人的各方面需求也是尊重客人的一种表现。另外很重要的一点就是，服务工作中应给客人留出更多的私密空间，不过多地打扰客人，根据客人的个性需要为其提供服务，站在客人的立场上提供服务，这都是在更深层次上尊重客人的表现。

（二）适度原则

适度原则就是在设立客房服务项目时应考虑到饭店服务品质和内部成本核算的要求，突出饭店的风格和特色，体现"物有所值"的经营观念。但由于饭店档次不同，房价不同，客房设立服务项目数量不等，其服务规格也有高低。饭店没必要为了攀比，设立一些力所不及或造成大量成本投入的服务项目。

二、设立客房服务项目应考虑的因素

由于饭店档次不同，宾客需求不一，再加上其他的诸多因素，各饭店设立的服务项目就有所不同。但不论饭店提供哪些服务，在设立对客服务项目时都应考虑以下的因素。

（一）国家及行业标准

《旅游饭店星级的划分与评定》是我国评定饭店是否符合其星级要求的国家和行业标准，也是各饭店客房部在设立服务项目时考虑的最主要因素。

（二）国际惯例

参照国际惯例设立服务项目是与国际同行业接轨的具体体现，而且饭店的客人也期望能享受到国际标准的服务。例如，对于洗衣服务、擦鞋服务、遗留物品的保管服务、物品的租借服务等，大多数饭店的客人都有此需求。

（三）本饭店客源市场的需求

满足客人的需求始终应是饭店努力的方向。饭店的类型不同，客源市场也不同，不同的客源市场对客房服务有不同的要求。对于一些以接待国内会议为主的饭店来说，客人普遍有午休的习惯，因此，早晨的客房清扫、下午的客房小整理就会受到客人的喜欢；在接待贵宾时，"客到、茶到、毛巾到"的服务就显得非常重要，而对于大部分商务型饭店来说，则可以省去这些服务。

（四）其他因素

其他一些因素也会对客房服务项目的设立及其具体的服务内容有一定的影响。如饭店的类型、硬件条件、房价、成本费用及劳动力市场等。

三、客房服务项目

客房服务工作包含了客人抵店前准备、客人抵店时应接、客人入住时服务和客人离店时送别这四个环节，需要提供客房准备、入住应接、客房清扫、洗衣服务、租借物品服务、客房用餐服务、访客接待服务、擦鞋服务、托婴服务、管家服务等。具体内容可参见模块四的相关项目。

任务三　制定对客服务质量标准

一、制定对客服务质量标准的原则

在确定服务模式和服务项目的基础上，应制定每一项目的服务质量标准。这些服务规程是客房部为宾客提供规范化、标准化服务的依据，也是提供个性化服务的基础。制定对客服务质量标准应考虑以下四个方面的原则。

（一）适应性

客房设备设施、用品的质量标准必须和饭店星级、档次相适应，饭店星级越高、档次越高，客房服务设施就越完善，设备就越豪华舒适。因此，客房服务设施、用品的标准应有不同的层次。

（二）合理性

客房服务质量标准体现的是客房产品价值含量的高低，与其他产品一样，客房产品也应该符合物有所值的要求，所以客房服务质量的标准必须与客房产品价值相吻合。服务质量的标准包括有形价值和无形价值两部分，由于它关系到宾客和饭店双方的利益，因此制定的质量标准应该准确合理。标准过高，饭店利益受影响；标准过低，客人会不满意，反而影响到饭店的声誉。

（三）针对性

服务质量标准必须以宾客的需求为出发点，要针对客人的需求而设置。服务质量中人的劳务质量体现在礼节礼貌、服务态度、服务技巧、服务效率等各个方面，其质量高低不仅取决于客人在物质层面的满足感，更重要的是他们在精神层面的满足感，在于他们的心理感受。因此，任何脱离客人需求的服务质量标准都是没有生命力的。

（四）方便性

制定服务质量标准还必须从方便宾客、方便操作、方便管理的"三方便"角度出发，尽可能明确、详细，形成饭店和部门的管理制度。

二、客房对客服务质量标准的内容

根据客房对客服务质量标准设计所要遵循的原则，客房服务质量标准应包括以下十个方面的内容。

（一）服务态度标准

服务态度标准是指饭店对服务员提供面对面服务时应表现出的态度和举止礼仪所做出的规定。例如，服务员必须站立服务（坐式服务除外），站立时不得前倾后靠、双手叉腰、搔头挖耳；接待客人时，应面带自然的微笑；当着客人的面，不得高声喧哗、吐痰、嚼口香糖等。

（二）服务语言标准

服务语言标准是指饭店规定的接待服务中所必须使用的标准化语言，即饭店在欢迎、欢送、问候、致谢、道歉、服务等各种场合下要求员工所使用的标准语言。例如，规定在服务场合必须使用敬语，同时也明确规定服务忌语，如规定在任何时候不能回答客人说"不知道"。使用标准化语言可以确保服务语言的准确性，可以提高服务质量。

（三）服务技能标准

服务技能标准是指客房服务员所应具备的服务素质和应达到的服务技术等级能力。例如，规定服务人员应掌握的服务知识、应具备的服务经验和能够熟练运用的操作技能等。

（四）服务设备用品标准

服务设备用品标准是指饭店对客人直接使用的各种设备和用品的质量与数量所做出的严格规定。设备和用品是饭店服务产品的硬件组成部分，其使用标准制定的高低，直接影响客房产品质量水平的一致性。例如，如果客房中的一次性消耗品质量低劣，客人往往会在使用这些劣质用品时，对饭店的整体质量水平产生怀疑和不满。

（五）服务状态标准

服务状态标准是指饭店为客人创造的环境状态、设施使用保养水平所提出的标准。例如，客房设施应保持完好无损，所有电器可以正常使用，冷热水确保正常供应，家具地毯无破损等。

（六）服务工作标准

服务工作标准主要是指饭店为保证客房服务质量水平而对服务工作所提出的具体要求。服务工作标准不仅对服务效果做出明确的要求，也对服务工作本身提出具体要求。例如，普通客房床单应每客更换，长住房床单应定时更换，大堂地面必须每天定时推尘等。

（七）服务程序标准

服务程序标准是指对服务环节根据时间顺序进行有序排列，既要求做到服务工作的有序性，又要求保证服务内容的完整性。例如，客房接待服务有四个环节，即客人到店前的准备工作、客人到店时的应接工作、客人住店期间的服务工作、客人离店时的结束检查工作，其中每个环节又进一步细分出很多具体的步骤和要求。如果这些环节中有任何一个步骤出现问题，都会使客房服务质量受到很大影响。确定客房服务程序标准是保障质量的重要举措。

（八）服务效率标准

服务效率标准是指在对客服务中建立的服务时效标准，以保证客人得到快捷有效的服务。例如，客房服务中心在接到客人要求服务的电话后，3分钟内必须为客人提供服务；对于客人交付的洗烫衣物必须在24小时内交还客人等。

（九）服务规格标准

服务规格标准是指饭店对各类客人提供服务所应达到的礼遇标准。例如，规定对入住若干次以上的常客，提供服务时必须尊称客人姓名，提供叫名服务；对入住豪华套房的客人，提供印有客人烫金姓名的信纸、信封；对VIP客人，在其房间内应放置鲜花、果篮、总经理欢迎信等。

（十）服务质量检查和事故处理标准

服务质量检查和事故处理标准是确保前述服务质量标准的有效贯彻执行所制定的控制标准，也是饭店服务质量的必要构成部分。发生服务质量事故，饭店既要有对员工的处罚标准，更要有事故处理的程序和对客补偿、挽回影响的具体措施。

任务四　控制对客服务质量

服务质量的控制就是管理者通过日常的计划、检查、监督、培训、考核、评估、激励等一系列管理活动对员工进行有效的管理，使其提供符合宾客需求的服务，以提高客房服务质量。

一、建立服务质量责任制

服务质量责任制就是在岗位责任制的基础上，进一步明确员工为保证服务质量所承担的职责，应遵循的服务程序和服务标准的一种制度。建立质量责任制必须按岗位分别制定，要充分体现责、权、利三者的结合，要使质量具有否决权，要标准化、系统化、条文化、具体化，便于员工遵循。建立服务质量责任制可以使客房服务质量工作落实到岗位和个人，使每一名员工都明确自己在客房服务质量管理工作中要做些什么、应该怎样做、要达到什么标准、出了质量事故要承担什么责任，从而积极关心参与这项工作，而不只是袖手旁观，做到"事事有人管、人人有专责、办事有标准、工作有检查"。

二、有效开展员工培训

员工是提供服务的主体，进行服务质量管理就有必要采取各种措施、通过多种途径来提高员工的工作积极性，提升他们的服务技能。加强对员工的培训是确保高质量对客服务的重要手段。饭店对员工不仅要进行对客服务流程规范、质量标准的培训，还要进行服务意识、质量意识、应变能力、观察能力的培养，并使培训工作有计划、有组织、长期不断地进行。

（一）培养员工的服务意识

服务意识就是宾客意识，是饭店员工在一切与饭店利益相关的人或组织交往中所体现出来的为对方提供热情、周到、主动的服务的欲望和意识，即心里要有客人。要时时、处处想着客人，方便客人，尽量满足客人的要求；能准确理解客人与服务人员的关系；树立"客人至上""客人永远是对的"等理念，并把这些理念作为指导自己实际工作、处理与客人关系的准则。当然，服务意识的培养首先要培养员工对本职工作的热爱，因为只有真心喜欢这份工作，工作起来才会有热情，才会主动，才会有强烈的为他人服务的欲望；其次要使员工正确认识自己所从事的工作，不断更新观念，做到敬业爱岗；最后要培养员工正确理解服务的真正含义和服务对象的需求、情绪，能站在客人的角度去思考问题、处理问题。

（二）培养员工的质量意识

质量是企业的生命。质量管理近年来在企业管理中日益受到重视。服务业由于行业的特点，对服务质量管理极为重视。随着饭店（住宿）业的发展，《旅游饭店星级的划分与评定》（GB/T 14308—2010）于2010年10月发布，与以往的星级评定标准相比，2010年版的标准通过对旅游饭店的重新定义，明确了客房及其服务是饭店（住宿）业最基本的功能，客房始终应该成为饭店的主体，同时对饭店服务质量提出了更高的要求。由于服务员是一线生产者，他们的质量意识在一定程度上对客房产品的质量有着重要的影响，培养他们的质量意识也就显得尤为必要。

（三）培养员工的应变能力

服务员在对客服务过程中，可能随时会遇到一些意想不到的问题，很多问题是服务规范上找不到的，能否准确处理这些问题，往往又在一定程度上决定着客人的满意度，影响着客房服务质量的高低。正确处理这些问题，不仅需要服务员有较强的服务意识，还需要其有一定的应变能力。

（四）培养员工的观察能力

饭店在提供规范化对客服务的基础上，还应为客人提供个性化的服务，这是客房服务的发展趋势，也是满足客人特殊需求、提升服务品质的重要途径。要使员工在工作中充分、有效地为客人提供个性化服务，必须具备较强的观察能力，学会察言观色，及时有效地预测客人的需求，将服务做在客人开口之前，为客人提供"满意+惊喜"的服务。

当然，培训可以解决员工服务意识、服务熟练程度、服务技能技巧等问题，但并不能解决工作中的所有问题，如员工工作态度、工作主动性、创造性等，还需要结合其他的管理措施才能全面提升员工的服务质量。

三、做好三个环节的控制工作

客房服务质量的控制主要可从准备过程、服务过程、结束过程三大环节着手。

（一）准备过程的质量控制

服务准备过程的质量控制也称事前控制，即以"预防为主"为原则，做好充分准备，确保在宾客到来之前有备无患。

1. 管理人员的准备　在服务工作开始前，饭店及客房部管理人员都应事先做好各项准备，如根据服务项目和内容制定服务流程与质量标准，建立质量检查体系和管理制度，事先预测各种问题并提出防范和解决的措施，对员工进行有效的培训，等等。

2. 服务人员的准备

（1）精神准备。服务人员在工作前必须保持良好的精神状态，关注自己的职业形象，并提前做好角色转换工作，第一时间进入服务状态。

（2）物质准备。在客人抵达饭店之前，服务人员应按质量标准对客人即将入住的房间进行全面认真的清扫、检查，按质量标准事先准备好各种服务设备、用品，同时应事先了解客人的身份、生活习惯、习惯爱好、接待规格等，以便有针对性地提供服务。

（二）服务过程的质量控制

服务过程的质量控制也称事中控制。对客服务过程的质量控制主要有以下两方面的内容。

1. 服务现场的质量控制　客房产品生产和消费的同步性决定了服务过程中的任何环节都要确保零差错，管理人员必须按服务规范和质量标准，加强对整个服务过程的质量控制。由于客房服务人员的工作相对分散，客房部管理人员的走动式管理就显得尤为重要。只有管理人员多走动，亲临现场，才能及时发现问题并采取补救措施；才能通过服务现场管理，严格检查各环节的服务质量，对一些薄弱环节实行重点控制。对已制定的服务规范和标准必须严格执行，不能束之高阁，尽可做到防微杜渐，减少服务差错。

2. 重视服务信息的收集和利用　除了加强服务现场质量控制之外，客房部管理人员还应重视客人的意见反馈，以便了解客人的需求和对服务的满意程度。假如，定期或不定期地拜访客人，为长住客、常住客组织专门的活动，按期分析宾客投诉案例等。对于客人的意见或投诉一定要想方设法解决好，确保客人对处理结果满意。

（三）结束过程的质量控制

服务结束过程的质量控制也称事后控制，是整个客房对客服务质量控制的最后环节。其主要内容有以下两个方面。

1. 做好离店工作的质量控制

（1）宾客离店前的服务。服务员应掌握客人离店的准确时间，要主动、诚恳地征询客人意见，对服务不足之处要表示歉意，对一些未尽事宜或客人的投诉，要尽可能予以补救和解决；问清客人是否需要行李服务、叫醒服务等，如有需要应及时与其他部门沟通；认真核对宾客账单，保证准确、快速结账，防止漏账。

（2）宾客离店时的服务。宾客离店时要主动告别，向客人表示感谢，欢迎再次光临。

（3）宾客离店后的工作。客人离开客房后，服务员要迅速做好查房工作，正确处理客人的遗留物品，及时做好客房清扫、检查等各项服务准备工作，以迎接下一批宾客的到来。

2. 定期分析，积极整改　客房部管理人员应定期召开部门服务质量分析会，根据服务质量信息（即服务质量管理的结果），对照客房服务质量标准，找出质量差异，并分析产生的原因，提出有效的改进措施，纠正未来的服务质量管理工作，确保客房服务质量管理工作的良性循环。如果发现是服务质量标准本身存在问题，也要认真研究修订，确保服务质量标准的严密性与合理性。在客房服务质量控制工作中，主管、领班的作用至关重要，要充分调动基层管理人员对服务质量管理的积极性，把好客房服务质量关。

项目四 ┃ 客房安全质量控制

案例导入

杭州某饭店，服务员小王在803客房清扫时，看到一位客人在房门口的走廊里用手机打电话，小王看了一下，无法确认他是否是该楼层的住店客人，就没有进行询问而继续她的工作。过了一会儿，隔壁805房间的长住客张先生离开房间走向电梯厅。这时在走廊打电话的客人也随着张先生边走边继续通话，并一起走进了电梯。小王看了一下，心想，原来是张先生的朋友啊，就继续打扫803客房。过了5分钟，这名打电话的客人又返回了楼层，对服务员说："小姐，麻烦你开一下805的房门，我们刚才下去忘了带香烟了。"小王一看，就是那位打电话的客人，心想这是张先生的朋友，就在没有查验任何证件的情况下替他开了门，然后回803房间继续清扫。晚上张先生回到房间时，发现自己的物品被盗，密码箱被强行撬开（总共损失3万多元），随即向饭店投诉。通过查看监控录像，发现是小王为窃贼打开了房门，窃贼在房内停留了约10分钟才离开。因此，饭店对此事负全部责任。饭店在报案的同时，如数赔偿了客人损失的钱物。对此饭店的损失是惨重的，在付出赔偿的同时也付出了声誉。

问题：

1. 案例中存在的主要问题是什么？

2. 如果你碰到类似情况，你会怎么处理？

分析:

犯罪嫌疑人的作案手段是形形色色的，员工在对客开门服务中，只有遵守服务程序，才能将犯罪指数降至最小甚至为零。员工对于安全管理不仅要熟知质量标准，更要切实落实到自己的实际工作中，要时时刻刻秉持安全理念。

饭店运营的任何环节都要注意安全。饭店是为住店宾客和社会公众提供各种服务的场所，饭店管理者在满足宾客各种需求的同时，绝不能忽视其安全方面的需求，因为安全是人们外出旅行最基本的要求。客房是宾客在饭店逗留期间的"家"，宾客对其安全期望更高。饭店的安全管理不仅包括打击犯罪分子，保障客人的人身、财物、心理安全，而且也包括保障饭店财产与员工的人身、财物及心理安全。客房部的业务工作涉及饭店的各个区域，安全状况是客房部质量管理的关键问题，也是客房部的主要任务之一。

任务一　正确认识客房安全

一、客房安全的含义

（一）客房安全、客房安全管理

1. **客房安全**　安全是指没有危险，不受威胁，不出事故。客房安全是指在客房区域内的人、财、物、正当权益等均不受侵害，而且也不存在可能导致侵害的因素。具体来讲，应包括以下三个方面的内容。

消防安全检查

（1）客人安全。客房安全首先是客人安全。根据国际旅馆业的惯例，宾客一经住宿登记即表明饭店与宾客建立了交易关系，契约行为使饭店有责任和义务全力维护宾客的人身、财产安全和心理的绝对安全，保证宾客在客房区域内的人身、财产和正当权益不受侵害，宾客住店期间在精神上和心理上不受伤害。

（2）员工安全。饭店与员工是雇佣关系，员工在履行自己的职责和义务的同时，其安全也必须受到饭店的保护。员工安全主要包括员工的人身和财产安全、职业安全和健康等。

（3）客房及公共区域安全。客房部负责饭店所有客房及公共区域的清洁保养工作和客房对客服务工作。在工作过程中，客房部必须对客用设施、服务设施与用品进行检查，与相关部门共同保障所有设备设施的功能完善，防止因硬件设施的缺陷或使用时的疏忽给宾客或员工带来人身伤害，也要防止因管理不善使饭店的财产受到损失。

总之，客房安全是全方位的，客房安全维护的对象既有住店宾客、访客，也有员工及饭店自身；既有人身安全，也有财物、心理方面的安全。一旦发生安全事故，给饭店带来的危害不仅仅是事故本身所造成的损失，更重要的是会给饭店的声誉带来恶劣影响。因此，客房安全管理的重要性不言而喻。

2. 客房安全管理　客房安全管理是为保障所有客人、员工的人身和财产安全以及饭店财产的安全而进行的计划、组织、协调、控制等一系列的管理活动。如饭店配备各种安全设施，管理者在日常管理中采取积极有效的措施防患于未然，员工根据客房部安全工作的特点，强化安全意识，加强责任意识，切实做好客房的各项安全工作等。

二、客房安全管理的特性

饭店是公共场所，是消费场所，客源流动量大，客人形形色色，人员往来复杂，目的各异，这些都给饭店带来了很大的安全隐患。客房安全是饭店安全的重要组成部分，行业的特性使其具有不同于其他部门安全管理的独特性。

（一）不安全因素多，管理范围广、难度大

客房安全管理以防火、防盗、防爆、防突发事件为主，项目多，难度大。客房往往位于饭店的上层，房间内有大量的设备设施和生活用品，用电量大，易燃物多，且电源、火源及饭店装潢工程较多，这些潜在的不安全因素给安全管理带来了很大的困难；而客房区域又是客人存放其财物的场所，很容易成为外来不法分子或饭店不法职工进行偷盗活动的目标。饭店从业员工众多，且多数饭店员工队伍的稳定性相对较差，流动率偏高，更增加了饭店安全管理工作的难度。

（二）服务性强、要求高

客房一旦发生安全事故，不仅给当事人造成损失和痛苦，也给饭店的声誉带来恶劣的影响，甚至影响到国家的形象。加强安全管理首先要为客人着想、方便客人。这就要求服务员在工作中，既要向宾客表示出热情的待客之道，又要尽心尽力严格执行服务规程，融安全管理于服务之中，及时消除各类安全隐患，保证客人人身、财物和正当权益不受侵害。

客房一经出租即成为客人的私人场所，具有隐蔽性，安全隐患不易被察觉，因此客房的安全管理制度，如防火制度、访客制度等，必须得到客人的理解与配合才能有效实施。这对服务员的素质提出了更高的要求。因此，服务员在工作中要随时保持对客人的热心、关心、耐心，不能为了防范和制止不法分子的不良行为或犯罪行为简单粗暴地给客人下达各种禁令。在执行规章制度时，既要态度坚决，又要讲究技巧，既要保证客人的安全，又要注意不妨碍客人的自由，这就要求客房服务员既要讲究原则，又要有灵活性。

（三）需饭店全员参与

客房安全管理工作不仅涉及客房部，更需要饭店所有部门、管理人员和服务人员的共同努力。因此，客房部要与饭店其他部门保持密切联系，共同做好客房安全管理工作。

任务二　客房安全管理

根据公安机关安全管理工作的有关规定和保安部门对客房部安全管理工作的具体要求，综合部门工作特点，客房部应从以下环节做好安全管理工作。

一、配置客房安全设施及用品

安全设施设备及用品是做好客房安全管理、提升客房品质的前提条件，饭店可根据自身实际情况和相关的法律法规来配置。目前饭店常用的安全设施和用品有：

（一）电视监控系统

电视监控系统是由摄像镜头、控制器、监视器和录像机等组成的闭路电视系统。对建立客房服务中心的饭店来讲，电视监控系统是必备的安全设施。其摄像镜头（监控探头）主要分布在饭店大堂、客用电梯、楼层过道、公共娱乐场所、贵重物品和财物集中场所，客房区域一般在楼层出入口处、电梯内、走廊等地方安装监控探头。监控这些容易发生偷盗事件和难以掌控的场所，发现可疑目标或不正常现象时，饭店可以及时采取措施，从而给客房区域带来更有效的安全保障。

（二）自动报警系统

自动报警系统是由各种类型报警器组成的安全网络系统，主要设置在饭店贵重物品寄存处、收银处、商场、消防通道、财务处等区域。其目的在于防盗、防抢、防暴报警等。饭店常用报警器有：红外线报警器、声控报警器、微波报警器等。

（三）消防监控系统

饭店消防监控系统一般由火灾报警器（如烟雾报警器、热感器、手动报警器）、灭火器（如消防给水系统、化学灭火器材）和防火设施（如防火墙、防护门、排烟系统）组成，主要安置在客房、餐厅、厨房和走廊等处。

（四）通信联络系统

通信联络系统是指以安全监控中心为指挥枢纽，通过电话、手机、对讲机等通信器材而形成的联络网络。这个简单的网络系统使饭店的安全工作具有快速反应的能力，对保障饭店的安全起着十分重要的作用。

（五）钥匙系统

周密的钥匙系统是饭店最基本的安全设备。目前，饭店基本上都采用可编程的电子钥匙卡系统，并与饭店其他系统协作或联网，使住店客人感到舒适、方便和安全。这种门锁系统的核心是安装在房门中的微处理器，这种"钥匙"便于控制，客人难以仿制，而且此系统还具有监控功能，管理人员通过检查门锁系统，可以得到一段时间内所有进入该客房的人员的记录。

随着科技的发展，利用指纹、视网膜、手掌、脸部等生理特征作为开启门锁信息的生物鉴别系统门锁，将给宾客带来更方便、更安全的入住感受。

（六）客房内安全设施与用品

1. 门锁　门锁是保障住客安全最基本，也是最重要的设施。由于饭店规模、档次、风格的差异，所使用的门锁也不尽相同，但必须使用双锁。

◎ 安全设施与用品

2. 窥视镜和安全链　窥视镜（猫眼）一般安装在房门中间位置，距离地面一般在150cm左右，为广角镜头，便于住客观察客房的外部情况；安全链或安全环安装在门后把手旁边，使用时房门一般只能打开很小的角度，可以有效防止外人进入房间。

3. 安全疏散图　每间客房门后必须张贴安全疏散图，告知客人所在的位置及安全疏散的方向和路径。

4. 消防设备 客房内天花板上设有烟雾报警器（也称烟感器）和温感喷淋头，供报警和自动灭火之用。

5. 保险箱 保险箱一般放在客房壁橱内，供客人存取贵重物品，保证客人的财物安全。

6. 安全报警与呼救设施 饭店为防止意外事件发生，一般将安全报警与呼救设施安装在床头柜和卫生间靠近浴缸处，供客人发生意外时紧急呼救使用。另外，有的饭店还在阳台门窗上安装报警装置，以方便客人及时报警求助。

7. 逃生用品 客房或楼层应配备必要的逃生用品，如防毒面具、手电筒、逃生绳等。

（七）应急照明和安全标识

为便于客人在夜间或在烟气很大的情况下紧急疏散，在疏散走道和楼梯上均应设置应急照明灯和安全疏散标识。应急照明灯设置的重点部位是疏散出口的上顶部、疏散走道的两侧墙面上、楼梯口和走道转角处，其高度一般应在人的视线高度以下；安全疏散标识主要是方向指示灯，一般设于走道墙面及转角处，其间距不宜大于20m。此外，楼梯间的门上方还应设置安全出口灯。标识和灯具的颜色宜选用易透过烟火被识别的绿色。应急照明灯和疏散指示灯要有一定的光照度。国外有的饭店将荧光涂料用于安全出口和疏散标识上，它具有相当的亮度，因而用它来代替应急照明。

二、制订安全工作计划，建立安全管理制度

（一）制订安全工作计划

美国是世界上饭店业最发达的国家之一，据其相关机构对所发生的客房安全事故的基本原因的分析，98%的事故是可以避免的（至少理论上），只有2%是不可避免的。客房安全管理的首要任务是制订具体、详尽的安全计划，主要内容有：

1. 客人安全计划 饭店要在合理范围内使客人免遭人身伤害和财物损失，如殴打、袭击、打劫、盗窃等。客人安全计划应包括饭店主入口控制、电梯控制、客房走道安全、客房安全、客人失物处理、行李保管、客人伤病处理等。

2. 员工安全计划 员工的安全管理也不容忽视，必须和客人一样受到饭店的重视。员工安全计划主要应包括员工安全工作守则、劳动保护措施、员工个人财务安全、人身安全、职业安全等。

3. 客房财产安全计划 客房是饭店建筑和设备的主体，占有相当部分的财产和物品，它们每天由宾客、饭店员工以及其他外来者接触和使用，这些财产和物品的偷盗和滥用将意味着饭店的损失。客房财产安全计划包括防火、防盗、防抢劫等。

（二）建立并不断完善安全管理及奖惩制度

计划的实施有赖于行之有效的管理制度，为促进饭店安全管理工作的具体落实，饭店必须建立各项安全管理制度，通过硬性的制度规定，使饭店的安全管理工作有具体的行动指南和依据，促进饭店安全工作的执行。

饭店安全管理制度应针对宾客的生理和心理需求，并结合饭店的实际情况进行制定，通常以文件的形式昭示，以体现制度的权威性。如宾客入住验证登记制度、安全

应急预案、客房钥匙管理制度、贵重物品寄存管理制度、访客管理制度、情况报告制度、交接班制度、员工安全培训与考核奖惩制度等。

客房管理者在制定安全管理制度时，应结合本部门的运行特点、各岗位的业务要求，通过对构成客房安全事故及各种不安全因素和事故隐患进行调查研究，制定出客房各岗位、各项服务工作具体、详细的安全工作标准，提出解决和处理实际问题的办法。

饭店安全管理制度关键在落实，只有这样才能真正保证饭店的安全。为保证管理制度的执行，饭店还必须制定相应的奖惩措施，一旦发生安全事故，层层追究责任，并严格按照奖惩办法进行相应的处理。

三、建立健全安全管理组织，有效划分安全责任区

饭店安全管理委员会是饭店安全管理工作的领导机构和群众性组织，对饭店安全负有全面责任。它在饭店总经理的领导下，由饭店各部门的管理人员组成。客房部经理是饭店安全管理委员会的重要成员之一。保安部是饭店安全管理委员会的常设办事机构，负责客房部的安全保卫工作，落实各项安全防范制度和措施，处理各类突发事件，保证客房的全面安全。而客房部也应在饭店统一领导下成立专门的安全管理组织，由客房部经理任负责人。

为落实各项安全责任，客房部经理一般以工作范围为基准划定所属的安全区，并按照"以防为主"和"谁主管谁负责"的原则确立安全管理责任人。客房安全区一般以楼层为一个单元，以楼层主管或领班为单元负责人，按照楼层员工人数，将每一个楼层区域划分为若干个区块，通过划片包干、责任到人的办法落实安全责任。每个单元内的成员对该单元负有共同责任，其隶属的上级负连带责任。

客房安全的责任事项一般包括消防安全、作业安全、治安维护、清洁卫生和公共区域的财产安全等。

四、加强员工安全教育，落实安全责任制

客房安全必须依靠全体员工的关注和积极参与才能取得实际效果。员工必须要有安全保密意识，不得将客人的隐私和相关情况泄露给他人，不得与外人透露饭店安全预防措施及相关内容。管理人员应尽全力执行安全条例和管理制度，经常分析造成安全事故的原因，给出解决的办法、措施，使员工增强安全意识，在员工之间、岗位之间和部门之间形成联系密切的安全工作网络。

上述目标的达成有赖于对员工坚持不懈的培训，培训也是饭店安全管理工作的重要内容，是客房部各项工作安全顺利进行的基础。因为员工是最基层的对客服务者，他们进行的与安全有关的实际操作最多，接触客房机会最多，最了解客房的安全状况。

饭店安全培训一般包括安全知识的培训和安全应急方法的培训等。通过安全知识培训、安全应急预案演习等方式，强化员工的安全意识，真正理解客房安全管理的重要意义和员工在客房安全管理中应肩负的重要责任，克服麻痹心理，掌握基本的安全知识和处理技巧，让所有员工都能运用正确安全的工作方式为客人服务，消除安全隐患，减少安全事故的发生。而一旦发生安全事件，客房服务人员应能冷静、迅速地采

取有效措施，尽量避免或减少人员伤亡和饭店财物损失。

五、强化宾客的安全意识

饭店有责任为客人提供舒适、安全的住宿环境，但也要通过合适的途径和方法提醒客人对自身安全应负的责任，强化他们的安全意识。如饭店制作安全提示卡、安全宣传册和服务指南等，通过张贴或分发到客房等方式，适时提醒客人要注意安全，增强自身的安全防范意识，并告知客人服务电话和危机处理办法，使其成为客人需要帮助或紧急求助时的好帮手。客房服务人员在服务过程中尊重宾客，视宾客如亲人，让客人在住宿期间找到"家"的感觉，从而使客人更好地配合饭店的安全管理工作。客房服务人员强化自身的服务意识，通过耐心细致、热情周到的服务，赢得客人的理解和支持，从而自觉遵守并执行饭店的安全管理制度和安全条例。

案例分享

六、加强日常安全检查督导

客房安全检查是为了防患于未然，通过安全检查，及时发现安全隐患和各种不安全因素，并及时采取措施。客房部的各级领导都要以不同的形式和方法履行安全检查的职责。

（一）定期检查客房设备，保证其正常运转

客房部各级管理者在日常管理工作中，要做好安全巡视和安全检查工作，定期对楼层和客房内的安全装置进行检查，发现问题及时处理。此外，应重视客房设备管理，建立客房设备档案，针对设备的安全性能，制定设备保养条例，定期进行检查维护，使其处于正常使用和工作状态，并在此基础上及时做好设备的更新改造工作。

（二）重视对员工的检查督导工作

持续的监督是保证客人及员工安全的必要措施。各级管理者应根据客房营业活动规律，科学安排督导的时间和地点，对员工的工作进行有效的检查督导，及时发现和纠正员工的错误做法和不规范操作，提醒其工作中的疏漏可能带来的安全问题，杜绝事故的发生。

七、及时有效处理各类安全问题

一旦发生各种安全事故，及时有效的处理是非常必要的。具体处理方法与技巧可参见本模块的相关内容。

任务三　处理客房安全事件

一、客房火灾的预防与处理

（一）客房火灾种类及原因

1. 客房火灾的种类　依照国家标准，火灾可分为以下四类：

（1）普通物品火灾（A类）。由木材、纸张、棉布、塑胶等固体物质所引起的火灾属于A类火灾。

（2）易燃液体火灾（B类）。由汽油、酒精等易燃液体引起的火灾属于B类火灾。

（3）可燃气体火灾（C类）。由液化石油气、煤气、乙炔等引起的火灾属于C类火灾。

（4）金属火灾（D类）。由钾、镁、钠、锂等引起的火灾属于D类火灾。

针对不同类型的火灾，应用不同的灭火器材和灭火方法进行灭火。客房部火灾通常是普通物品火灾，属A类火灾。

2. 客房火灾原因　据国际安全协会统计，饭店火灾主要是由吸烟和电器着火引起的，火灾的部位主要在客房和楼层走道。归纳起来，客房火灾发生的原因主要有以下几种。

（1）客人方面的原因。客人方面引起火灾的原因：一是吸烟，如客人睡觉前在床上吸烟，乱扔未熄灭的烟头、火柴梗，酒后吸烟或玩火等；二是未遵守饭店的有关规定，将易燃易爆物品带入客房，私自增加电器设备，使电线超负荷发生短路，在灯罩上烘烤衣物等。

（2）饭店方面的原因。饭店方面引起火灾的原因：一是饭店防火系统不健全，消防设施不完备或发生故障；二是客房内电器设备长时间使用导致元件过热；三是客房服务员不按安全操作规程作业，如将未熄灭的烟头倒入垃圾袋或吸入吸尘器中，在客房内明火作业，使用化学涂料、油漆等未采取防火措施。

（3）其他原因。当然客房火灾也不排除人为纵火的原因。

（二）火灾的预防

"消防消防，防消结合，以防为主。"客房部应在饭店总经理的统一领导下，成立防火小组，制订完善的防火计划，防患于未然。

1. 配置客房消防器材用品，选用阻燃材料　客房区域按消防法规的要求配备充足的报警、灭火设施与用品，如报警器、自动喷水灭火装置、消防栓、防火门、防毒面具、逃生手电筒等；同时，在家具、地毯、布草等方面选用具有阻燃性能的材料。

2. 成立防火小组，制订防火制度及计划　为加强饭店火灾预防工作，必须成立消防管理指挥小组，制定出相应的消防管理制度及工作计划，如防火手册、火灾应急预案等，通过制度和组织的形式确保消防管理工作落到实处。

3. 加强员工培训教育，增强防火意识　客房部应组织员工学习饭店的防火手册、防火安全条例等，明确各岗位在防火、灭火中的职责和任务。通过培训学习，掌握火灾预防与应急处理的基本方法和技巧等。

4. 对宾客加强防火宣传　客房部可以通过在房间内放置防火宣传手册，向客人介绍房内消防设施用品，提醒客人准确使用房内电器，在门后张贴防火图例等方法，提高客人的防火意识。

快速认识
消防设施

5. 开展日常防火安全检查督导

（1）配合保安部定期对重点部位进行检查，如紧急出口是否畅通，防火门是否有效闭合，报警、灭火设施是否完好等。

（2）注意检查客用设备及员工用设备的完好程度，发现问题，及时报请维修。

（3）注意检查员工平时工作是否有违规行为发生。

（4）发现客人有违规行为时要及时制止，并帮助其解决实际困难。

（三）火灾的应急处理

从实际情况来看，火灾中的人员伤亡大多是由处理不当造成的。一旦饭店发出火警信号、疏散信号或客房服务员发现火情时，客房服务员应保持镇静，迅速采取有效措施，尽量减少人员伤亡和饭店财产损失。

常用灭火器材与灭火方法

1. 听到报警信号时的处理

（1）查看核对。听到火警信号时，客房服务员应立即查看火警是否发生在本区域。

（2）按规定行事。无特殊任务的服务员应继续照常工作，但在工作中要时刻保持镇静、警觉，随时待命，同时做好客人的安抚工作。有特殊任务的服务员按饭店统一部署进行工作。除指定人员外，员工不得与总机联系，以确保电话线路的畅通。

2. 发现火情时的处理
客房服务员在遇到火情时，要保持冷静，切忌惊慌失措，及时做好以下工作：

（1）报警。客房服务员在工作区域发现火情时，应立即使用就近的报警装置进行报警。

（2）通报。与此同时，客房服务员应立即用电话通知饭店总机，并讲清楚着火地点和燃烧物质。

（3）应急处理。切断电源，关闭所有电器、通风排风设备，放好"请勿使用电梯"等告示；迅速使用附近的消防器材控制火势，并尽力将其扑灭；如果火势不能控制应立即离开火场，离开时沿路关闭所有门窗，疏散客人，并在安全区域内等候专业人员的到来。

灭火器、防毒面具的使用

3. 听到疏散信号时的处理
疏散信号由在火场的消防部门指挥员发出，表示饭店某处已经发生火灾，要求宾客和员工通过紧急出口撤离到指定地点。在疏散过程中，应注意以下几点：

（1）严格按照应急预案的分工和职责开展疏散工作。

（2）认真做好撤离工作。紧急疏散时，客房服务员应各就各位，于火灾走廊通道等处引导客人，于火灾楼层检查客房。检查时要注意不能遗漏一间客房，确认无人的房间，应在房门上做好记号；有客人在的房间应劝其立即离开，并把房间的门窗全部关上。

（3）及时清点人数。待人员撤离至指定区域时，客房部员工应及时与前厅部员工一起查点宾客人数及饭店上班员工的人数，如有下落不明或未及时撤离的人员，应立即通知消防队员。

（4）现场紧急救护。对火灾中的受伤者能否给予及时救护，直接关系到被救人员的生死存亡。因此，饭店在救护工作中应依照正确的救护顺序，采取正确有效的救运方法进行紧急救护。

火灾疏散

二、宾客失窃事故的预防与处理

由于客房是客人居住和存放财物的重要场所，因此，它容易成为盗窃分子作案的主要目标，饭店相关部门及客房部应加强安全防范和应急处理工作。

（一）失窃的类型

1. 外盗　外盗主要是指外来人员混入饭店客房区域进行的偷盗行为。具体地说，外盗可分以下两种情况。

（1）社会上不法分子的盗窃。这些不法分子有的会冒充饭店的住店客人，有的冒充访客，有的甚至冒充工作人员混入客房，伺机作案。

（2）饭店住店客人的盗取。饭店住店客人中存在的不良分子，利用住店期间的便利，伺机盗取饭店物品或其他住店客人的财物。

2. 内盗　内盗主要是指饭店员工利用工作之便盗取客人或饭店财物，或者勾结社会上的不法分子里应外合作案。由于饭店员工对饭店的工作程序、管理规章、饭店布局等情况比较了解和熟悉，作案手段更具有隐蔽性，往往给破案工作带来一定的困难。

（二）失窃的预防

为有效防止失窃事件的发生，应针对不同的失窃原因采取相应的预防措施。

1. 饭店内部的预防　客房失窃事件均发生在饭店内部的客房区域，因此，饭店首先应做好内部的安全防范工作。

（1）硬件方面。饭店应在客房区域配置齐全的防盗设施和用品，如性能良好的门窗系统、客房保险柜、报警器、监视器等，并进行规范的维修保养工作，做到设施运行正常、物品使用完好。

（2）软件方面。饭店首先应从安全管理需要的高度出发，建立有效的防盗安全管理运行机制，如制定相应的访客管理、钥匙管理等制度；其次，加强对员工的管理，制定相应的管理规章，并长期对其进行职业素养的培训教育，提高其认识和道德水平，预防其盗窃行为的发生。

2. 饭店外部的预防　饭店外部的预防主要是指饭店有责任对客人进行安全防范提示，如提醒客人及时关好门窗，不要随意将陌生人带入房间，尽可能将贵重物品存放到保险柜内，有特殊情况及时报告饭店，等等。

（三）失窃的处理

1. 客人报失的处理　客人报失的主要原因是客人在住店期间财物丢失、被盗或被骗。客人报失通常有两条途径：直接向公安机关报告的，叫"报案"；向饭店反映丢失情况的，叫"报失"。"报失"和"报案"的性质和处理程序都不相同："报案"由当地公安机关受理，"报失"则由饭店负责处理。一般情况下，客人都会先向饭店报失，由饭店出面解决，对于饭店难以解决或需公安机关协助的，经客人同意后，再向公安机关报案。

"报失"的一般处理程序如下：

（1）及时报告。接到客人报失后，服务员应及时向客房部经理报告，由客房部经理、大堂副理和保安部共同处理。

（2）了解情况。保安部人员会同大堂副理和客房部相关人员向失主问明事件经过和丢失物品的情况等，事件经过越详细越好。

（3）帮助失主回忆查找。帮助失主尽量回忆事件的前后经过，在征求客人同意的情况下，帮助客人在房内查找。重要物品或物品价值达到立案要求的或于店外丢失的物品，在征得客人同意后，可向公安机关报案，请求帮助解决。

（4）继续后续工作。如客人有事需离开酒店，请客人填写"客人物品报失记录"，留下客人地址，饭店则继续帮助查找，保持与客人的联系，并处理好善后事宜。

（5）做好档案工作。客房部要将整个事件经过和处理结果记录归档。

2. 处理客人报失的注意事项 处理客人报失应注意以下事项：海外客人丢失财物或被骗，应向当地公安机关外事部门报告；若客人丢失护照、回乡证等身份证件，应及时报告酒店或旅行社，并与当地公安机关外事部门联系，重新办理；若客人丢失信用卡、旅行支票等有价证券，要帮助客人及时同银行联系，及时采取相关措施；若客人报失被确定立案后，饭店保安部应积极配合公安机关侦破。

总之，客人报失后，饭店应及时了解情况，积极协助客人查找，必要时采取相应的措施，力争尽快解决。

三、客人伤病死亡等事件的处理

（一）客人患病的处理

客人在住店期间突患疾病时，需要饭店服务员沉着冷静，按照饭店规定，科学、细心地进行应急处理。具体处理程序如下：

（1）及时报告。服务员发现客人得急病，应立即向部门主管、经理报告，并说明具体地点。

（2）采取有效措施。主管、经理接到报告后，应第一时间赶赴现场，如果情况紧急应立即拨打120急救电话；通知大堂副理、值班经理和医务室医生；如果客人得了传染性急病，应立即送医院救治，并将该客房马上封闭；通知医务室或相关部门对客房进行全面、彻底的消毒处理；如有需要应及时通知客人亲属或旅行团领队；视客人病情，给予积极的协助配合；如客人需要手术，一般由客人亲属或旅行团领队在手术书上签字。

新冠疫情下的饭店防控

（3）做好档案工作。饭店要记录客人伤病及处理的全过程，存档备查。

（二）客人食物中毒的处理

食物中毒多为食品、饮料等保洁不当所致，中毒症状多表现为急性肠胃炎，如恶心、呕吐、腹痛、腹泻等。为了保障所有来店宾客的人身安全，必须采取以下措施：

（1）把好各个相关关口，如采购人员把好采购关，收货人员把好验收关，仓管人员把好存放发货关，厨师把好制作关等。

（2）服务人员若发现客人食物中毒，应立即报告总机讲明自己的身份、所在地点、客人国籍、人数、食物中毒程度、症状等。

（3）服务人员同时报客房部管理人员，管理人员应第一时间赶到现场。

（4）管理人员应立即通知医务室和食品检验室、总经理室、保安部、餐饮部、行李房、车队等相关人员到达食物中毒现场，并做好记录。

（三）客人意外受伤的处理

客人在客房内遭受的伤害，大多数与客房内的设备用品有关，一是客房设备用品本身有故障，二是客人使用不当。一旦出现客人负伤等紧急情况，服务人员必须向管理人员报告，同时应立即采取救护行动。

伤病处理常识

（1）开房门，发现客人倒在地上时，应注意客人是否在浴室倒下；是否因病（贫血或其他疾病）倒地；是否在室内倒地时碰到了家具；身上是否附着异常东西（绳索、药瓶等）；倒地附近是否有大量的血迹；应判明是否因病不能动弹，是否已死亡。

（2）在事故发生后，应立即安慰客人，稳定伤者的情绪，注意观察伤情变化，在医生来到之后告知伤情。

（3）服务人员在医护人员来到之前，也可以进行临时性的应急处置：如果伤处出血，应用止血带进行止血，若不能缠绕止血带，应用手按住出血口，待医生到达后即遵医嘱。

（4）如果是轻度烫伤，应先用大量清水进行冲洗；如果是重度烫伤，不得用手触摸伤处或弄破水疱，应遵医嘱。

（5）如果是四肢骨折，应先止血后用夹板托住；如果是肋骨骨折，应在原地放置不动，立即请医生处理。

（6）如果头部受了伤，在可能的情况下，要小心进行止血，并立即请医生或送往医院。

（7）如果后背受了伤，尽量不要翻动身体，应立即请医生或送往医院。

（8）如果杂物飞进眼睛，应立即上眼药水或用洁净的水冲洗眼睛。

为尽量减少客房内意外事故的发生，在平时的工作中，服务人员要增强责任心，细心观察，严格按照岗位职责和操作规程开展工作；管理人员查房时也要认真仔细不走过场，这样许多不安全因素就会被消灭在萌芽状态。

（四）客人死亡的处理

客人死亡是指客人在住店期间因病死亡、意外死亡、自杀、他杀或其他原因不明的死亡。除第一种情况属正常死亡外，其他情况均属于非正常死亡。鉴于此类事件性质严重、影响较大，因此，饭店在处理上应十分慎重。

外籍客人死亡的处理

（1）及时报告。发现客人死亡者应立即报告楼层主管和部门经理，说明发现的时间、地点并保护好现场。不可以大呼小叫，也不可以随意告诉他人，特别是其他的住店客人。

（2）积极采取措施。主管以上管理人员在接到服务员的报告后，应第一时间赶赴现场，并立即通知保安部经理、医务室医生、大堂副理、值班经理；由部门经理和保安部经理向住店经理、总经理报告；协助保安部和公安人员开展调查询问工作；遗体运出后，应立即将客房封闭，等保安部通知后方可开启此房并进行全面、彻底的消毒处理。

（3）做好后续工作。饭店要帮助家属清点处理遗物、做好丧葬事宜；建立详细的档案，将事情处理的全过程记录并存档。

（五）客人醉酒的处理

醉酒客人破坏性较大，轻则行为失态，如吵闹、随地呕吐、对饭店设施设备造成损坏等；重则危及生命，甚至还会酿成更大的事故。因此，对醉酒客人的服务应引起管理者和服务者的高度重视。

客房服务员遇到醉酒客人时，要保持冷静，耐心细致地服务客人，根据客人酒醉的程度分类处理。对于头脑清醒的轻度醉酒者，应适时劝阻，安置其回房间休息；对于神志不清的吵闹失态者，则应协助保安人员将其制服，以免影响其他客人或伤害到客人自己。在安置客人回房后，服务员要注意观察房内动静和客人状况，以免客人发生意外事件。

四、客房突发事件的处理

除了火灾、盗窃等，客房区域还会发生许多意外事故。任何会对宾客、饭店造成伤害的不安全因素都应该加以重视，予以防范。一旦有事故发生，更需要及时妥善地处理。

（一）停电事故的处理

停电事故可能由外部供电系统引起，也可能由饭店内部供电设备发生故障引起。停电事故发生的可能性往往要高于其他自然灾害，停电不仅会给客人带来麻烦，如影响其使用电脑、保险柜等，也会给饭店的经营带来严重影响。因此，对于客房数在100间以上的饭店，应采取双路进电或自备发电机，保证在停电时能立即启动紧急供电。

客房部在处理停电事故时，应制订周密的计划，使员工做到临场不乱。楼层服务员更要从容镇静，稳定客人的情绪，保障客人的安全。具体包括以下的内容：

（1）预知停电时，客房部应提前用书面通知的方式告知宾客，以便客人提早做准备。

（2）服务人员应在岗位，告知客人停电原因并安抚客人，表明饭店正在采取紧急措施恢复供电；管理人员在一线指挥，维护好本部门的安全并解答客人提问。

（3）用应急照明灯照亮公共场所或无光区域，帮助滞留在走廊及电梯中的客人回到房间或转移到安全地方。

（4）停电期间，所有员工都要坚守工作岗位，注意安全检查，加强客房楼道的巡视，防止有人趁机盗窃或破坏。

（5）防止宾客点燃蜡烛而引起火灾。

（6）供电后及时检查各个客房是否安全。

（二）自然灾害

自然灾害往往是不可预料或无法抗拒的，包括水灾、台风、地震、暴风雪等。自然灾害的发生，会引起宾客的恐慌，服务人员应以轻松、沉着的态度来稳定宾客的情绪。同时，饭店应根据所在地区的地理、水文、气候等特点，制订预防和应对自然灾害的安全计划与方案。具体内容包括：

（1）客房部及各工作岗位在发生自然灾害时的职责与具体任务。

（2）必备的应对自然灾害的设备、器材与物品，并定期检查，确保其随时处于完好状态。

（3）发生自然灾害时的紧急疏散措施。

（三）防暴

饭店客房的防暴工作是指为了宾客人身、财物安全，对需要保护的人员、特殊财物、特殊区域，如重要宾客、特殊设施、秘密文件、保密会议等的保卫工作，以及对于企图破坏饭店或宾客安全的不法分子进行警戒、防备、探察、制裁等积极的防范工作。

1. 客房防暴工作措施

（1）在客房建造、装修过程中，应注意选用隔音效果较好的材料。

（2）严格按服务规程做好访客接待工作。

（3）在整理客房时应细心观察异常物品、异味和废纸篓里的丢弃物。

（4）在服务过程中注意可疑的人，善于发现可疑的现象。

（5）在服务过程中发现可疑物品时，应妥善处置。

2. 客房区域可疑人员

（1）拒绝打扫客房的人。

（2）过分挂念饭店所保管物品的人。

（3）在走廊、客房附近徘徊或行动可疑的人。

（4）随处抽烟并窥视四周的人。

（5）在谈话中讲出非安定性言语的人。

（6）尾随会议宾客的普通宾客。

（7）着急、不安、恐惧、彷徨的住店客人。

（8）长时间待在饭店角落、卫生间或频繁往来的人。

（9）对服务员无理取闹、制造事端，以引起众人注意的人。

3. 客房区域可疑现象

（1）携带武器或是像武器的东西。

（2）持有除了资料袋、日用品和提包外，被疑为是爆炸物的东西。

（3）不交给服务员而非要自己亲自搬运的行李、体积较小但明显显得很重的行李、外包装与内包装物不符或携带内含铁器的行李。

4. 发现可疑物的处置

（1）立即报告有关部门。

（2）不要用手触摸。

（3）不要只看包装物的商标就下定论。

（4）不得在建筑物内移动。

（5）不得轻率启封。

（6）不得在附近吸烟。

（7）不得放置于可燃物附近。

（8）不得切断外露线段。

（四）客人违法的处理

客人违法一般是指国内客人在饭店消费期间犯有流氓、斗殴、嫖娼、盗窃、赌博、走私等违反我国法律的行为。客房属于客人隐秘场所，有时候也容易成为住店客人发生违法行为的场所。

（1）保安部人员接到客人违法报告后，应及时向值班经理报告，并会同相关人员立即查明客人的身份和事情的全过程。

（2）保安部门应视违法行为情节的轻重，确定违法行为的性质。对于情节轻微、违反《治安管理条例》的，交当地派出所处理；对于情节严重、触犯法律的犯罪行为，应立即向公安机关报告，并在公安人员到达前对违法行为人进行监控，由公安机关负责处理。

（3）事件处理完毕后，保安部要把事件过程和处理结果记录留存。

境外客人在我国饭店内的违法行为，饭店要及时向上级机关和当地公安机关外事部门报告。在证据充分的情况下，根据"属地优先权"原则，对违法行为人进行监控，等待公安人员前来处理。对于具有外交豁免权的外国人，通过外交途径处理。

（五）其他事故

客房中还有一些事故发生的原因是多方面的，有些是由于设备老化、维修和更新不及时，有些则是由于个别员工违反操作程序或工作不细致。通常可以将这些原因总结为以下三个方面。

1. 电气设备

（1）电冰箱失控，食品变质。

（2）电源线老化，导线外露，导致火灾或客人触电。

（3）吊顶、灯罩等安装不牢固，自然掉落砸伤客人。

（4）各种电线外露，绊倒客人。

2. 家居

（1）坐便器安装不稳，使用时断裂。

（2）沙发、椅腿或靠背突然折断。

（3）地毯边卷起绊倒客人。

（4）卫生间热水温度应在50～60℃，过高容易烫伤客人。

3. 其他

（1）地板打蜡无提示牌，致使客人摔倒。

（2）破损的餐具、茶具、酒具伤害客人。

（3）电梯失灵、失控夹伤客人等。

对此类事故的预防重点是要加强日常的维护和保养，加强员工的工作责任心，如发现楼道或走廊地毯有凸起或卷边时，要及时拉平；服务员打扫房间时，应及时检查电线、家具，发现问题应及时报修；电气设备要经常调试，以防意外等。

五、员工职业安全事故的处理

客房部员工在日常工作中需要大量接触化学清洁剂、清洁器具等可能造成安全问题的设备、用品，如有疏忽或使用不当，不仅会给员工自身安全和健康带来一定的危险，也会给饭店造成损失。因此，客房部管理者必须对客房部员工进行职业安全教育，培养员工的职业安全意识，在工作中注意劳动保护并严格遵守有关规程。

员工职业安全事故调查

（一）员工职业安全事故的原因

根据统计，80%的工伤事故是由员工不遵守操作规程、粗心大意、工作不专心、精神不集中造成的，只有20%是由设备原因所致。归纳起来，造成工伤事故的原因主要有以下几个方面。

1. 员工的危险行为 员工的危险行为是造成事故的主要原因之一。例如，进黑暗处不开灯，把手伸进垃圾桶里，清洁洗脸台时没有注意到剃须刀，挂浴帘时不使用梯架而是站在浴缸边沿，行动匆忙或抄捷径，抬举重物的方式不恰当，忽视安全指示或守则，等等。

2. 工作环境存在潜在危险 工作环境中的不安全因素是一种潜在的危险，例如，机械设备操作维护不当，电器设备绝缘性能差，卫生间地面、浴缸无防滑设施，未留意到瓷器、玻璃器皿已出现缺口，地上的液体或食物未及时清理，照明照度不够，等等。

3. 员工工作责任心不强 员工在工作中责任心不强，往往会给饭店带来损失。例如，员工在工作中发现异常情况未及时汇报，未向宾客说明电器设备的使用注意事项，清洁器具不按规定位置和方法放置等。

（二）员工职业安全事故的预防

客房部员工在工作中应牢固树立安全意识，严格遵守饭店规定的安全守则，加强劳动保护，防止事故的发生。

1. 管理者的责任

（1）定期检查保养设施设备，发现问题及时解决。

（2）设置防护措施和危险识别标志。

（3）制定安全操作规范和必要的规章制度。

（4）改善劳动环境，科学劳动分工，预防职业疾病。

（5）加强对员工（特别是新员工）的安全意识、操作规范及安全要求的教育培训。

（6）在日常管理过程中加强教育、检查和督导，纠正不正确的操作行为。

（7）制定奖惩措施，严格奖惩，强化员工的安全意识和安全责任。

2. 员工安全操作须知

（1）客房部服务员正确着装，员工制服不宜过大、过长，应选择具备防滑功能的工鞋，清洁时按规定使用护目镜及保护手套等。

（2）员工长发必须齐束在脑后或盘起，不应佩戴任何悬垂首饰或手链，避免首饰被钩住或卷入机器，引发危险。

（3）在公共区域放置的工作车、吸尘器等设备，必须靠边放置。吸尘器用完后，及时拔下插头，正确卷起电线，防止路人被电线绊倒。

（4）工作时间内，不应在工作区域奔跑，避免摔跤或跌倒。

（5）服务员清洁地面时，即使地面潮湿并不严重或很快会干，也必须使用"地面潮湿，小心地滑"的指示牌提醒路人。忘记使用指示牌，会给员工也会给客人带来潜在的危险。

（6）员工运载物品必须使用袋子、篮子或手推车。

（7）工作车或搁板上的物品不得堆放过高。

（8）员工高处作业应使用梯架，必须由两名员工共同完成：一个梯上作业，一个扶住梯子，确保安全。不得利用浴缸、恭桶等攀高。

（9）员工操作时，避免用手去试探眼睛看不到的地方，因为针头、刀子、钉子及碎玻璃很容易陷落在沙发坐垫缝隙中或靠墙的家具背后等隐蔽的地方。

（10）为了防止意外的割破或划伤，废弃的玻璃不应当和普通垃圾放在一起，而必须存放在一个单独的碎片等不易穿透的容器中。

（三）员工职业安全事故的处理

一旦发生工伤事故，必须快速而圆满地处理，以减少人们的紧张、恐惧情绪。具体可参见本项目有关宾客意外伤害的处理方法。

客房安全管理工作是一切工作的重中之重，是一项系统工程。安全就是服务，安全就是质量，安全就是市场，安全就是效益。没有安全就没有宾客，没有安全就没有饭店的生存。饭店在日常工作中应加强安全管理，制定缜密的安全管理措施和应急处理预案，以保护客人、员工和其他人员的人身和财产安全。

■ 思政园地

抗击疫情，爱是桥梁。他们，是湖南旅游饭店业"防控疫情大军"的缩影，战"疫"中，他们克服困难、冲锋在前。在疫情严峻的形势下，酒店湘军执着坚守，勇于担当作为，用奉献温暖着2020年的冬天，让我们看到春天的希望，用自己的行动，为这场战"疫"凝聚了众志成城、共克时艰的强大力量。

"战疫"前
的坚守

思考：本案例反映了员工哪些良好的职业素养？

■ 思考与练习

1. 了解我国旅游饭店星级评定标准对不同星级饭店客房空间的具体要求。

2. 了解客房产品质量的构成要素。

3. 客房部是负责饭店清洁保养工作的专业部门，对饭店清洁保养的质量与水平负有直接责任，因此饭店其他部门及员工只要做好本职工作即可，不必考虑清洁保养方面的要求。对此，你有什么看法？请详细说明。

4. 如何理解客房服务以"暗"为主、体现家的氛围等特点？

5. 假如你是一家高星级商务型饭店的客房部经理，请你设计一份对客服务质量控制方案。

6. 什么样的客房才是安全的客房？

7. 如何理解客房安全管理的特性？

8. 客房安全管理工作可从哪些环节着手？

9. 客人住店期间发生失窃、患病等状况时，服务员应如何处理？

10. 客人或员工受伤时应如何处理？

11. 服务人员或管理人员应如何对待员工的职业安全问题？

12. 饭店应如何预防火灾的发生？万一饭店发生火灾应如何处理？

13. 掌握饭店常用消防器材的使用方法。

■ 综合训练

1. 假如你是一家五星级饭店的客房服务员，在对客服务过程中如何提升自身的服务品质让客人满意？

2. 按客房产品质量构成要素设计一份关于客房服务质量评价的宾客意见表，选择一家饭店进行问卷调查，并对调查结果进行统计分析，根据结果就提升客房服务质量撰写一篇调查报告（2000字以上，以小组为单元完成）。

课堂测试

模块七　客房成本控制

学习目标

知识目标：

▶ 明确客房部成本控制的重要性、迫切性，树立正确的成本控制观念、环境保护意识、绿色经营理论以及与企业共存的使命感

▶ 了解客房部成本控制的主要环节和内容

▶ 掌握成本控制的基本原理、基本理论和基本方法

能力目标：

▶ 初步掌握客房部成本控制的基本方法与技巧

▶ 能根据饭店的实际情况，在确保饭店品质的前提下有效进行成本控制

▶ 培养学生的社会责任感与担当意识，能科学履行饭店的社会责任，践行社会主义核心价值观

在全球经济一体化的影响下，饭店（住宿）业的竞争愈演愈烈，饭店的盈利空间也变得相当有限，要想确保饭店的盈利水平，增收节支是两个最基本的抓手，一方面要不断提升饭店的收入，另一方面则必须加强饭店成本的控制，即必须做好饭店各种资源的科学、合理、有效的利用。客房是饭店的核心产品，客房部是饭店创收的重要部门，其营业收入与利润对饭店总收入和效益有着决定性的作用，因此客房部的成本控制对饭店整体效益就显得尤为重要。

项目一　客房人力资源成本控制

案例导入

H市某饭店为了节省开支，减少了客房部的用工人数。因此，客房部楼层清扫员的日工作量由12间客房上升到16间客房，外加每天数量不等的钟点房。由于工作量加大，服务员为了完成任务以求准点下班，加快了工作速度，造成清扫服务不到位、服务质量问题增加、客人投诉增多等现象。饭店质检部门给客房部施加了很多压力，提出若再出现客人投诉，将更换客房部经理。客房部经理将压力转移到领班身上，领班则将压力转移到员工身上。尽管饭店采取计件工资制，但仍有员工承受不了这么大的工作压力，以请病假来回避现实。一个员工请了病假，他的工作只好加在其他员工身上，很多员工每天加班到晚上七八点钟。这种状况持续了一段时间。突然有一天，客房部管理人员上班时，发现所有楼层的服务员都不见了，他们

意识到事态的严重性，立即在店内外四处寻找，终于在饭店不远的操场上发现了这些服务员。经过劝说与许诺，服务员才重新回到工作岗位。

问题：

1. 你认为本案例的主要问题是什么？

2. 如果你是客房部员工或客房部经理，你会分别怎么做？

分析：

饭店减员一般有两种方法：一是自然减员法，二是强制减员法。自然减员法比较温和，员工情绪稳定，但速度比较慢；强制减员法见效快，但容易造成员工人心不稳，搞不好易出现对立面，影响工作质量。在饭店出租率降低时，减员确实是降低开支、控制成本的一种方法。但减员首先必须遵守《劳动合同法》，增加工作量必须考虑员工的实际承受能力，而成本控制并不是一味地降低支出，必须保证必要的合理开支。出现本案例问题的原因很多，其中重要的一个原因是对成本控制的认识有偏差，对部门人力资源管理缺乏科学的方法和技巧。

人力资源是饭店最基本、最重要、最宝贵的资源。只有人才能有效使用和控制饭店的其他资源，形成一定的接待能力，实现饭店的预期目标。客房部的人力资源成本控制，就是在组织客房商品生产过程中，根据人力资源管理的一般规律，运用一定的方法，科学选择、合理使用、有效开发客房部员工，不断提高他们的职业素养，充分发挥他们的聪明才智，在确保服务质量的前提下提高客房部的劳动效率。

任务一　客房人力资源数量控制

确定客房部的组织结构、岗位设置及人员编制，就是解决客房部人力资源需求的数量问题。人力资源成本控制首先应从人员数量的合理配备和有效调节开始。

一、客房部组织机构设置

客房部的组织机构是否合理、组织是否严密，是客房部做好服务、管理、营运等各项工作的重要保证。根据客房部的工作任务和管理目标，客房部门组织机构的建立及岗位的设置应遵循以下原则。

（一）客房部组织机构设置原则

1. 实事求是　客房部机构的设置要根据饭店规模、档次、接待对象、经营思维、劳动力成本、设施设备等实际情况来决定，而不能生搬硬套。

2. 精简高效　为了防止机构臃肿、人浮于事，客房部组织结构要力求精简。尤其要注意因事设岗，而不能因人设事、因人设岗。应该发挥员工的主观能动性，提高效率。值得注意的是机构精简并不意味着机构的过分简单化，一旦出现职能空缺现象，就会造成服务质量降低。

3. 分工明确　专业分工是将客房部的全部工作按需要划分为若干个较小的部分，分配给具体的岗位或个人去操作，每一个岗位的人员应有明确的职责和明确的上下级隶属关系。分工能够提高工作效率，但只有分工没有协作的机构就不可能成为一个有效的组织，因此各岗位之间必须加强协作。饭店规模越大，专业化分工就越细，为了共同的目标，各岗位的协作也变得越来越重要。

4. 统一指挥　统一指挥是指明确垂直逐层指挥的体系以及指挥的幅度，以有效地督导下属人员的工作。

（二）客房部组织机构

在上述原则的指导下，客房部应建立起一个统一指挥、专职分工、层次分明、沟通顺畅的组织架构，具体模型可参见模块一的相关内容。

二、客房部人员数量配备

客房部人员数量配备就是指部门劳动力的定编工作。定编就是在部门组织结构设置的基础上，对本部门的用工人数进行科学合理的预测和配备。定编是部门人力资源成本控制的首要环节，定编如果欠科学，直接影响到部门业务的运作、服务质量的稳定和运营成本的控制。

（一）定编应考虑的因素

1. 有关的法律法规　在定编时首先要认真学习相关法律法规，必须严格遵守《劳动合同法》，不能一味地追求降低人力资源成本而违反我国有关劳动者管理的法律法规。

2. 部门组织结构　客房部组织机构如何设置，与所配置的员工数量有着直接的关系。因为客房部组织机构从形式上确定了客房部的业务分工、职责范围及用人数量与质量的要求。所以客房部在设置组织机构时应在确保服务效率和服务质量的基础上，尽量压缩管理层级，减少分支机构和工作岗位，从而减少人员配置数量。

3. 服务模式　客房服务模式实际上是客房的宏观运营模式，直接影响客房部的编制定员。由于各类型的饭店在设施设备上的配置不尽相同，因此在客房服务模式的选择上也各有各的做法。常见的有传统的楼面服务台模式、在现代占主导地位的客房服务中心模式、在经济型酒店常见的前台直管模式、一键通式的宾客服务中心模式和近些年在高星级酒店流行的楼层贴身管家模式。

4. 客房部的工作量　工作量是客房部定员的一个主要因素，工作量的大小与所需员工数量成正比。在编制定员时，客房部应科学地预测计算部门、各分支机构及各岗位的工作量。客房部的工作量往往跟客房部的业务范围及服务内容有关，一般可分为固定工作量、变动工作量、间断性工作量三种。

客房部的工作量

5. 各岗位工作定额　工作定额，是指每个员工在单位时间内，在保证服务质量的前提下，平均应完成的工作量指标，它是指饭店经营活动中劳动耗量的标准。工作定额是对工作效率的要求，是实行定员编制的基础；定编是对人员配备的要求，是完成工作定额的手段。二者互相联系、互相作用。

确定劳动定额是一项比较复杂的工作，要考虑多方面因素，如人员素质、工作环境、规格标准、器具配备等。规格标准高，每人的劳动定额就

确定工作定额的方法

要少一些，以使员工能有充裕时间把工作做得细致些。确定劳动定额一般可采取的方法有实际测定法、经验估计法、统计分析法、类推比较法等。

（二）定编的一般程序

客房部人员定编一般应遵循以下的程序：①根据饭店组织机构的设置和业务分工，确定客房部的业务范围、工作任务和管理要求等；②确定客房部管辖区域内为完成工作任务所需的工种、岗位、班次；③预测计算各区域、各岗位的工作量；④计算各岗位、各班次的工作定额；⑤计算出员工的实际出勤率；⑥根据工作总量、工作定额和员工出勤率确定各区域、各岗位所需的员工数量；⑦汇总确定客房部所需的全体员工数量。

（三）定编的方法

1. 工作定额定员法　工作定额定员法就是按工作量、工作定额和员工出勤率来计算员工人数的定员方法，主要适用于客房清扫员的定编，其计算公式是：

$$定员人数 = \frac{工作量}{工作定额 \times 出勤率}$$

$$出勤率 = \frac{实际出勤天数}{365} \times 100\%$$

实际出勤天数＝365－周休－年休－法定假日－病事假天数

2. 岗位定员法　岗位定员法是根据客房部的机构设置、岗位职责等因素确定员工人数的定员方法，主要适用于行政管理人员（如经理、办公室文员）和某些岗位的员工（如楼层台班服务员、客房中心服务员、公共区域的部分员工）等的定编。

3. 比例定员法　比例定员法有两种情形，一是根据饭店的档次、规模，按客房数量确定某工种和某岗位人数比例，例如，设客房服务中心的饭店，楼层服务员人数与客房数的比例一般为1∶5左右，设楼层服务台的饭店，楼层服务员人数与客房数的比例一般在1∶4～1∶3；二是根据某岗位或某分支员工的数量来确定其他岗位员工人数的比例，例如5～8名服务员配1名领班等。这一方法简单易行，比较常用，但比较粗糙。

（四）定编时应注意的问题

1. 客房出租率预测要尽可能准确　客房部定编依据的主要指标参数是客房的年度平均出租率，出租率预测的准确性直接影响到客房定编的科学性，而饭店运营有着较强的季节性，客房出租率会发生较大的变化，客房部的工作量尤其是变动工作量部分也会发生较大的变化。因此，客房部应根据自身的管理经验，随时掌握客情变化的规律及新趋势，尽可能准确地预测客房出租率，以便做好年度和季度甚至是月度的劳动力预测，做到合理定员。

2. 定员水平要先进　定员水平必须既能反映饭店已达到的平均劳动效率水平，又能提高现有的劳动效率，即客房部的定员编制，要使客房部大部分员工经过努力可以超过工作定额，而不应只是现有劳动效率平均水平的简单表现，同时还应充分考虑饭店对智能设备的投入使用等情况。

3. 科学确定各类人员的比例　定编时应使客房部内部的各类人员在质量和数量上做到相互协调。各层次人员配备应同本层次的工作要求相符合，避免部门内部因定员不合理而出现忙闲不均等情况。特别要处理好楼层服务人员同后台工作人员、各岗位人员之间及管理人员同服务人员的各种比例关系。

4. 体现人本管理原理　定编时要尽量体现人力资源成本控制的理念和要求，但必须在人本管理原理的前提下充分考虑人的需求与承受力，确保合理的用工数量。

三、客房部劳动力的合理调配

客房部对部门所需人员进行科学合理的定编，只是劳动力成本控制的一个方面，由于饭店经营具有淡旺季的特点，客房部必须根据经营情况的变化对人力资源的安排适时做出调整，以做到人尽其责、人尽其能，避免人浮于事，确保客房部的正常运转，避免劳动力浪费。所以，客房部劳动力的合理调配也是人力资源管理和成本控制的重要内容之一。

（一）采取灵活的用工制度

由于饭店客房出租率常常受政治、经济、政策、气候等因素的影响，为了尽可能减少劳动力的浪费，在定编基础上可采取不足员的配备方法以降低劳动力成本。饭店应根据自身经营状况及劳动力市场情况确定不同性质的用工数量和比例，例如采取固定合同工和临时工相结合的用工制度。如果当地劳动力资源比较充足，客房部在编制定员时，非技术性工种的合同工人数可适当少一些，平时能满足最小工作量的用工需求即可，这样可以有效避免人员闲置现象。当客房出租率高、工作量较大时，饭店可与服务中介机构联手，安排下岗工人或其他人员作为临时工，这样既可保证旺季需求，又可在淡季减少人力资源成本的支出，同时也能为社会解决一些就业问题。但如果大量使用临时工，一方面会增加饭店的培训工作量，另一方面会在一定程度上影响饭店的正常运作和工作质量。因此要合理设定合同工与临时工的用工比例。

目前大多数饭店都和本地或外地的职业院校建立了良好的合作关系，对于饭店来说，使用院校实习生可以在一定程度上解决饭店用工数量不足问题；对于职业院校而言，饭店是稳定的实习基地，可以增加学生的实训机会。当然这类人员的比例不能过高，而且在上岗之前必须经过有效的培训，以免服务质量失控。值得注意的是，在很多地区，实习生的供求关系已经发生了变化。由于实习生相对一般的临时工具备较明显的优势，甚至在职业素养上大大高于饭店的合同工，在我国很多地区已出现实习生供不应求的情况，因此饭店在对实习生的管理和使用上，必须及时调整观念和做法。

（二）改革薪酬制度

薪酬制度在调动员工积极性、提高服务质量、控制用工费用等方面起着积极的作用，合理安排和控制劳动力的目的也正是为此。客房部大部分员工所承担的工作都是可以按时间计量的，因此对于这部分员工完全可以实行计件或计时工资制。当然在实行计件或计时工资制时，应注意以下几点：①根据工种性质和工作任务，确定对哪些岗位员工实行计时工资，哪些岗位员工实行计件工资，既要合理，又要便于操作；②要合理确定工资标准，即单位小时或单位工作量的标准工资；③要建立健全严格的质量考核制度，因为无论计时还是计件，都有可能促使员工过分追求速度而忽视工作质量；④要尽量保证员工的基本收入，对于生意较好的饭店来说，员工基本上都有比较充足的工作量，收入比较稳定有保障，工作比较安心，但对于生意较差或淡旺季明显的饭店来说，员工工作量不稳定，有时收入可能没有保障，影响工作情绪。在这种情况下，饭店应当采取适当措施，保证员工的基本收入，以保持员工队伍的稳定。

（三）灵活排班

由于客房出租率等客情不断变化，客房部工作量也随之变化，客房部员工排班，必须依据客情变化灵活操作。通常，客房部管理人员每月根据预测的客情、活动安排、工作量等情况，安排员工次月的班次，并注明休假、加班、替班等情况。原则是首先安排合同工，然后根据工作量情况依次安排临时工。客房部经理必须准确了解客情，重视客情预测，以便提前做好工作用工准备。如饭店要举办大型会议等活动时，往往需要客房部提前清洁和准备场所，公共洗手间也可能需要安排专门人员进行清扫。一般来说，客情通报每天下午送到客房部，这样客房部有时间来调动人手，进行灵活排班。

（四）采用弹性工作时间

采用弹性工作时间是保证客房部正常运行、减少员工编制的一项有效措施。客房部通过制订各种工作计划来调节工作节奏、平衡工作总量。如在客房出租率较低时，在常规工作基础上，可以多安排计划卫生、设备维修更新、员工培训等工作；在客房出租率较高时，上述工作可以少做安排，使员工总体上做到忙闲比较均匀。

控制员工出勤率也是调节工作节奏的方法之一。如利用客房出租率较低或经营淡季时节多安排员工补休、轮休，或利用奖金差额，合理安排班次、休假等来减少缺勤或避免窝工。

根据部门运行特点，实行错时上下班制也是比较有效的方法之一。例如，住店客人有些不会早起，加上现在不少饭店将退房时间从中午12点延至14点或更迟，因此上午特别是清早的清扫任务较轻。客房部根据这种情况，可以让部分服务员的上下班时间适当延后，这样也有利于劳动力的合理使用，降低人工成本开支。

（五）部门或饭店内部合理调配

客房部各岗位之间，由于业务性质不同，有时也会出现业务量不均的现象。此时客房部应尽量在内部进行调配，如果内部无法解决问题，则可以通过饭店人力资源部进行跨部门调配。目前很多饭店成立突击小组，由人力资源部在饭店内部进行招聘管理，其成员经过全面培训，能够胜任一线各岗位的服务工作。当某部门一时人手不足时，该部门向人力资源部提出申请，由人力资源部安排突击小组成员帮忙顶岗。这种调配方式既可以减少部门人员编制，降低饭店人力资源成本，又可以使部分员工增加收入，值得尝试。

任务二　客房人力资源质量控制

客房部组织结构、人员编制的确定，只是解决了客房部人力资源需求的数量问题，而所配备的员工是否具有岗位工作所需的基本素质，是否适合本部门本岗位工作的需要，这都是需要解决的人力资源质量问题。人力资源质量不仅对客房服务质量起关键作用，而且对本部门与饭店运营成本的控制、经营效益的提高都有很大的影响。

一、客房部人力资源的选用

（一）客房部员工的选择、招收

1. 确定用人标准　选择员工首先要确定用人标准。确定用人标准的前提是要先设计好工作岗位，通常客房部设计组织结构时即已做好这项工作；设计好工作岗位后，即要编写好岗位责任书或职务说明书；然后再确定客房部员工的选用标准。所谓岗位责任书，就是用书面形式详细规定每一岗位的工作范围、职责、权力、工作内容等。制定岗位责任书是防止各工作岗位之间互相扯皮推诿的有效办法，它使每个员工明确自己在部门所处的机构层级及与其他职务之间的关系，分清每个任职者的权力和责任，以协调完成部门的工作目标。编写岗位责任书或职务说明书要如实介绍任职环境和要求，不能夸大美化，否则应聘后会使员工产生上当受骗的感觉，从而影响员工的工作情绪及队伍的稳定。

棉织品保管员

由于客房部各分支、岗位工作均有自身的任务和要求，因此用人标准也不尽相同。选择客房部员工时，应将岗位的职责范围、用人条件详细列出，让应聘者仔细阅读，然后再做抉择。

2. 人员的招收　根据部门的用工需求及各岗位的工作要求、用人标准等进行员工招聘工作。人员的招聘主要包括准备、宣传报名、考核录用等几个环节。员工招聘虽然是饭店人力资源部的工作，但在最后面试时应由客房部自己把关，选择适合从事客房工作的人员。

（二）客房部员工的使用

员工招收到位后，饭店按员工手册和部门岗位职责等规章制度合理有效地使用好每一位员工，在工作过程中既要对其严格督导，又要关心、尊重他们。考评与激励是客房部人力资源使用过程中非常重要的内容，也是了解员工、推动员工努力工作的外在动力。做好这项工作可以充分调动员工潜在的工作积极性和主观能动性，有利于提高人力资源的使用效率，在一定程度上也促进了人力资源的成本控制。

1. 员工考评　考评也称考绩、测评、评估，是指在管理者和员工之间，通过一定的程序与方法，对员工的工作表现进行考核和评定，并对其今后的工作提出改进和提高的意见与方法。考评可以为发掘和合理使用人才提供可靠依据，可以为制订员工培训计划提供参考，部门考评也可作为员工晋级的依据之一，给饭店人力资源管理部门提供参考，同时它也是奖惩、激励员工的手段。因此考评是人力资源管理的一项重要制度，是客房部管理人员的一项重要工作职责，应定期或不定期地进行。

员工考评

（1）考评类型。员工考评分为常规考评和特别考评两种。常规考评又称正式考评或系统鉴定，主要有上级对下级、下级对上级和同级之间的相互考评，通常饭店根据淡旺季半年或一年进行一次。特别考评又称非正式考评，它以日常服务工作为基础，往往针对表现突出或表现欠佳的员工。

对新招聘员工应采取正式考评与特别考评相结合的方法：对新员工在试用期内的工作表现进行特别考评，如有不满意就应立即指出其不足，最好告知改进的意见；在试用期结束时进行正式考评告知他是否被录用。

（2）考评内容。考评一般包括以下内容：一是综合素质能力，包括思想品质、职业道德、仪表仪容、专业知识、工作能力等；二是劳动纪律，包括遵守饭店规章制度、执行服务规程等情况；三是工作态度，包括工作的主动性、热情、耐心、周到、礼貌、服从、协作等情况；四是工作业绩，即员工完成工作的数量与质量。当然在对不同层级的员工进行考评时，上述四项内容应有所侧重。

（3）考评程序方法。客房部在运行过程中，首先要对员工的工作表现做好考核记录，同时注意各种原始资料的收集、整理和存档，建立客房部原始记录库，作为评估的基础；然后根据考核记录填写考评表格（见表7-1、表7-2）；在完成书面评估后，管理人员应将考评结果告知被评估者。

表7-1　客房部月度考核评分记录

姓名_____　　　岗位_____　　　班组_____　　　_____年_____月_____日

考核项目	评分内容	评分标准	评分意见	得分
服务规程	服务用语	10		
	应变能力	10		
	姿态	10		
	程序	10		
	外语	10		
实际操作	程序	10		
	时间	10		
	整洁	10		
	设备工具	10		
	用品	10		
笔试	业务	20		
	礼貌礼节	10		
外语	笔试	10		
	口试	10		
总分		150		

表7-2 员工工作表现评估

姓名_____　　　岗位_____　　　部门_____　　　班组_____

评估日期自_____年_____月_____日至_____年_____月_____日

评估项目	评估要求	评估结果			
		A	B	C	D
工作守时与考勤	是否守时，经常保持出勤； 是否经常迟到或请病、事假				
仪表仪容	是否经常修饰整洁、符合饭店要求				
工作知识	对本职工作的认识如何； 是否了解自己工作的一切功能、要求与责任				
工作质量	处事是否精确，不易出差错； 工作是否有条不紊，容易使人接受				
信赖程度	是否值得信赖； 是否对委派工作是否尽责				
进取态度	是否有创新精神，是否具有应变能力 能否主动担负起自己的职责				
礼貌与合作态度	对上级、同事、宾客是否谦让有礼； 是否十分乐意与上级、下级、同事合作				
管理能力 （如适用）	是否具有启发下属工作热情与工作目标的能力； 是否具有指引、督导下属的能力				
总评分	□适合晋升　　　□降职　　　　　□予以转正 □表现满意　　　□表现一般　　　□延长试用期/不予录用				

改进建议（范围及方法）：

所需培训建议（详细说明）：

其他评语：

评估人签名：　　　　　　　　　　日期：
员工签名：　　　　　　　　　　　日期：
部门主管审阅：　　　　　　　　　日期：
下次评估日期：

　　正本：送员工个人档案　　　　　　副本：送有关部门主管

2. 员工激励　激励意即"激发鼓励"，在管理心理学中是指激发人的动机，使人产生内在的动力，并朝着一定的目标行动的心理活动过程，也就是调动人的积极性的过程。无论如何表达激励的概念，其内涵通常包括人行为的动因、行为的方向或目标以及如何保持这种行为这三个基本要素。员工激励是现代管理学的核心，对企业充分有效利用人力资源、提高劳动效率、降低经营成本具有重要意义。

要激励员工的行为，首先必须从员工的需求出发，根据员工的不同情况，分别采用需要激励、目标激励、情感激励、信任激励、榜样激励、惩罚激励等物质激励或精神激励的方法，以达到激励人的目的。常见的做法有：一是加强薪酬管理，坚持公平分配、奖优罚劣原则，采用工资、奖金、福利等形式支付报酬，工作分级并认真科学实行考核制度；二是关心员工生活，做好福利工作，搞好员工食堂及其附属设施的建设，搞好员工个人福利分配；三是创造良好的工作环境，包括舒适整洁的工作环境、愉快和谐的心理环境，以及团结互助、平等友好的人事环境，增强员工的职业安全感；四是给予员工极大的精神鼓励，加强企业文化建设，增强员工危机意识，引入竞争机制，同时又要充分理解信任员工，增强员工自尊感和主人翁意识。

二、客房部人力资源的开发

与饭店其他资源相同，人力资源在使用之前也必须加以科学的开发。人力资源开发的关键在于培训。培训可以树立员工的饭店意识，提高其劳动效率，促使其掌握基本工作技能和职业道德，增强其职业安全感，还可以增收节支，于饭店和员工个人而言都有好处。因此，客房部应遵循一定的原则，科学制订本部门员工培训计划，采用有效的方法认真踏实地做好培训工作。

（一）培训原则与内容

一般饭店的基础培训都由人力资源部门或专门的培训部门完成，而部门业务知识和技能的培训往往由本部门负责。为了增强培训效果，必须坚持长期性、全员性、实效性、科学性的原则，对本部门员工的知识、技能、态度这三大方面进行持之以恒的培训。

知识方面的职业培训主要是指对受训者按照岗位需要进行专业知识和相关知识的教育；技能是指员工为了顺利完成其本职工作需具备的心理条件和实操技巧；态度是指人对人、人对事的心理倾向，即对人、对事的认识、喜恶与反应倾向。一个人的知识和技能并不一定成正比，态度形成之后一般较为持久，但也不是一成不变的。因此，培训工作要正确处理好知识、技能和态度之间的关系。

（二）培训类型

1. 岗前培训　岗前培训是指员工上岗前为了适应客房工作的需要而进行的各种培训活动。这项工作看似花费了一定的时间、精力、财力，造成了成本的增加，但上岗前对员工进行培训，能使他们明确工作的具体要求，掌握正确的工作方法，减少浪费，提高工作效率和服务质量，因此从长远看反而是一种降低成本的有效方法。

2. 在岗培训　在岗培训就是对在职员工进行以提高本岗位工作能力为主的不脱产的训练活动。随着社会的进步、行业的发展和消费者消费需求的变化，知识、技能都有一个不断更新、不断完善、不断提升的过程，加上知识具有渐忘的普遍特点，因此不论是新员工还是老员工，在岗期间都需要不断地接受培训教育。

3. 转岗培训　转岗培训是指员工由于工作需要从一个岗位转向另一个岗位，使转岗人员取得新岗位资格所进行的训练活动。随着饭店业的发展，饭店组织机构设计逐步趋向扁平化、小型化，提倡一专多能，因此员工的转岗机会逐渐增多。由于饭店各部门、各岗位的业务特点不同，服务标准、技能技巧等各有要求，因此，要提高人力资源的工作效率、降低人力资源成本，转岗培训也是必不可少的一项工作。

4. 晋级培训　不同管理层级的员工在知识、能力、技巧等方面的要求不尽相同。一个人能出色完成目前的工作任务，并不意味着他能胜任更高层阶的管理职务。管理者若不能胜任自己的工作，在管理活动中必定会造成资源的浪费。因此晋级培训可以使新晋升人员在较短时间内达到晋升岗位的要求。

上述培训根据内容、要求，可以安排个别培训或集体培训，既可以在店内培训，也可以在店外培训，既可以是速成培训，也可以是长期培训。但从全局来看，必须是全员的、长期的、系统的培训。

（三）培训系统

培训是一个过程，培训工作是有系统性的。任何一项培训活动必须先分析培训需求，确认有培训的需求存在后，才可以制订培训计划和方案，然后再组织培训方案的实施，最后再对培训工作进行回顾、评估。如此循环往复，形成一个完整的系统。否则培训效果将大打折扣，不仅达不到培训目的，还浪费大量的资源，增加饭店的运营成本。

1. 分析培训需求　培训需求是指员工的态度、知识、技能未能达到饭店或部门对其要求的工作水平和行为标准，即员工的实际工作表现与饭店、部门的标准和要求之间的差距。而这些差距在实际工作中往往表现为部门运转中存在的各种问题。在开展培训之前必须认真分析培训需求，既要查找部门运行过程中的问题或差错，又要注意不能把非培训需求视作培训需求。

2. 制订培训计划　为了使培训工作有正确的方向和明确的任务，增强培训效果，必须制订科学的培训计划。培训计划一般应包括培训目标、培训对象、培训内容和方式、培训时间与地点、培训政策和措施、培训效果验收等基本内容。

3. 实施培训计划　有了培训计划即可根据饭店及部门的经营情况组织安排具体的培训工作。

4. 评估培训结果　培训评估就是根据培训宗旨、培训目标以及培训标准，运用科学的评估手段，对培训活动的全过程及其结果进行评价、鉴别和监督。培训不仅要做好即时评估工作，还要进一步做好后期评估工作，即员工在岗工作期间的评估。后期评估一方面可以检查培训的效果，督导员工贯彻培训的具体要求，促其养成良好的职业习惯，另一方面还可以为以后的培训工作提供依据。

（四）培训方法

1. 讲授法　讲授法是一种由培训者对学员用讲授形式传播知识的方法，是一种传统的教学方法，饭店培训中较常采用该法。讲授法不受太多培训因素的限制，优点是时间集中，讲课不受干扰，传授知识也较系统。由于这种方法的支配者是培训者，属单向沟通，学员不能主动参与培训，所以对培训效果有一定的影响。

2. 操作示范法　操作示范法是为了使学员了解和掌握工作的程序以及正确的操作方法，在工作现场或模拟的工作环境利用实际使用的设备以及材料进行实际讲解、操作示范的一种培训方法。它是饭店员工岗前培训、在岗培训普遍采用的一种方法，常用于技能训练。

3. 四步培训法　四步培训法是指一项培训活动经过准备、讲解、实习、巩固这四个阶段，达到培训目标的方法。其特点是实践性强，使用起来简单易行，学员容易掌握。如果培训的目的是提高学员的技能、能力，那么结合操作示范法将更为有效。

4. 案例研讨法　案例研讨法就是把记录下来的案例让学员进行分析、研究，并提出自己见解的一种培训方法。此方法着重启发和挖掘学员的分析、判断和决策能力，是一种省时而且有效的培训方法，运用此种方法关键在于选择好适合学员实际的案例。一般要求采用有典型性、普遍性、实用性的案例，在培训时先让学员熟悉案例，使其身临其境、进入角色，做到理论和实际紧密结合，使学员既有充分的感性认识，又能灵活地学习知识。案例研讨法可以与操作示范法或模拟训练法同时运用，这样效果更好。

5. 讨论法　讨论法是由培训者提出讨论题，设定一定的限制条件，组织和引导学员开展讨论并给予指导，最终提出正确结论的一种培训方法。采取这种培训方法，可以互相启发，调动学员的参与热情，促进学员积极思考，充分发表自己的见解，课堂气氛较民主；学员之间也可相互交流经验、体会；同时可使培训者及时了解学员对所学知识的理解程度，达到集中时间培训多人的目的。此方法较适合管理人员的培训。

6. 角色扮演法　角色扮演法是让学员模拟实际情境，让学员扮演某个与自己工作相关的角色，使其体验所扮演角色的感受与行为，从而改进和提高自己职位上表现出的态度与行为的一种培训方法。这是一种学习和兴趣结合起来，带有一定游戏性质的方法，管理人员、服务员都适用。

7. 模拟训练法　模拟训练法是指通过设置与实际工作相仿的环境、程序、设备进行操作演练，以提高学员分析问题、处理问题的能力以及操作的熟练程度的一种培训方法。这种方法实践性强，针对性也强，是技能培训的一种行之有效的方法。这种方法与操作示范法的区别在于后者强调的是培训主体，即培训者在培训中的主导作用；前者强调的是培训客体，即学员在培训中怎样扮演成实际工作的角色参加训练。

培训技巧

除上述培训方法外，还有一些其他的培训法，如视听教学法、职务轮换法、参观考察法、自学指导法等。各种培训方法都有自己的优缺点，培训者应用其所长、避其所短，灵活地、适当地选用一种或几种方法。

项目二 客房设备成本控制

案例导入

　　一天，在某饭店客房的浴室中发生了一件令人不愉快的事：客人本想要放水在浴缸内洗澡，后来嫌浴缸不干净，于是改用淋浴器冲洗。由于浴室内气温较低，客人刚把水温调好便马上冲洗起来，淋浴开始片刻，水温突然自行热了起来，将客人的皮肤烫伤了一块。他非常恼火，匆匆穿上衣服把客房楼层管理员喊来，提出申诉说："你们是怎么搞的？淋浴器根本不能用，你们对淋浴设备保养差，如果没有毛病故障，那绝不会中断冷水而流出开水把我烫伤了！"管理员根本不买账，对着客人申辩解释道："我们饭店供给的热水温度最高是60℃，在通常情况下是不可能烫伤人体的。多半是由于你不注意，将水龙头开关的方向拧错了，以致放出大量热水。同时，当拧动开关后，还要等淋浴器的水流出来一会儿，水温才会相应发生变化……"客人听了非常恼火地阻止管理员再讲下去，抢着说道："你真是岂有此理，明明是淋浴设备失灵，反而倒打一耙，怪我不注意，我要找你们经理讲讲清楚，你们饭店要负责支付治疗费和赔偿费。"饭店经理赶到后认为如果像管理员一样，继续和客人争论下去，是无法解决问题的，于是采取息事宁人的态度，口头表示了歉意，并表示如果客人确因烫伤而产生医疗费用，由店方负责。问题算是勉强解决了，但如果要消除今后隐患的话，看来还有不少文章要做。

　　问题：

　　1. 你认为客人的分析有无道理？

　　2. 如果你是当班的管理人员，你会如何处理这件事情？

　　分析：

　　饭店提供给客人使用的设备必须是完好有效的。出现这一问题既造成该饭店经济上的损失，又在一定程度上影响了饭店的声誉，分析其原因主要有三：一是淋浴器维护保养不到位，由于水龙头的螺纹打滑，造成水龙头在使用过程中左右晃动，使得水温不稳定；二是饭店工程部对热水温度控制不严，水温过高，这样既容易烫伤客人留下安全隐患，又造成能源的浪费，增加成本开支；三是当客人提出申诉或索赔时，饭店服务员和管理人员未能正确掌握客人的心理，使用恰当的语言技巧，非但不能及时处理，反而使事态恶化，带来消极不良的后果。

　　客房设备是客房产品的重要组成部分，是客房部员工赖以从事客房商品生产的物质凭借和技术保证，是饭店生产力水平的体现。客房设备在整个饭店的投入中占有很大的比例，因此，客房设备配置是否科学合理、运行是否有效正常，直接关系到客房产品的整体质量，关系到本部门的成本控制和饭店的经济效益。客房部必须加强对客房设备的科学管理，尽可能延长其使用寿命，提高其使用效率。

任务一　配置客房设备

一、客房设备的分类

饭店客房管理系统拥有的设备品种多、投资大，为了便于管理，需要对其进行必要的分类。

（一）根据使用区域划分

根据设备的使用区域，客房部的所有设备可分为客房前台设备和后台设备两大类。客房前台设备主要是指在客房区域供客人使用的设备，如客房内和客房公共区域的家具、电器、卫生洁具、安全及其他设备；客房后台设备主要是指在客房后台区域使用以维持客房部正常运转的设备。

（二）根据使用对象划分

根据设备的使用对象，客房部的所有设备可分为客用客房设备和员工用设备两大类。客用客房设备顾名思义就是提供给客人使用的设备，如家具、电器、卫生洁具等；员工用设备就是客房部员工在从事客房服务过程中所使用的各种设备，如房务工作车、吸尘器、洗地机、洗地毯机、吸水机、打蜡机、抛光机、高压水枪等。

二、客房设备的选购

（一）客房设备的选择

设备的选购，是客房设备管理的第一个环节。每个饭店要根据自身的实际情况，确定客房设备的选择标准，其目的是选购技术上先进、经济上合理、适合饭店档次、有利于提高工作效率和服务质量、能满足客人需求的各种设备。在选购客房设备时，要综合考虑饭店及设备两方面的因素。

1. 饭店方面的因素

（1）饭店客源市场。在选择客房设备时必须充分考虑到饭店客源市场的需求，特别是目标客源市场的需求。如商务型饭店的目标客源就是商务客人，大部分客房在设备的选择上就应充分考虑商务客人住宿的需求。当然有些客房也可根据非目标客源市场的需求进行配置，以增加客房周转中的灵活性和机动性。

（2）饭店建筑装饰风格。为了饭店的整体协调，所选配的客房设备必须与饭店的建筑装饰风格相一致。

（3）饭店档次。不同档次的饭店在设备的配置上有较大的区别，因此在客房设备的选配上应考虑自身的档次，既要和饭店档次匹配，又要满足饭店运营和成本控制的需要。

（4）饭店财力。饭店财力是影响客房设备选配的一个非常重要的因素。一般来说，饭店资金雄厚，设备可选择高档些，配备也可以比较齐全，但这不意味着资金困难的饭店就可以降低要求与标准。饭店应从需要的角度出发，将资金进行科学合理的投入与使用，以发挥其最大的效用。

（5）可持续发展的要求。为了饭店和社会的可持续发展，在客房设备的选择过程中，必须考虑节能降耗、环境保护等方面的需求，这样一方面保护了我们自己的生存空间，承担起了企业应承担的社会责任，另一方面也可以在一定程度上降低饭店的能耗比，有效控制饭店成本。

（6）社会服务情况。随着人类社会的进步与发展，社会分工越来越细化，饭店也不再是过去的"小而精"的独立王国式的运作模式，不少服务功能逐步社会化。因此，各饭店在客房设备的选配过程中还应考虑自身服务功能社会化的具体情况。

2. 设备方面的因素

（1）设备的适应性。适应性是指客房设备既要适应多数客人的需要，又要适应饭店的等级和档次，与客房格调一致，且造型美观、款式新颖。

（2）设备的方便性。客房设备主要是供客人或员工直接使用的，因此选购的客房设备既要使用方便、灵活，又要易于清洁、维护保养和维修。

（3）设备的节能环保性。节能环保性是指设备既要具备有效利用能源的性能，又要降低设备的噪声和排放的有害物质，减少对资源的浪费和对住店客人及周边环境的不良影响。噪声、有害物质的排放会影响客人的休息，伤害人体健康，污染环境。因此饭店应尽可能选择那些能源利用率高、消耗量低、排废排污少、低噪声的设备，必要时可考虑消声、隔音装置或配以净污等附属设备。因此，从饭店的社会效益角度来看，有些设备虽然前期投入较少，使用也方便，但如果环保性能达不到要求，饭店还是要谨慎选用。

（4）设备的安全性。安全是人的基本要求，也是饭店运行的基本保障。客房设备在选择时应充分考虑其自身的安全特性。如家具饰物的防火阻燃性，冷热水龙头的标志，电器设备的自动断电装置，清洁设备的安全保护装置等。此外，商家的售后服务质量也是设备安全的重要保证，在选购设备时也应加以考虑。

（5）设备的成套性。成套性是指设备的配套程度。客房产品本身就是由房间、家具、电器设备、卫生设备、安全设备、装饰用品和生活用品等部分有机组成的，因此要求所有的设备、用品布局合理、配置得当，并要配套成龙。

（二）客房设备的购置

一旦确定了客房设备的种类、数量、规格等要求，客房部就要形成具体的设备购置计划，并经饭店有关部门批准后交给采供部，由其负责具体的采购工作。采购时一要注意对供货商的选择，要充分了解供货商的声誉、售后服务能力、零配件的供货情况、产品尺寸的标准性等；二要注意设备的使用寿命、价格等，但在价格上不能一味地盲目追求低价，在考虑价格的同时还要进一步考虑其他因素，综合考虑设备的性价比；三要注意所有设备采购进店必须由客房部相关人员检查验收，客房部管理者必须把好验收关。

任务二　控制设备服务期成本

设备从投入运行使用开始到更新报废为止这一阶段称为设备服务期。设备的服务期是设备以最经济的费用投入，发挥其最高综合效能的重要时期。抓好这一时期的管理，从经济层面讲，可以减少设备使用期的维修保养费用、延长设备的使用寿命；从技术层面讲，可以提高设备的完好率，提高客人和饭店员工对设备的有效使用率，为客房对客服务提供必要的物质保障，可使饭店做到名利双收。

一、客房设备资产管理

设备服务期管理首先要进行的是资产管理，目的是让管理者明确本部门的设备资产情况，准确掌握设备的进出和使用状况。

（一）设备分类编号

饭店设备的资产管理实际上是从新进设备的分类编号开始的。凡是正式划归客房部管理和使用的设备，都要进行统一编号。设备一般可按功能进行分类，编号既可用数字，也可用英语字母或汉语拼音，主要视饭店的需要而定。具体方法有以下三种：

（1）三级号码制，是指客房设备的编号用三个数字或字母来确定。第一个号码表示设备的种类，第二个号码表示设备所处的区域，第三个号码表示设备的单机排列序号。

（2）四级号码制，即设备按大类、小类、区域组别和单机序号来编排：第一个号码表示设备的大类，第二个号码表示设备的小类，第三个号码表示设备所处的区域，第四个号码表示设备的单机排列序号。

（3）五级号码制，即设备按大类、中类、小类、区域组别和单机序号来编排：第一个号码表示设备的大类，第二个号码表示设备的中类，第三个号码表示设备的小类，第四个号码表示设备所处的区域，第五个号码表示设备的单机排列序号。

上述分类编号法一般对单一的客房设备而言，对每一客房内的设备，由于类别、数量都比较多，按单一设备分类编号反而不利于管理，因此对客房内的所有设备通常按客房号码进行分类编号、登记建档。

（二）客房设备登记建档

建立设备档案是分析和研究设备服务期维护修理规律，收集积累原始信息材料的重要工作，它能为客房设备的使用、保养、维修和更新改造提供方便。当完成对客房设备的分类编号后，客房部就要为新进设备建立档案。

（1）客房单一设备登记建档。建档工作主要通过设备登记卡（见表7-3）和设备台账来完成。具体步骤主要有：①填写设备登记卡，卡片上主要记载设备的名称、型号、编号、规格及制造厂家等，并附有检修记录和事故记录；②填写设备登记表，根据设备登记卡填写设备登记表，并在客房部固定资产台账上做相应的记录。设备登记卡和设备台账是设备计划检修和确保设备正常运行的重要依据，也是设备技术改造、报废、财产清查的主要依据。

表7-3（a） 设备登记卡（正面）

设备名称		设备编号	
设备型号		设备规格	
安装日期		出厂年月	
安装地点		出厂编号	
设备重量		制造厂名	
设备材料		设备原值	
保养周期		已提折旧	
电机功率		设备净值	
额定电压		设备图号	
额定电流		使用说明书	册
额定转速		技术资料	份
工作介质		使用年限	年，从　年　月始
附件：		备注： 填写日期	

表7-3（b） 设备登记卡（背面）

检修记录					
日期	修前存在问题	修后情况	修理费用	检修人	记录凭证号

事故记录			
日期	事故原因	损坏情况	记录单号

（2）客房登记建档。饭店的每套客房都可认为是为客房服务的独立设备，因此，除了为每一套机器设备进行分类编号、登记建档外，还应为每套客房设立一份饭店客房设备档案，而房间号码就可作为它的编号，这有利于掌握客房设备和其他设备的完好程度及返修情况。客房设备档案应包括客房设备档案、客房装修资料、工作计划表等内容。

第一，应对饭店每一间客房的设施设备进行认真仔细的清点，然后按照家具、电器、卫生洁具、安全设施及其他设施等项目在表格内逐一进行登记（见表7-4），并按类分档建立，如家具饰物档案（见表7-5），织物、地毯档案（见表7-6），卫生间设备档案（见表7-7），客房建筑装修档案（见表7-8）等。档案内容涉及设备编号、名称、品牌、产地、规格、价格、购买日期、保修期等。

第二，应绘制楼层客房分布图。该图能明确标出每个楼层间客房的分布情况、房间类型、功能设计、数量及房间编号，为客房设备维护保养提供第一手资料。

第三，将客房装饰布局照片资料存档。除了保存好客房装修设计图、样板房照片外，还应保留客房装修完工后的照片资料，如床和床头柜、座椅、写字台、行李架、卫生间地面、墙面、电器等。如果是套房，还应有起居室、餐厅、厨房等的照片。

第四，织物样品存档。将客房内各种织物的样品，如地毯、墙纸、窗帘、床上用品以及各种装饰性织物等存档，应详细记录样品的供应商、规格、颜色等数据以及装饰日期等，有的材料最好留下实物样品，方便织物的更新替换。

第五，客房部针对客房设备的大修理、更新改造等都应编制工作计划表，详细记录工作的具体安排情况，如客房设施设备的大修理和更新改造项目、房号或区域、日期等，对此工作计划表也应留档保管。

当然以上资料要根据客房的变化予以补充和更新，否则将逐渐失去其意义。

表7-4　客房资产登记

楼层：_____　　区域：_____　　房号：_____　　时间：_____

分类	项目	数量	规格	启用日期	维修保养记录	备注
家具	床					
	床头柜					
	……					
电器	电视机					
	冰箱					
	……					
卫生洁具	恭桶					
	洗脸台盆					
	……					
安全设备	烟感					
	自动喷淋					
	……					
其他						

表7-5 客房装饰情况（家具饰物）

楼层：_____   区域：_____   房号：_____

项目	规格	制造厂家	日期
床			
床头板			
床头柜			
沙发			
衣柜			
行李柜			
电视机柜			
桌子			
椅子			
茶几			
灯具			
镜子			
装饰画			
其他			

表7-6 客房装饰情况（织物、地毯）

楼层：_____   区域：_____   房号：_____

项目	规格	制造厂家	日期
窗帘：装饰帘 遮光帘 厚窗帘			
窗罩			
沙发			
椅子			
浴帘			
地毯			

表7-7 客房装饰情况（卫生间）

楼层：_____   区域：_____   房号：_____

项目	规格	制造厂家	日期
天花板			
墙面			

续表

项目	规格	制造厂家	日期
镜子			
梳妆台			
地面			
附件			
其他			

表7-8　客房装饰情况（建筑装修）

楼层：_____　　　　区域：_____　　　　房号：_____

项目	规格	制造厂家	日期
天花板			
墙面			
空调饰板			
窗架			
房门			
卫生间门			
门框			
窗框			
其他			

二、客房设备的日常管理

设备的正确使用和维护保养，是客房设备管理两个不可分割的环节。合理使用、妥善保养各种设备，可以保证客房产品处于正常完好的状态，有利于提升饭店的服务品质，也可以延长设备的使用寿命，相对降低设备的成本消耗。

客房设备的使用和保养

（一）客房设备的日常使用

（1）建立完善的设备使用制度。客房部应制定设备使用的规章制度，包括操作人员岗位责任制、设备使用操作规程、设备维护规程、日常检查制度、交接班制度等。各项规程要落实到班组和个人，定机定人，使全体员工在制度的约束下，按规程操作，管好、用好、养好设备，完成工作任务。

（2）加强对相关人员的培训。要做好设备管理工作不仅要对工程维保人员进行培训，提高他们的维保技能，还应对客房服务人员进行必要的培训，使他们不仅自己掌握各种设备的使用操作方法，还可以为客人正确使用客房设备提供指导和帮助，避免因客人不会使用或使用不当而造成设备的损坏。

（3）合理安排客房的周转率。设备是根据不同的科学技术原理设计制造的，其性能、运行负荷、使用范围等都有一定的要求。因此，客房部应科学合理地安排、控制客房的周转率，确保设备合理的工作负荷。

（二）客房设备的日常保养

对饭店设备保养不善不仅会缩短设备的使用周期，还会直接影响对客服务质量，甚至引起宾客的投诉。因此，客房部员工必须掌握各种设备的保养知识和方法，养成良好的使用和保养的习惯，做好设备的日常保养工作。

（三）客房设备的日常检修

客房服务员在日常工作中要按规程对设备进行日常的检查，发生故障要及时和有关部门进行联系，一般由客房服务员填写维修单（见表7-9），维修单一式三份（一般第一联留给客房服务中心，第二联送交工程部，第三联交给修理技工）；工程部接到维修通知单以后应立即派人查修，并在尽可能短的时间内完成维修任务。如遇紧急情况，也可以先电话通知工程部，由工程部安排人员立即进行维修，之后再补填维修单。小修项目应立刻进行，花时间的修理则要封房几小时甚至几天。若要封房应提前将此信息告知前厅部，以便正确排房。修理工作结束后，要通知客房部相关人员检查验收，并在维修单上签字，如有必要，应立即派人重新打扫客房，清扫完毕经领班检查合格后及时报OK房。

表7-9　客房维修单

房号	维修项目	申办			催办			维修时间	维修结果	维修人	验收人
		时间	申报人	受理人	时间	催办人	受理人				

工程部员工在客房设备运行中也要按计划规定的时间，对客房设备进行全面的检查，以便及时发现问题，及时修理或保养，从而保持设备良好的技术性能，发挥其应有的功能。

客房设备的维修效率和效果，直接影响到饭店客房产品的租用和质量，因此，饭店有关部门人员应及时了解掌握当天的维修情况。多数饭店规定，客房部每天须与工程部核实维修情况，并制作维修统计表（见表7-10），一份交工程部，一份留存，其余送有关部门和人员（大堂副理、值班经理或运转总经理）。工程部根据此表核查当天维修情况，若发现问题，及时处理。

表7-10 客房维修统计

填表人：_____   填表时间：_____

日期	房号	维修单号码	维修内容	维修结果

任务三　设备的更新改造与报废

设备由于磨损或某些系统设备配置不合理，将适应不了市场的需要，无法满足客人的需求，为了维护饭店的形象，必须对设备进行更新、技术改造或报废处理。

一、设备的改造更新

设备的改造是指通过采用国内外先进的科学技术成果改变现有设备相对落后的技术性能，提高节能效果，改善安全和环境特性，提高经济效益的技术措施；更新是指以经济效果上优化的、技术上先进可靠的新设备替换原来的技术上和经济上没有使用价值或价值较低的老设备。

设备无论是由于有形磨损还是无形磨损，饭店为了保证其规格档次和格调一致，保持并扩大对客源市场的影响力，多数都要对客房进行计划中的改造更新，并对一些设备用品实行强制性淘汰。在改造更新设备时，客房部要协助设备部门进行拆装，并尽快熟悉新设备的性能和使用保养方法。这种更新计划往往包括：

（一）常规修整

饭店每年会投入一定的资金对客房设备进行修补和保养，包括：对客房设备进行常规检查和保养；对家具进行修补和油漆；对地毯、饰物进行修补和深度清洗，对墙面、天花板进行清洗和粉饰；清洗窗帘、床罩、备用毛毯等。

（二）部分更新

当客房使用达3～5年时，应对下列项目实行更新计划，包括：更换墙纸、沙发布、靠垫、窗帘、帷幔、床罩及清洁设备的某些部件等。由于饭店业竞争日趋激烈，客人需求不断变化，客房更新周期也越来越短。

（三）全面更新

全面更新往往10年左右进行一次。它要求对客房风格格调、设备设施、布置陈设等进行全面彻底的改变，包括家具、电器、地毯、墙纸、卫生间设备等的更新，有的甚至对客房的功能布局、空间分隔、装饰风格等都会做较大的调整。

客房设备的更新，尤其是全面更新，一定要先做广泛的市场调查，了解国内外同行情况，掌握饭店业设备最新发展趋势，根据市场需求及饭店自身的经济实力，合理调整设备配备结构，既适合客人的现时需求，又有一定的前瞻性，以特色和文化保持并增强饭店的竞争力。另外在更新改造时还需要考虑成本投入，力求尽快收回投资。

在客房全面更新改造计划实施前，应先做好以下几方面工作：①对客房设备用品档案及客房使用率情况进行分析，提出客房更新改造建议；②认真审查设计图纸，对影响工作效率、不易清洁保养、不方便客人使用、有安全隐患等的不合理设计进行纠正，也可以请业内专家进行审查；③对装修样板间的家具、地毯、墙纸、大理石等设备或材质进行洗涤、清洁保养测试；④管理人员必须试住样板间，体验客房设备是否方便客人使用、能否满足客人住宿需求、是否符合环保要求等。

以上所列的计划各饭店可根据具体情况予以提前或延期进行。提前进行设备的更新，势必缩短原有设备的折旧期限、增加折旧额度，从而增加了运营成本费用的支出，而且更新设备又会造成新资金的投入；延期更新虽然可以减少运营成本支出，但要警惕可能出现补漏式的跑马工程和饭店服务水准的下降或不稳定。

二、客房设备的报废处理

对客房部更换下来的设备进行报废管理也是控制设备成本的重要环节。客房设备的报废应遵循一定的流程：首先，由客房部提出申请，由工程部会同有关技术单位进行技术鉴定，确认符合设备报废条件后，填写设备报废鉴定书（见表7-11），价值较大的设备，应经总经理批准；其次，由设备管理部门组织对报废设备进行处理，并将报废设备残值回收凭证，随同饭店领导批准的报废意见同时送交财务部门，注销设备资产和台账卡片；最后，设备报废的各项手续、凭证必须存入设备档案。

表7-11 设备报废鉴定书

填报部门：_____   填报日期：_____

设备名称		使用年限		年	折旧率		%
设备编号		已使用年限		年	已提折旧		元
型号		已大修次数和费用			次		元
规格		原值					元
制造厂		净值					元
出厂日期		预计清理费					元
安装日期		预计残值					元

续表

鉴定意见	设备现状和报废理由	
	技术鉴定意见	
	报废后处理意见	
	设备管理部门意见	
	饭店领导批示	

　　客房设备是客房部员工赖以从事客房商品生产的物质凭借和技术保证，离开了必要的设备，客房服务就成了无源之水、无本之木，提高服务质量也就无从谈起；同时在饭店运行中，和设备相关的各种费用在饭店运营成本中占有一定的比例，加强客房部设备的管理，可以尽量节约不必要的开支，消除各种浪费，并保持设备的完好状态，有利于提高饭店的经济效益，保证客房商品经营活动的正常进行。同时，由于人类生存环境不断被破坏，在设备管理活动中应充分考虑设备对环境可能造成的不良影响，做到绿色经营、绿色消费。

项目三 ┃ 客房用品成本控制

　　某饭店客房内放有三张环保卡片：

　　其一，上面写着：

　　尊敬的宾客：

　　如果您在打点行李时忘了带洗漱用品（牙刷、牙膏、剃须刀、梳子等），只要给客房部打个电话（分机88），我们将立刻免费给您送来。

其二，是放在卫生间的一张卡片，上面写着：

尊敬的宾客：

在世界各地千万家饭店中所使用的毛巾每天都要更换、清洗，因此而耗用数以吨计的清洁剂，对我们的水资源造成了巨大的污染。通常我们都对客用毛巾进行换洗，如果您觉得需要换洗，请将它们放在浴缸内或梳妆台下的藤筐内，否则表示您将继续使用，我们将为您挂放整齐。谢谢您对环保的支持！

其三，是放在床头柜上的一张卡片，上面写着：

尊敬的宾客：

通常我们每天都对宾客的床单进行换洗，如果您觉得有必要更换床单，请将此卡片放在床上。感谢您对饭店绿色行动的支持。

问题：

1. 对此做法你有什么看法？
2. 如果客人不配合应如何处理？

分析：

随着环境的日益恶化，环境保护逐渐成为人们关注的焦点，许多饭店也开始加入创建绿色饭店的活动。环保卡片只是这些饭店中最为通行的环保措施之一，目的在于引导宾客进行绿色消费。通常情况下，读过这种卡片的宾客都会配合，至少可以了解这是一种关注人类的高尚行为，进而接受这种做法，使之成为宾客的一种自觉的行为。

根据使用年限和价值，客房物资一般可分为客房设备和客房用品两大类。使用年限较长、价值高的物资划归为客房设备类；而使用年限较短、价值不高的物资往往划归为用品类。

根据用品的使用对象和使用场所，客房用品可分为客用物品和服务用品两大类。客用物品是指提供给客人住店期间使用的用品；服务用品主要是指对客服务所要使用的各种用具和清洁剂。

根据用品的消耗形式，客房用品可分为一次性消耗品和多次性消耗品两大类。多次性消耗品是指客房内所配备的可供多批客人使用、正常情况下不会在短期内损坏或消耗的物品，其价值补偿要在一个时期内多次逐渐完成，这类物品也被称为客房备品或客用固定物品。它们有的摆放在客房内，有些则由客房部办公室或客房服务中心保管，仅供客人在住店期间使用，它们不能被损坏或在离店时带走，如客房内的布草、水杯、酒具、文件夹、烟缸、衣架、充电器、电熨斗、熨衣板等。一次性消耗品亦称一次性客用品、低值易耗品或免费供应品等，是指在客房内配备的供客人住店期间使用消耗，也可在离店时带走的物品。低值易耗品是一次消耗完毕、一次性完成价值补偿的，如茶叶、卫生纸、信封、沐浴液、香皂等。一次性消耗品虽然从单体上看价值不高，但由于消耗频率高、消耗量大，若汇总起来费用也是相当可观的。

在保护地球、保护环境、倡导绿色消费的当下，对客房用品加以有效控制，既可以提高客房和饭店的盈利水平，又可以为全球的环保事业尽责，可谓一举两得。

任务一　布草成本控制

布草又称为布件、布巾或棉织品，它属于多次性消耗品，也是客房的备用品。在饭店的经营活动中，布草不仅是一种日常生活必需品，也是饭店客房装饰布置的重要物质，对客房的格调、气氛营造起着很大的作用。由于客房布草使用量大、周转频繁、接触面广，如何在使用过程中保持布草的高品质要求、延长布草的寿命、降低成本消耗，对提升服务品质和经济效益都具有特别重要的意义。

一、布草的分类与选购

（一）布草的分类

1. 按使用部门及用途分类　按使用部门及用途，饭店常用布草可分为：

（1）客房布草。客房布草是指在客房区域使用的各种布草，主要有：床上布草，包括床单、被套、枕套等；卫生间布草，包括方巾、面巾、浴巾、地巾等，由于它们基本上属毛圈织物，故都可称为毛巾。

（2）餐厅布草。餐厅布草是指在餐饮部门使用的各种布草，如台布、餐巾、小毛巾等。

（3）其他布草。其他布草是指在饭店其他部门使用的各种布草，如康乐部的各类毛巾、浴袍、按摩椅套、按摩服等。

（4）装饰布草。装饰布草是指在饭店中起到装饰作用的各种布草，如窗帘、椅套、帷幔等。

2. 按质地分类　按质地，饭店常用布草可分为：

（1）棉织物，如客房内的各种布草。

（2）麻织物，如餐厅台布和餐巾等。

（3）丝织物，如客房的装饰物或豪华客的睡衣、睡袍等。

（4）混纺织物，主要有棉麻混纺织物和棉涤（聚酯）混纺织物。前者主要用于餐厅台布和餐巾的制作；后者耐洗性好，抗张强度高（抗张强度是指2.5cm×7.6cm即1英寸×3英寸见方的纤维织块所能承受的撕扯力），一般是棉织物的3～5倍，比棉织物更耐用，不易缩水，贮存条件要求不高，不易霉变，不易被腐蚀，较挺括、平整，因此，现在不少饭店的床上布草都使用棉涤混纺织物。

（二）布草的选购

选购工作是做好布草成本控制的首要环节，能否选配到舒适、美观、经济、耐用、易保养的布草，对布草的使用质量、使用寿命和日常管理费用等都有决定性影响。在布草配置时应根据饭店的风格、档次、资金情况，从质量、数量、价格等方面充分把好布草的选购关。

布草的
要求

1. 布草的选择

（1）布草质量。参照《星级饭店客房客用品质量与配备要求》（LB/T 003—

1996），床上布草质量一般有以下要求：一般选用全棉或棉涤床单、枕套，以白色为主，素色以不褪色为准，布面光洁，透气性能良好，无疵点，无污迹。卫生间布草质量一般有以下要求：全棉，以白色为主，素色以不褪色为准，无色花，无色差，无污渍，无明显破损性疵点，手感柔软，吸水性能好。

（2）布草规格。布草的规格主要包括纱支规格和尺寸规格两个方面。

布草纱支是指每克纱的长度，即支数越高，纱线越细，均匀度越好；反之，则纱线越粗。饭店布草常见规格有"40×40/128×68"，表示经纱、纬纱分别为40支、40支，经纬密度为128、68（经纬密度是指每平方英寸中排列的经纱和纬纱的根数）。

目前饭店布草中的床单长度一般为2.8m，即门幅的宽度，长度方向不会缩水；而床单的宽度则可以根据床的大小灵活调整。在计算床单宽度时还应考虑到织物的缩水情况，具体可根据以下公式进行计算：

床单宽度＝（床垫宽度+2×床垫厚度+30cm）×（1+缩水率）

枕套、被套除了考虑缩水因素外，还要求比枕芯和被芯的长宽各多出5cm左右，如果枕套要长出一部分朝内反折包住枕芯，则枕套的长度需多出20～30cm。卫生间布草的尺寸和重量具体可参照《旅游饭店星级的划分与评定》（GB/T 14308—2010）执行。布草尺寸规格应符合实际需要，过大既浪费又不方便工作，过小则影响到客房的整体效果及品质。

（3）布草数量。配置布草时，首先要确定客房的单房配备量和总数量两大指标。确定布草单房配备量时要考虑饭店的档次、资金情况以及维持正常的客房运转的需要量。各饭店由于规模、档次、客房出租率和洗涤条件不同，布草的配备数量有所差异，一般每间客房应配备3～5套。自设洗衣房的饭店每间客房至少配备3套，其中一套在客房，一套在楼层布草房或工作车上，一套在洗衣房；而采用店外洗涤布草方式的饭店由于不确定因素的增加，为了保证客房运转的需要，则应配备4～5套。确定单房配备量后，整个客房部应按客房100%的出租率来配备布草的总量。

（4）布草价格。选择布草时，一方面要结合饭店的档次及资金情况来选择价格，另一方面对供应商及相同的商品应进行多角度的对比，以寻求最合理的价格。

2. 布草的采购　布草采购并不是简单地看样订货，科学合理做好布草的采购工作，可在满足客房运转需要的同时，减少浪费、节约成本。

（1）确定采购品种。不论是即将开业的新饭店添置布草，还是已运营饭店更新补充布草，首要的工作就是确定需采购布草的品种。

（2）核定采购量。新开业饭店应根据行业标准及饭店档次、特色、规模、资金状况、库存条件等合理确定采购量；老饭店需更新补充的布草应严格按程序和消耗定额来确定采购量。

（3）检查落实库房。布草存放有很高的要求，在采购之前应充分考虑库房的货架、存放空间等条件，以做到有备无患。

（4）产品咨询和检验。饭店布草的生产厂家很多，在众多厂家中找寻适合者是一项不容忽视的工作。采购前可让厂家提供布草样品，由饭店进行技术检测，如对床单进行多次的洗涤、对窗帘等进行燃烧试验等。对一些采购量大的布草，饭店可以采取招投标的方式进行采购。

（5）报价。在产品咨询和检验的基础上，接受最合理的价格，尽量减少中间环节，设法以较少的投入获得较好的效益。

（6）填写采购申请单。在上述工作的基础上，客房部经理填写好采购申请单，并送交财务部审核。采购申请单上应详细列出布草名称、数量、规格式样、质量要求、价格参数、供货时间等，并注明要求提供布草样品。

二、布草的日常管理

（一）确定布草的消耗定额

客房运营过程中需陆续更新补充布草，确定客房布草消耗定额，是加强布草成本控制的重要措施之一。确定布草消耗定额的步骤如下：

（1）根据单房配备量，确定年度损耗率。损耗率就是指布草在一定时期（一般为一年）的磨损程度。确定损耗率要考虑以下两点：一是布草的洗涤寿命，一般全棉床单的耐洗次数约为250次、棉涤床单约为450次、毛巾约为150次；二是饭店的规格等级要求，一般豪华饭店的布草在六成新时即应淘汰改作他用，而经济型饭店则可能到破损才会淘汰。

例1 某饭店床单客房单间配备为4套，每套两张，床单每天一换，其洗涤寿命为300次，根据上述条件即可计算出床单的年度损耗率（为计算方便，一年按360天计）。

每张床单实际年使用次数：360（天）÷4（套）＝90（天）；

如果床单每天一换，则每年的实际洗涤次数为90次；

每张床单的实际使用年限：300（次）÷90（次）＝3.3（年）；

年度损耗率：1÷3.3＝30%。

（2）根据年度损耗率，再确定客房布草消耗定额。布草消耗定额计算公式为：

$$A = B \cdot X \cdot F \cdot R$$

式中：A为单项布草年度消耗定额；B为布草单房配备张数；X为客房数；F为预计的客房年平均出租率；R为单项布草年度损耗率。

例2 上例饭店有客房200间，预计客房年平均出租率为75%，即可求得其年度消耗定额。

根据上述公式计算得出：

$$A（床单）= B \cdot X \cdot F \cdot R = 4 \times 2 \times 200 \times 75\% \times 30\% = 360（张）$$

布草的消耗定额往往在部门编制下年预算时加以确定，并结合预算管理工作进行有效的控制。

（二）布草的日常使用和管理

（1）把好验收质量关。客房部管理者应对新购进的布草进行验收，收货时必须开箱验货，除仔细检查布草的品种、数量、规格、质地外，还必须抽查、送洗对比，确保产品与样品一致。

（2）合理使用，防止二次污染。在日常使用过程中，除客房在用的布草之外，工作车、楼层布草房、中心布草房的存放量、摆放位置、格式要求等都应有规定，以减少浪费。同时应采取各种有效措施严格控制布草的二次污染。所谓二次污染，是指布草撤换下来之后，在收集、运送的过程中造成的新污染。二次污染不仅增加了布草洗涤的难度，加大了洗衣房的工作量，而且由于过多使用洗涤剂，增加了洗涤成本，也造成布草纤维的更大损伤，加速了布草的损坏，人为缩短其使用寿命，相对增加了客房部的成本开支。

（3）建立布草收发制度。客房部布草的领用收发原则上是以脏换净，即客房部填表列明送洗脏布草的品种、数量，洗衣房收到后由指定人员清点复核，在"布草申领单"（见表7-12）上签字认可，客房部员工凭此到中心库房领取相同品种和数量的干净布草。如果客房部需超额领用，应填写借物申请单，经有关人员核准方可；如果中心库房发放的布草有短缺，也应开出欠单作为凭证。

表7-12　布草申领单

楼层：_____　　　　　　　　　　　　　　_____年_____月_____日

种类	送洗数量	洗衣房收数	布草房发数	申领人	多提	少取	备注

中心库房在控制好布草进出数量关的同时，应把好质量关，在每天收点或叠放布草时，将有污迹、有破损的拣出，及时送还洗衣房重洗或做报废处理。

（4）减少洗涤次数，提高洗涤质量。减少洗涤次数既可以降低洗涤成本，又可以延长布草的使用期限（因为布草的寿命是有限的）。因此在布草的使用过程中，可结合绿色经营的要求，通过摆放环保卡等方式，建议客人重复使用。提高洗涤质量也有利于布草的成本控制，因此对布草的洗涤方法、洗涤程序、洗涤剂、水位水温与洗涤时间等的选择都应慎重。

（5）建立盘点制度。定期盘点是防止布草流失、了解布草的使用和库存情况、保证布草正常周转的主要手段。布草盘点要以布草采购档案和相关账本为依据，对在洗、在用、库存、报损的布草都要实地清点，做到统计精准、账实相符。盘点时要停止布草流动，防止漏盘或重盘。

盘点工作通常为一月一小盘，半年一大盘。大盘点由客房部会同财务部进行，在此基础上进行统计分析（见表7-13）。

表7-13　布草盘点统计

制表人：_____　　　　　　　　　　　　　　　_____年_____月_____日

项目	客房	楼层布草房	洗衣房	布草房	上次盘点	本月增加量	总计	报废	应存数	实存数	盘盈	盘亏	备注
床单													
枕套													
面巾													
地巾													
方巾													
大浴巾													
小浴巾													
浴袍													

（6）布草的报废和再利用。对破损、有无法清除的污迹以及使用年限已满的布草，应及时进行报废处理。但任何能够修补的布草，都要交给缝纫工进行必要的修补。所有低于标准的布草，需经主管鉴定后，才能决定是否报废。同时应对全部报废的布草进行登记（见表7-14），每月将汇总报告交主管和财务部总监。

表7-14　布草报废单

填报人：_____　　　　批准人：_____　　　　　　_____年_____月_____日

报废原因	数量							备注
	床单	枕套	面巾	地巾	方巾	浴巾	其他	
年限已到								
无法缝补								
无法去迹								
其他								
合计								

物尽其用是物资管理的重要原则。客房部每年因各种原因报废大量的布草，如果能将这些报废布草进行合理的利用，则可以降低布草的成本开支，培养员工的节约意识，减少不必要的资金投入。布草的再利用可遵循"以大改小"的原则。如报废的大床单可改为单人床单，或改为枕套、后勤用桌布、厨房用围裙，最后可改为抹布；大毛巾可改为小方巾等。需要注意的是，卫生间报废的毛巾不可以改制成客房用抹布，以免客人误会而影响饭店声誉。

三、布草的储存和保养管理

（一）布草的储存管理

1. 储存的环境　布草储存应选择通风良好、微生物不易繁衍、不易霉变，远离火源、蒸汽，具有良好的温湿度的区域（库房的温度以不超过20℃为佳，湿度不大于50%，最好能控制在40%以下），另外还要考虑安全防盗因素。

2. 储存条件和设施设备　布草房墙面应经过良好的防渗漏、防霉蛀处理，地面材料最好选用PVC石棉地砖，天花板要吊顶防灰。此外还应安装排风扇、抽湿机，或放入干燥剂和防虫剂，这样才能有效防止室内产生湿气，以免布草霉变。为使布草得到妥善保管，还应有足够的搁架、橱柜，以方便布草分类摆放。布草摆放应离地面、墙面有一定距离，布草房不应存放其他物品，特别是化学药剂、食品等。

3. 制定严格的储存管理制度　保持库房清洁，定期除虫害；严禁烟火，限制无关人员进出。对购进的不同布草先入库入账后发放。布草要分类上架摆放并附货卡。对暂时不用的布草，要贴好标签封好，标签上注明种类、数量等内容。对长期不用的布草，应用防尘罩罩住，防止积尘、变色，造成布草二次污染。对报废布草，也要贴好标签并注明"报废布草"等字样。

4. 运用科学的保管方法　布草要根据不同部门、不同种类、不同颜色等分类摆放，采取整数定量摆放、整数定量码垛等方式。有的饭店采用"五五摆放""四号定位"等做法，很值得借鉴。"五五摆放"是指同一种物品以"五五成行、五五成方、五五成串、五五成包、五五成堆、五五成层"摆放；"四号定位"是指按库号、架号、层号、位号对物品进行统一编号、合理摆放，以便于存放取送和检查盘点等。

（二）布草的保养

首先，尽量减少库存时间，备用布草一次不宜购买太多，使用时应遵循"先进先出"原则。其次，新布草应洗涤后再使用。另外，洗涤好的布草不应立即投入使用，应搁置一段时间（一般24小时）后再使用，但间隔时间亦不能过长，以免人为造成二次污染。

任务二　低值易耗品成本控制

一、客房低值易耗品的选配

（一）低值易耗品的选择

不同星级、档次、类型的饭店，客房客用物品配置的种类、规格、数量也不尽相同。虽然在《旅游饭店星级的划分与标准》（GB/T 14308—2010）中已经不再把这些客用品作为饭店星级评定的必备要求，但饭店还是应根据自身情况及客源市场需求，进行合理配置。客房内配备的客用品在品种、数量、规格、质量等方面，总体上必须与饭店客房的规格档次相一致。在具体选择时，应遵循以下几项原则。

（1）实用。客房低值易耗品是为方便住店客人的生活而提供的，因此，首先必须具有实用性。

（2）美观。客房低值易耗品要美观大方具有观赏性，要体现饭店的等级，要与客房的装饰水准相协调。

（3）适度。客房低值易耗品的质量及配备的种类、数量，既要满足客人的住店需求，体现客房的规格档次，又要符合绿色饭店、绿色消费的需要，把握好恰当的度。

（4）经济。客房低值易耗品消耗量大，要在保证质量的前提下，尽可能控制好价格，以降低成本费用。

（二）低值易耗品的采购

低值易耗品采购的程序、方法可参考布草采购的流程与要求。

客房用品不仅具有方便客人日常生活使用的功能，同时还具有很好的广告宣传作用。因此，在设计制作客房用品时，应考虑饭店特色、经营方向、消费潮流和文化氛围，打破常规思想束缚，从研究消费者需求以及传统产品的不足和缺陷中获取创作灵感，做到人无我有、人有我新，这样可以使饭店在客房用品方面独树一帜。

二、客房低值易耗品的管理

（一）低值易耗品的数量控制

1. 确定不同区域的配备标准　确定配备标准是进行客房低值易耗品管理的基础。客房管理者应制定在客房、房务工作车、楼层工作间或小库房及客房部中心库房等不同区域的配备标准。一般，每间客房配备的标准是每位客人每天一份的消耗量，房务工作车的配备通常以一名服务员一个班次的耗用量为基准，楼层小库房应有本楼层所有客房一周的储存量，而客房部中心库房的储存量应可满足客房部一个月的需求。

2. 低值易耗品的领放控制

（1）客房低值易耗品的领取。客房低值易耗品的领取是指客房部从饭店采购部领取低值易耗品的工作，一般由客房部中心库房或客房服务中心负责。

客房部从饭店采购部领取低值易耗品的工作流程一般如下：客房部中心库房服务员一般定期（一个月或一周）将现存客房低值易耗品情况进行统计，然后按照部门规定的配置标准减去现有库存量，填写客房易耗品领用表（见表7–15），经主管或经理批准，从采购部门领取物品；各楼层服务员则采用类似的方法按规定的周期向客房部中心库房或客房服务中心申领。有些饭店由于场地原因客房部不单独设置部门中心库房，则由各楼层直接向饭店有关部门申领，操作流程和方法与上述相同。

表7-15　易耗品领用表

楼层：_____ 　　　　　　　　　　　　　　　　　　　　　日期：_____

品名	单位	申领数	实发数	品名	单位	申领数	实发数
肥皂	块			咖啡	包		
沐浴液（普通）	瓶			咖啡伴侣	包		
洗发液（普通）	瓶			白糖包	包		
护发素（普通）	瓶			黄糖包	包		
润肤液（普通）	瓶			绿茶	包		
牙具(A)	套			红茶	包		
牙具(B)	套			迷你吧价目表	张		
沐浴液（行政楼层）	瓶			电视节目单	张		
洗发液（行政楼层）	瓶			信笺纸	张		
护发素（行政楼层）	瓶			传真纸	张		
润肤液（行政楼层）	瓶			便笺纸	张		
行政楼层牙具(A)	套			信封	只		
行政楼层牙具(B)	套			明信片	张		
剃须刀	把			洗衣卡	张		
梳子	把			洗衣单	张		
浴帽	顶			晚安卡	张		
护理包	个			免费擦鞋卡	张		
洗衣粉	包			四巾更换卡	张		
拖鞋	双			棉织品更换卡	张		
大垃圾袋	只			保险箱安全卡	张		
小垃圾袋	只			地图	张		
礼品袋	个			早餐卡	张		
针线包	个			面巾纸	包		

续表

品名	单位	申领数	实发数	品名	单位	申领数	实发数
抹鞋布	只			卷筒纸	包		
杯垫	只			圆珠笔	支		
火柴	盒			铅笔	支		

申领人：_____ 主管：_____

注：易耗品领用表通常有两联，其中白色联交总仓存档，黄色联由主管保管。

（2）客房低值易耗品的发放。客房低值易耗品的发放是指客房部中心库房或客房服务中心根据申领表从采购部或饭店总仓库申领物品后向饭店各楼层或其他班组派发的工作。为了方便工作，并使各楼层的工作有条不紊，减少漏洞，客房低值易耗品的发放应根据楼层小库房的配备量、楼层的消耗量明确规定一个周期和时间，如规定一周为发放的周期，同时还应规定具体的发放日。在发放日之前，楼层服务员应将本楼层库房的消耗及现存情况统计出来，按楼层小库房规定的配备标准填好客房低值易耗品申领表，报领班审批（有的饭店则由楼层领班负责统计填写），凭申领表到中心库房领取，或由中心库房物品领发员发送到各楼层，请领班验收。

3. 低值易耗品的保管　低值易耗品的日常保管也是做好客房用品质量控制、减少浪费、降低成本的重要环节。而好的库存条件和合理的物流程序，是做好客房低值易耗品保管的关键。

（1）良好的库存条件。客房用品库房应保持清洁、干燥、整齐，配有存放货架；货架应采用开放式，货架之间有一定间距，以利于通风和方便物品的拿取；严格验收，要分类上架摆放，摆放要整齐，避免受压，瓶装液体不能倒置或横放，避免液体外流，造成不必要的损耗；进出物品应及时填写货卡，做到有货必有卡、卡货必相符。

（2）合理的物流程序。应遵循"先进先出"的原则，根据入库时间的先后安排发货顺序，要求做到先入库、先出库、先使用；经常检查在库物品，严格掌握在库物品的保质期，对即将到期的物品应提前向上级反映，对霉变、破损、过期物品，应及时填写报损单并报请有关部门审批；定期盘点，对长期滞存积压的物品应主动上报；加强库房安全管理，做好防火、防盗、防虫害等工作，对一些危险物品须按规定采取相应的安全存放措施。

（二）低值易耗品的使用控制

1. 客房低值易耗品的内部使用控制　客房低值易耗品的内部使用控制主要是指内部员工在当班期间对用品的消耗控制。

（1）制定客房低值易耗品的消耗标准。客房低值易耗品是每天按客房床位数进行配备的，但并不是所有低值易耗品都在当天消耗掉，所以在实际工作中，应根据低值易耗品消耗情况的统计资料，制定客房低值易耗品的消耗标准。具体可通过公式加以计算：

$$A = B \cdot X \cdot F \cdot Y \cdot 365$$

式中：A为单项用品的年度消耗定额；B为单房间每天配备数量；X为客房数；F为预测的客房年平均出租率；Y为某用品的年度实际消耗率，实际消耗率＝实际消耗量÷配备量。

例3 假设某饭店有客房200间，年平均出租率预测为75%，茶叶的单房间每天配备数量为2包，实际消耗量为1.6包。据上述内容即可计算出茶叶的年度消耗定额：

$$A（茶叶）=B \cdot X \cdot F \cdot Y \cdot 365$$
$$=2 \times 200 \times 75\% \times（1.6 \div 2）\times 365$$
$$=87600（包）$$

消耗定额的确定必须结合预算管理工作进行才能取得实际意义，才能对低值易耗品的消耗进行有效的控制。

（2）加强对员工职业素养的培养，不断提高员工待遇。服务员在整理房间补充低值易耗品时，多是单独作业，能否做到尽量减少低值易耗品的浪费和损坏，在很大程度上取决于员工的职业道德水准、工作责任心和成本意识。所以，要加强员工的思想教育工作，培养员工勤俭节约的精神，尽可能做好废物利用、旧物利用的工作，减少浪费。同时为员工提供较好的福利待遇，减少并杜绝员工使用客用物品。

（3）建立必要的管理制度并落到实处。为了有效地控制客用物品的消耗，客房部必须建立一整套相关的管理制度。当然制度的建立并不是停留在书面材料上，关键在于落实，要以制度的方式来规范客用物品在保管、领发、使用、消耗等方面的管理，在确保服务质量的同时，真正有效地控制用品的消耗，达到节支的目的。

（4）每日统计，定期分析。服务员每天按规定数量和品种为客房添补低值易耗品，并在工作报表上做好记录，办公室文员或客房服务中心服务员负责本楼层客房低值易耗品的管理，每天汇总本楼层消耗品的数量，填写主要低值易耗品的耗用统计表（见表7-16），并向客房部经理汇报；客房部根据每日统计资料，定期（通常是一个月）对各楼层客房低值易耗品消耗情况进行汇总（见表7-17），并以此为基础对低值易耗品的消耗情况进行分析；相应的统计数据则可作为下一个经营周期确定客房用品损耗定额的依据。

表7-16　每日楼层消耗品汇总

制表人：_____　　　　　　　　　　　　_____年_____月_____日

楼层	购物袋	擦鞋纸	圆珠笔	针线包	面巾纸	卫生纸	洗发液	沐浴液	梳子	牙具	香皂
总计											

表7-17　楼层消耗品月度用量汇总分析

制表人：_____　　　　　　审核人：_____　　　　　　_____年_____月

楼层	开房数（间天）	香皂		卫生纸		购物袋		……	
		总耗量（块）	平均量（块/间天）	总耗量（卷）	平均量（卷/间天）	总耗量（只）	平均量（只/间天）	总耗量	平均量
总计									

2. 客房低值易耗品的对外使用控制　客房低值易耗品的对外使用控制主要是指对客人住店期间使用客房用品的适当控制，防止浪费和流失。而做好这项工作的前提是满足客人的正常需求，不影响饭店的服务品质。随着"绿色饭店""绿色客房"的兴起，客房用品的消耗控制还可从环境保护的角度大力推行"4R"做法，即做到减量（reduce）、再使用（reuse）、循环使用（recycle）和采用替代品（replace）。

"4R"
原则

合理降低消耗，有效控制成本，做好环境保护，对于饭店乃至全人类的生存与发展，都有着重要的意义。鉴于国内酒店业一次性客房用品使用率较低、浪费现象严重、环境污染较大、处理难度较大等问题，目前有不少地方政府明文规定饭店不得配置"六小件"，当然饭店在经营过程中仍需要把好客人使用需求和节约降耗之间的关系。

项目四　客房预算与收益管理

任务一　客房预算管理

预算就是以货币形式做出的在一定周期内经营活动和经济效益的详细计划。具体地说，预算就是对一定时期（一般一年）内客房部经营过程中开支、收益的一种估计和测算。预算的编制应力求谨慎，一旦制定出来它就成为指导日常开支的纲领性文件，因此，预算也可以看作整个客房部经营管理工作尤其是成本管理的基础。

按时间跨度，预算可分为长期预算和短期预算。长期预算通常以1～5年为周期，其内容主要与企业的长期发展等重大举措有关。短期预算一般以1年为周期，其内容与企业的日常经营活动有关，目的是提高经营管理水平，最终实现企业的长期预算目标。

客房部的预算管理一般应编制短期预算，以保证目标明确。

一、做好客房预算编制

（一）预算编制的依据

1.国家、地区的政策和市场契机　国家和地方政府的重要的经济政策、旅游政策和重大活动等，将给当地的饭店带来良好的契机和充足的客源，从而改变计划期内的市场客源状况。因此提前了解掌握国家和地区重大政策的变动、重大活动的安排，都可以为预算的编制提供一定的依据。

2.市场环境和客源状况　客房管理是以客人入住、保证客房出租率和房租收入为目的的。饭店所在地区的市场环境和客源状况能够直接反映客房运营的供求关系。因此，编制客房预算必须对市场环境、客源状况进行调查分析，将这两方面的情况和饭店的实际情况结合起来，为预算的编制提供真实可靠的客观依据。

3.饭店等级规格和目标市场份额　任何一家饭店都不可能面向所有市场，它只能根据自己的等级规格、接待能力、经营特色等，通过市场定位和市场细分，形成自己的主要目标市场，然后在一定的市场区域中争取自己的市场份额。因此在预算编制时必须考虑饭店的目标市场情况及所占的市场份额。

4.饭店客房的经营水平和历史资料　客房预算管理是逐年进行的。每年预算指标的预测和确定，都是以上一年达到的水平和前几年的资料为基础的。因此，客房的经营现状和水平、客房出租率和双开率、出租间天数、房租收入、各种费用成本等历史资料，也是客房预算编制的重要依据。

（二）预算编制的原则

预算管理原则是预算编制、预算指标贯彻执行和考核的指导思想，做好客房预算管理，需遵循以下几个基本原则。

1.全店一盘棋，遵守饭店财务决策　客房预算是在饭店总经理领导下，根据饭店财务部的统一布置，与餐饮部、康乐部、工程部等部门的预算同时完成的，它既属于部门预算的范畴，又是全店预算管理的基础和重要组成部分。因此，客房预算必须坚持全店一盘棋，遵守饭店财务决策的原则。

2.实事求是，综合平衡　实事求是就是要正确处理好以下的问题：一是预算指标的确定要坚持以调查资料和市场预测为基础，按客房部经营的实际状况和需要来确定各个项目所需的费用，不能想当然，也不能为了得到预期资金而在预算上多报金额，这样势必会造成超支，不利于营运成本的控制；二是预算指标的分解要充分考虑饭店所在地区客源变化的规律和市场营销措施等。

综合平衡就是要考虑与客房产品生产销售相关的系统内部的销售部、前厅部、客房部等部门各应承担哪些指标，在客房预算指标编制、执行、考核的过程中，搞好各方面和各项指标之间的平衡。

3.预算管理和目标管理相结合　目标管理是自下而上的目标期望和自上而下的目标分解的结合，既反映了饭店、部门、员工的愿望，又反映了饭店对部门、员工的任务和要求，包括经营指标、人事劳动管理指标、服务质量管理及物资管理指标等；预算管理则主要以营业收入、营业成本、营业费用、经营利润等财务指标为主。坚持预算管理和目标管理相结合的原则，可以使预算管理的贯彻实施建立在员工的主动性和积极性的基础之上，有利于预算管理任务的顺利完成。

4.分清轻重缓急，进行有效沟通　在预算周期的不同阶段，客房部的费用支出会有所不同，因此在编制预算时应根据经营的需要，将所有项目按轻重缓急进行排列。来年必须要实施的项目，其费用支出必须安排在第一优先的序列，并在预算的编制和执行过程中与其他部门保持有效的沟通，使必要的预算费用开支得到充分保证，同时还能起到减少浪费、控制成本的作用。

（三）预算编制的程序与方法

1.预算编制的程序　预算的编制是一个自上而下再自下而上的过程，其具体步骤包括：

（1）先确定本部门经营周期内的经营指标，一般包括销售指标、费用指标、利润指标等。

（2）收集资料并进行分类、评价。

（3）部门编制好经营预算草案，上交饭店。

（4）根据饭店整体预算要求，由饭店财务预算会议对各部门的预算草案进行讨论、协调与修改，最终确定整个饭店经营指标和包括客房部在内的各部门经营指标。

（5）将修改过的预算方案返回部门征求意见，以进一步协调、整合。

（6）在服从全局的前提下，对修改过的部门预算草案再次提出自己的意见，并将意见汇总后反馈给饭店，由饭店进行全面平衡，经饭店总经理或董事会批准后实施。

（7）将最后确定的预算指标进行分解，下达给各层次管理人员和员工。

（8）制定预算执行状况的奖惩制度，做到责、权、利挂钩，实行目标管理，充分发挥预算的控制作用。

2.预算编制的方法

（1）固定预算法。固定预算法是以客房部历史经营资料为基础，按预计的下一个经营周期的销售量、费用开支和利润指标的增长率或递减率，来编制客房部下一个经营周期预算的方法。预算一旦确定，在经营周期内预算执行过程中，一般不再对预算指标做任何修改，具有相对固定性，是一种传统的编制方法。

由于饭店业市场变化莫测，影响饭店经营的因素很多，饭店的经营目标应随着内外环境的变化而适当地改变。因此用固定预算法编制预算虽然简便易行，但不够科学、严谨。

（2）滚动预算法。滚动预算法又称连续预算法，即预算期是连续不断的，始终保持某个固定的期限。具体操作时，可按月份或季度滚动编制预算。以客房部年度滚动预算为例，在客房部经营预算执行了一个月后，应对客房部预算的执行结果进行分析、评估，结合经营因素的变化情况，及时调整原定的经营指标，并在原来的年度预算期末，加上下个月的经营预算，使预算期始终保持在12个月。

（四）客房部预算的编制

客房部的经营预算由营业收入预测、营业费用预测和营业利润预测构成。下文以营业收入和营业费用的预测为例，说明客房部预测的编制。

成本分析
及盈亏计算

1.营业收入预测　营业收入预测是客房部经营预算编制工作的起点，营业费用和营业利润的预测是在此基础上进行的。客房部可利用历史经营财会数据，参考同等级同规模饭店客房部的预测平均值，综合考虑市场经济状况、自身的经营能力、预算期的经营计划等因素，最后做出预测。根据影响客房营业收入的内部因素，可利用以下公式进行预测：

$$客房部某类客房营业收入 = 该类客房平均房价 \times 该类客房可供出租间数 \times$$
$$该类客房出租率 \times 预算期营业天数$$
$$客房部总营业收入 = \sum 客房部各类客房营业收入$$

2.营业费用预测　客房部的营业费用是指在客房部经营过程中，为了获得营业收入，在其部门内产生的各项人力、财力和物力的耗费，包括员工的工资福利开支、各种物料消耗、低值易耗品的摊销、固定资产折旧、维修费用、水电费、燃料费、洗涤费、通信费、差旅费、培训费、广告费、保险费、税金、管理费用等。

客房部费用预算编制案例如表7-18所示。

表7-18　××年客房部经营费用预算汇总　　　　　　　　　　单位：元

项目	上年实际	上年预算	本年预算	备注
第一优先项目				预计下年出租率基本持平
工资	676800	680000	748000	在去年基础上上浮10%
工作服	16680	18000	25000	工作服（夏装）需更换
医疗费	46860	45600	48000	
布草				需补充客房布草
洗衣房洗涤剂	71280	70000	70000	
清洁用品和清洁剂	28140	30000	33000	价格上调10%
低值易耗品	465700	480000	460000	
维修保养费	71870	72000	70000	
第二优先项目				
清扫工具	13500	18000	14000	
临时工工资	12000	13000	10000	
差旅费	6800	6000	6000	
培训费	30000	30000	35000	
通信费	2700	3000	2800	

模块七
客房成本控制

续表

项目	上年实际	上年预算	本年预算	备注
第三优先项目				
办公费用	6000	7000	5000	有些报表、用品已够用
员工生日、生病、聚会等	12800	12000	15000	
奖金	570680	560000	616000	因物价上涨，奖金在去年基础上平均上浮10%
劳保用品	15000	15000	18000	因物价上涨，人均标准在去年基础上上浮20%
累计	1975530	2059600	2175800	

说明：在第一优先项目中，床单须在3月底之前解决到位；夏装工作服须在4月底之前解决。

3.营业利润预测　在完成了营业收入和营业费用的预测后，即可运用下列公式进行客房部利润的预测：

$$客房部利润＝客房部营业收入－客房部费用支出$$

二、加强预算控制

客房部必须编制科学合理的经营预算，以使本部门有一个明确的经营目标。但只有好的预算而无有效的控制，经营目标还是无法顺利实现。因此，一旦经营预算确定下来，客房部各级管理人员必须在预算期内，在预算的执行过程中制定严格的管理制度，采取有效的措施和方法，对部门的经营活动加强管理和控制，确保经营预算目标的实现。

经营效益的决定因素有两个：一是营业收入，二是各项费用开支。因此，客房部经营预算的控制应从营业收入和营业费用两方面进行。

（一）营业收入的控制

客房部营业收入主要是通过出售客房产品所有权来实现的。但在经营过程中，客房部只是充当客房产品"生产加工者"的角色，销售职责通常由销售部和前厅部来承担。这种产品生产、销售、结算分离的模式，给控制客房营业收入带来了一定的难度，必须由客房部、前厅部、财务部互相配合、协调。

客房部在经营活动中，应在以下几个环节采取措施对营业收入进行控制，防止营业收入的流失。

1.加强预付款管理　饭店能接受的付款方式主要有：现金付款、信用卡付款、转账支票付款、转账付款、凭单付款。前两种方式相对比较安全、稳妥、快捷。对于选用后三种方式付款的单位，应事先与其签订具有法律效力的付款协议；对于选用后三种方式付款的客人，应先了解客人的身份。做好客房部客房出租收入和其他营业部门营业收入的预收款收取工作，就是做好了客房部营业收入的"事前"控制。

2.实施账单控制　客房部的营业收入是通过客人的总账单反映出来，并得以实现的。总账单既是客人结账付款的凭证，又是财务核算的依据，因此，它是客房部加强营业收入"事中"控制的主要书面凭证。客房部必须制定严格的制度，采取各种措施和手段，对客人入住到离店过程的各个环节加强管理与控制。

3.加强优惠、折扣控制 使用各种优惠政策有利于客房销售，但如不加以控制，超过一定限度，则会影响客房部的收入。因此，加强优惠、折扣的有效控制，也是控制营业收入的重要环节。

4.强化夜审职能 客房产品的制作加工、销售和结算这三大职能，分别由饭店的客房部、前厅部和财务部三个相互独立的部门来承担。它们既相互联系又相互牵制。这种关系本身能起到相互监督的作用，可以在一定程度上避免销售过程中舞弊、逃账、漏账事件的发生。但如果只有制度的制定与执行，而无严格的监督，时间一长就难免出现漏洞。因此，饭店应完善财务夜审制度，对预付款、账单、优惠折扣等方面的管理制度加强监督，提高客房销售收入控制的效果，确保客房部营业收入预算目标的实现。

（二）营业费用的控制

在客房部营业收入得到有效控制的同时，必须加强营业费用的控制，这样才能使经营预算顺利完成，保证客房部经营目标的顺利实现。

1.营业费用控制内容 客房部营业费用的内容繁多，在各项开支中，有些在预算期内总额基本保持不变，如固定资产折旧、保险费和管理人员工资及福利费等开支；也有些则受管理决策的影响，如广告费开支等；而更多的则需要全体员工通过努力来加以控制。

（1）物料用品耗费的控制。客房部在经营过程中会消耗大量的物料用品，这些用品种类多，大多数单价较低，很容易被忽视。但由于它们的消耗量一般都很大，如果缺少控制，就会导致客房部营业费用的增加，导致经营效益的下降。因此，客房部应从物料用品的采购、验收、库存、领发和耗用等环节进行控制。具体可参见本模块项目三的相关内容。

（2）水、电、燃料等费用的控制。水、电、燃料等能源的耗费在客房部营业费用中占有一定的比例，对客房部经营效益影响很大。具体可结合绿色饭店活动，采用一些节能环保的措施与方法，这样既有利于环保，又有利于客房部营业费用的控制。

（3）人力资源成本的控制。人力资源成本在客房部营业费用中所占的比例越来越大。人力资源成本要在不违反相关法律法规、确保服务质量的前提下，从人工数量和质量两方面进行控制。具体可参见本模块项目一的相关内容。

2.营业费用控制程序

（1）预算分解。为了做好控制，首先必须编制科学合理的预算，并在此基础上对预算的有关项目按月进行分解（见表7-19）。

表7-19　客房预算分解

项目	1月		2月		……		12月	
	本年	去年	本年	去年	本年	去年	本年	去年
工资								
客房用品								
清洁用品								
……								
合计								

（2）定期检查。在客房经营活动中，管理人员必须对预算执行情况进行检查，一般每年检查不得少于两次，最好是根据预算分解目标，每月都检查一次，并填写预算执行情况控制表（见表7-20）。

表7-20　客房预算执行情况

项目	本月				本年累计			
	本年		去年		本年		去年	
	实际	预算	实际	预算	实际	预算	实际	预算
工资								
客房用品								
清洁用品								
……								
合计								

（3）及时调整。由于预算不可能准确无误，所以预算指标与实际业务运行发生误差是不足为奇的。在预算与实际情况发生较大误差时，客房部负责人应立即召集所有管理人员通报情况，并对误差发生的原因进行分析调查，寻找现实可行的措施与方法，使得预算能顺利完成，从而实现经营目标。

任务二　加强收益管理

收益管理是源于管理学、运筹学以及微观经济学等诸多学科理论的产物。作为管理科学中的一门新技术，收益管理已被广泛应用于航空业、饭店业、汽车出租业、铁路客运业、影剧院业、广播电视业和公用事业等领域。由于实施收益管理能为饭店在现有条件不变的情况下带来更高的收益，因此在欧美及全球其他国家得到了快速的发展。近年来，我国饭店业也开始重视收益管理工作和收益管理应用技术。

一、收益管理的概念

就饭店而言，客房收入通常在总体营业收入中占有较大的比重，饭店的主要收入多来自客房。那么，如何在不同的市场环境和现有的设施条件下使客房收入最大化呢？收益管理为我们提供了可操作的方法。

收益管理定义为：把合适的产品或服务，在合适的时间，以合适的价格，通过合适的销售渠道，出售给合适的顾客，以最终实现饭店收益最大化的管理方法。以上定义中涵盖了五个基本要素，即产品或服务、时间、价格、渠道和顾客，对这些要素进行组合和优化便可以给饭店带来更高的收益。例如，饭店如果具备优质的产品或服务，就会更容易提高销量，以获得收益；如果能够实现产品差异化和有效的组合，则可能会获得更高的收入。但仅有这些是不够的，我们更需要知道的是，在不同的时间段内，应该卖什么样的价格，通过哪个渠道去销售给哪一类的顾客。这样，才能使我们获得更多的收入。饭店收益管理工作的主要任务就是寻找这五个要素的最佳组合，从而为饭店带来最大的收益。

二、实施收益管理的基本方法

（一）差别定价

1.差别定价的概念　差别定价是指同一种饭店产品或服务（如同一类型的客房、餐饮、康体或娱乐项目等）对不同的顾客或细分市场制定不同价格的行为和方法。即相同的客房产品，对不同的消费者群体出售着不同的价格。

2.差别定价的方法

（1）按细分市场进行差别定价。按细分市场进行差别定价是饭店普遍采用的方法，但前提是饭店应对市场中不同顾客群体的消费行为有充分的认识和了解。同时，市场细分要力求准确，边际清晰，并保证同一细分市场中顾客群体的支付意愿是相近或相同的。因为，细分市场的差别定价主要以不同的支付意愿为基础，而不同的支付意愿又决定着每个细分市场之间价格的差别。与此同时，饭店还应针对不同的定价设置相对应的限制条件，既体现出对顾客的公平性，又可减少第三方套利行为的发生。

（2）按销售渠道进行差别定价。同样的商品在不同的销售渠道有着不同定价，是经济市场中较为普遍的现象。这是由渠道成本的不同和顾客对价格敏感度的不同导致的。不仅在饭店行业，其他行业也是如此。例如，同样的图书，网上的价格要比书店的价格便宜，菜市场的蔬菜价格会低于超市的蔬菜价格等。但要注意的是，饭店在给同属性销售渠道制定客房价格的时候，应考虑到公平原则，尽量保持价格的一致性。例如，在同等的条件下，饭店在携程、美团和飞猪上的客房价格应该是相同的。

（3）按购买时间进行差别定价。按购买时间定价也是饭店常用的一种差别定价方法。譬如，饭店为提前一周或更早预订客房的顾客提供折扣价格，周一的房价要低于周四的房价，7月的房价要高于3月的房价等，都属于按购买时间来进行差别定价的例子。

（4）按区域进行差别定价。按区域进行差别定价，主要是指连锁饭店集团所属成员饭店所采取的差别定价策略。也就是说，同一个酒店集团的成员饭店因其所在地域或区位不同，房价也会有所不同。对于位于不同地域的连锁饭店来说，即使饭店和客房都是相同的，由于受到当地经济和消费水平的影响，也可以采取不同的定价。例如，华住品牌旗下相同的全季酒店，位于北京地区酒店的房价要高于重庆地区酒店的房价。另外，位于同一城市不同区位的连锁饭店，由于受到周边环境和交通条件等因素的影响，房价也同样会有所不同。

例4 假设某饭店共有房间150间，其中大床房90间，某日对大床房的市场需求如表7-21所示。请分别对采取高价格、高客房出租率、单一固定价格和差别定价四个不同策略下的收益进行分析。

表7-21 饭店某日客房市场需求

细分市场	A（全价）	B（9折）	C（8折）	D（7折）
销售价格（元/（间·天））	300	270	240	210
某日实际市场需求（间）	9	18	72	90

首先，让我们来做一下收益分析。如表7-22所示，在经营决策上，如果饭店片面追求高房价，仅能获得7560元的客房收入；如果单纯追求高客房出租率，可获得18900元的客房收入；而采取单一的8折固定价格策略，获得的客房收入为17280元，低于高客房出租率情况下的收入。那么，在饭店现有同等条件下，有没有使饭店可获得更高收入的方法呢？答案是肯定的。那就是在市场细分的基础上采取差别定价的策略，即饭店需要根据每个不同细分市场顾客的支付意愿来定价，并通过优化组合的方式将现有90间大床房以相应数量出售给不同的细分市场，而不是仅满足于某一类细分市场，便可获得更高的收益。假如，饭店针对该日不同价格下的顾客需求量按如下方式来接受订房，即300元／（间·天）的全价房需求量为9间，饭店只接受7间订房；270元／（间·天）的折扣房需求量为18间，饭店只接受16间订房；240元／（间·天）的折扣房需求量为72间，饭店只接受35间订房；210元／（间·天）的折扣房需求量为90间，饭店只接受32间订房。这种采取预订控制的策略摒弃了传统的"先来先得"方式或片面追求某一高出租率市场指标的思路，并且在对不同细分市场实行差别定价基础上对饭店现有90间大床房进行优化组合和分配，最终使饭店获得了21540元的收入。

表7-22 饭店不同定价方式收益分析表

定价方法	追求高平均价格	追求高客房出租率	单一固定价格	差别定价
选择定价（元/（间·天））	全价（300）9折（270）	7折（210）	8折（240）	定价优化合理
实际入住间数（间）	27	90	72	90
大床房出租率（%）	30	100	80	100
平均房价（元/（间·天））	280	210	240	239
实际客房收入（元）	7560	18900	17280	21540

（二）容量控制

1.容量控制的概念　在饭店实施收益管理策略的过程中，研究的对象主要是饭店产品。饭店产品除了存在不可储存的特点外，另一个特点即为容量有限和固定，或者说在短时间内不会发生变化，最典型的代表即是饭店的客房产品。饭店客房数量的存量既是有限的，又是固定的，短时期内无法改变。因此，容量控制所要解决的问题就是如何充分利用饭店资源来实现收益最大化。

容量也称存量，是指饭店能够提供给消费者的产品数量。容量控制是指饭店依照市场需求，为不同价格水平的顾客或者细分市场就现有产品资源进行优化并按分配方案出售产品来实现收益最大化的一种策略。

2.容量控制的方法

（1）升档销售。饭店做升档销售，多数是在低级别客房没有售完的情况下，向购买低级别客房的顾客推销高级别客房，通过提高平均房价和客房出租率来提高收益。例如，某顾客准备预订饭店的普通大床房，而预订人员向其推销了饭店的豪华大床房，豪华大床房的房价比普通大床房多100元／（间·天），如果顾客购买了豪华大床房相当于饭店当天提高了100元的收入。假如某饭店一年中有1/2的时间当天能够做到10间升级销售的客房，每位顾客平均住两晚，那么该饭店一年中通过做客房升档销售便可多获得365000元的收入。再者，豪华大床房和普通大床房的变动成本相差无几，多获得的客房收入基本都转化成了饭店的经营利润，这正是升档销售的重要意义。

（2）降档销售。与升档销售法相比，降档销售在饭店中发生的概率相对较低，因为毕竟大多数顾客只会购买普通客房产品。然而，在一些特殊情况下，饭店也会存在高级别客房先售完而只剩下低级别客房的情况。例如，饭店在接待豪华旅行团体、高端会议、婚礼等客源的时候，都可能导致高级别客房先售完而只剩下低级别的客房。一般来讲，在高级别客房售完的情况下，饭店也会向购买高级别客房的顾客推销低级别客房，以减少低级别客房的闲置，这就是降档销售。要注意的是，销售人员在降档销售中应把握好尺度，在与顾客的交流中感受顾客是否存在入住低级别客房的意愿。如果顾客比较随和，对入住低级别客房并不是很介意，销售人员则可以通过进一步推销来达到顾客入住的目的；如果顾客比较顾及脸面、身份或出于洽谈生意等原因存在排斥倾向，则不应该再勉强，以免引起顾客的不满而影响饭店的声誉。

（三）超额预订

1.超额预订的概念　超额预订是指饭店在客房预订已满的情况下，再适当增加订房的数量以弥补少数客人临时取消预订而出现的客房闲置。超额预订可以有效减少因客房空置而造成的浪费，增加饭店的收益。例如，饭店超额预订10间客房后，有6间预订被临时取消了，4间没有客人入住，超额预订刚好弥补了因临时取消预订和没有入住而空出来的房间，避免了客房收入的损失。

当然，饭店如果超额预订过多，就要为此付出代价。为此要付出的有形经济成本是安排那些订了房却得不到房的客人到别的饭店入住。按照惯例，饭店要承担送客人前往其他饭店的交通费及一晚的住宿费。如果第二天客人选择回来住宿，饭店还要承担返回的交通费。

2.超额预订的方法　超额预订策略的确定，通常遵循以下三方面的原则。

一是基于有限的供应能力和预期不到策略，通过无故不到和预订取消率来计算超额预订数量。

二是基于风险策略，通过准确估计拒绝顾客而发生的成本，然后比较成本和潜在的收益，从而确定超额预订的水平。这一策略主要是运用对期望收益和期望成本计算方法来最终确定超额预订的数量。

三是基于服务标准策略，设定一个管理目标，如设定被拒绝顾客为每6000人不超过1人。

思政园地

东视饭店的客房部，一直感到布草管理是件头疼的事。根据正常周转量设定的布草，在每3个月一次的盘点中，发现投入数与盘点数总是不相符。特别使客房部经理不解的是，除了有一些损坏的布草有数可查外，其他布草丢失数量惊人，不知丢到哪里去了。客房部布草周转量是按四套来配备的：一套在客房，一套在工作间，一套在洗衣房，一套备用。东视饭店通常的做法是：楼层服务员将房间使用过的布草收出，装入工作车布草袋里，再从每层的布草喉扔下去，按照原来的设计，接布草的地方不在洗衣房内，是在员工电梯旁边的一间小房子里，所以需要洗衣房员工每天负责运送。由于布草掉下来的地方是水泥地，因此放了一辆小车来接着布草。但该车很快会被抛下来的布草装满，有时堆积的布草太多，在撤换布草车时，上面的布草会掉在水泥地上。有时洗衣房的工作人员会踩在布草上进行撤换，为了方便，后来干脆就不放布草车直接进行搬运。楼层布草的补充，是由布草房员工根据楼层领班填写的每日布草需求数量送到楼层的。为了解决布草管理问题，减少丢失和报损，客房部一直在思考解决办法。

思考：假如你是客房部洗衣房主管，请你对本部门布草管理工作存在的问题进行科学的分析，并向上级领导提出解决问题的建议和办法。

思考与练习

1. 假设你是客房部经理，根据国家新的《劳动合同法》和新的休假制度，请你编制一份本部门劳动力调整的工作计划。

2. 你部门目前招收了6名客房清扫员，其中4名无任何工作经验，另2名在同星级饭店工作一年以上的时间，假如你是客房部主管，你认为这些员工有无必要进行培训？如没有请说明理由，如有则请编制好培训计划。

3. 某五星级饭店有客房360间，分布在15个楼层，楼层服务员白班每天的清扫定额为10间，夜班工作定额为50间，楼层不设服务台，客房部统一设客房服务中心（早、中班各3人，夜班2人）。所有员工实行每周40小时工作制，除每年的法定节假日外，还可享受年休假7天，预计每位员工每年可能有2天病、事假。另外，客房部楼层领班的工作定额为72间，按1/3的比例设主管岗位，预测年平均客房出租率为68%。试确定该饭店客房部楼层所需员工的数量。

4. 请说明客房设备管理与部门成本控制之间的关系。

5. 某饭店共有客房400间，布草的单房配备量为4套，每套包括床单2张、被套2只、枕套4只，卫生间配备"四巾"，平均每天一换，该饭店使用的是涤棉床单，床单的耐洗次数在450次左右，被套的耐洗次数在300次左右，毛巾类的耐洗次数在150次左右，预计客房的年平均出租率为80%，试计算客房布草的年度消耗定额。

6. 上述饭店客房袋装咖啡的单房配备量为2包，每间客房每天的平均消耗量为1.5包，试计算客房咖啡的年度消耗定额。

■ 综合训练

1. 走访两家饭店，分别了解它们在客房成本控制方面的具体措施、方法及仍然存在的问题，对这些措施的科学性、合理性进行对比分析，针对存在的问题提出自己的观点和意见。要求按小组以调查报告的形式完成。

2. 以你所在地区的某一饭店的客房设施设备配置、改造和保养工作（结合节能降耗措施）为调研课题，写一篇小论文。

✎ 课堂测试

参考文献

[1] 陈平.客房服务与管理[M].北京：机械工业出版社，2011.

[2] 陈莹.客房服务与管理[M].2版.北京：高等教育出版社，2019.

[3] 韩军，翟运涛，郑向敏.客房服务与管理[M].上海：上海交通大学出版社，2011.

[4] 胡敏.饭店服务质量管理[M].3版.北京：清华大学出版社，2015.

[5] 雷明化，郭建华.客房服务与管理[M].2版.北京：中国人民大学出版社，2019.

[6] 刘颖，吴素君.前厅客房服务与管理[M].北京：高等教育出版社，2020.

[7] 牟昆.前厅客房服务与管理[M].2版.北京：清华大学出版社，2018.

[8] 石磊.客房服务与管理[M].北京：旅游教育出版社，2016.

[9] 韦小良.客房服务与管理[M].北京：中国财经经济出版社，2016.

[10] 魏洁文.客房服务与管理实务[M].2版.北京：科学出版社，2016.

[11] 叶秀霜，章艺.民宿服务与管理[M].北京：高等教育出版社，2021.

[12] 俞云.客房服务与管理[M].北京：旅游教育出版社，2019.

[13] 祖长生.饭店收益管理[M].北京：中国旅游出版社，2021.